La comunicación
y sus guerras teóricas

This book is part of the Peter Lang Media and Communication list.
Every volume is peer reviewed and meets
the highest quality standards for content and production.

PETER LANG
New York • Bern • Berlin
Brussels • Vienna • Oxford • Warsaw

La comunicación y sus guerras teóricas

Introducción a las teorías de la comunicación y los medios

Volumen I. Enfoques disciplinarios

Maira Vaca
Manuel Alejandro Guerrero

Editores

PETER LANG
New York • Bern • Berlin
Brussels • Vienna • Oxford • Warsaw

Library of Congress Cataloging-in-Publication Data

Names: Vaca, Maira, editor, author. | Guerrero, Manuel Alejandro, editor.
Title: La comunicación y sus guerras teóricas: introducción a las teorías de la comunicación y los medios. Volumen I, Enfoques disciplinarios/ Maira Vaca y Manuel Alejandro Guerrero, editores.
Description: New York: Peter Lang, 2021.
Includes bibliographical references and index.
Identifiers: LCCN 2020040843 (print) | LCCN 2020040844 (ebook) | ISBN 978-1-4331-7590-9 (hardback) | ISBN 978-1-4331-7589-3 (paperback) | ISBN 978-1-4331-7591-6 (ebook pdf) | ISBN 978-1-4331-7592-3 (epub) | ISBN 978-1-4331-7593-0 (mobi)
Subjects: LCSH: Mass media. | Mass media and culture. | Communication—Study and teaching
Classification: LCC P90.C634745 2021 (print) | LCC P90 (ebook) | DDC 302.23—dc23
LC record available at https://lccn.loc.gov/2020040843
LC ebook record available at https://lccn.loc.gov/2020040844
DOI 10.3726/b16340

Bibliographic information published by **Die Deutsche Nationalbibliothek**.
Die Deutsche Nationalbibliothek lists this publication in the "Deutsche Nationalbibliografie"; detailed bibliographic data are available on the Internet at http://dnb.d-nb.de/.

© 2021 Peter Lang Publishing, Inc., New York
80 Broad Street, 5th floor, New York, NY 10004
www.peterlang.com

All rights reserved.
Reprint or reproduction, even partially, in all forms such as microfilm, xerography, microfiche, microcard, and offset strictly prohibited.

Índice

Lista de esquemas, tablas y cuadros	vii
Prólogo: 60 años de comunicación en México Francisco Prieto	ix
1. ¿Por qué pensar el estudio de la comunicación y los medios como una guerra? Estudio Introductorio Maira Vaca	1
2. El análisis de los medios desde una metodología histórico-estructural Enrique E. Sánchez Ruiz	25
3. La estructura define la estrategia: el manifiesto de la sociología de los medios Rodney Benson	55
4. Estúpida normatividad: ¿qué es y qué implica? Maira Vaca	81
5. Enfoque cultural, sentido común y comunicadores: lo casi ordinario, lo interdisciplinario y lo específico David Morley	107
6. Comunicación y desarrollo: contribución y relectura de los aportes de Wilbur Schramm Eduardo Portas Ruiz	119
7. El giro afectivo y sus desafíos metodológicos: nuevos horizontes teóricos y metodológicos en comunicación en el siglo XXI Victoria Isabela Corduneanu	135

8. Entre lo comunicativo, lo social y lo cultural: una explicación no ortodoxa   159
VIVIAN ROMEU

9. Imaginarios de lo digital: ambigüedad, poder y la cuestión de la agencia   177
ROBIN MANSELL

10. Ciudadanos reemplazados por algoritmos: emanciparse bajo la hipervigilancia   191
NÉSTOR GARCÍA CANCLINI

Sobre los autores   207

Índice   211

Lista de esquemas, tablas y cuadros

Esquemas

2.1 Jerarquía epistémica	27
2.2 La pirámide social	35
2.3 Estructura social	36
2.4 Articulaciones, transiciones y zonas de interfase (representación cartesianamente simplificada)	44
2.5 Mediaciones de la producción social de comunicaciones masivas	48
2.6 Génesis y desarrollo de los medios de comunicación masiva	50

Tablas

4.1 Cuatro Teorías de la Prensa	94
4.2 Proliferación de modelos: diferentes propuestas con base en Cuatro Teorías de la Prensa	98
7.1 Objetos de estudio y teorías de las emociones	148

Cuadros

1.1 Funciones generales de las teorías	8
4.1 Cuatro Teorías de la Prensa: preguntas de investigación, argumentos e hipótesis	84
4.2 Principales críticas a Cuatro Teorías de la Prensa	96

Prólogo

60 años de comunicación en México

Conmemoramos sesenta años de: ¿Ciencias de la Comunicación? ¿Ciencias y Técnicas de la Información? ¿Del Departamento de Comunicación? Como sea, sesenta años de una licenciatura que luego se prolongaría en maestría y algunos años más tarde en doctorado. Conviene, ahora, hacer un poco de historia.

Pues bien, con el nombre de Ciencias de la Comunicación se inauguró en México —¡pero también en el mundo!— lo que hoy es una carrera imprescindible en la universidad contemporánea. Recién bautizada como Ciencias y Técnicas de Información, fui alumno de la que fue tercera generación y a partir de 1968 profesor hasta el año de 1994. Inaugurada la escuela en 1960, no pasarían muchos años para que fuese imitada o tomada como base para recrearla desde otras perspectivas. Vayamos al origen.

La carrera la fundó en nuestra Universidad Iberoamericana un jesuita de Sayula, José Sánchez Villaseñor. El nombre originario, en efecto, fue el de Ciencias de la Comunicación —no obedecía la intención del fundador a diseñar una escuela técnica en medios de información como era común en aquellos años—, pero sucedió que se vio obligado a cambiarle el nombre porque para los funcionarios de la Secretaría de Educación Pública "ciencias de la comunicación" remitía a asuntos de ingeniería. Empero, Sánchez Villaseñor dejó una carta de intención que plasmaba el porqué de la novedad radical de la carrera. Considero pertinente reproducir el texto a los más de sesenta años de su escritura:

> México ha entrado en los últimos años en un periodo de franca industrialización. Esto ha provocado la urgente demanda de hombres preparados en los diversos sectores del mundo de los negocios.
>
> Paralelamente, las técnicas de difusión han venido registrando un notable desarrollo. Directivos de publicidad, prensa, radio y televisión lamentan la aguda carencia de individuos dotados de una severa disciplina universitaria en el ámbito de sus respectivas actividades. Con el deseo de colaborar a la solución de

este problema, la universidad Iberoamericana ofrece la nueva carrera de licenciado en Ciencias de la Comunicación.

Se trata de formar un auténtico profesionista, capaz de aunar a un haz orgánico de conocimientos teóricos humanistas, un conjunto armónico de técnicas que le permitan el atinado y eficaz ejercicio público y permanente de ese saber en el cual se entrelazan, jerárquicamente, ciencia y técnica, práctica y teoría.

El nombre licenciado en Ciencias de la Comunicación podría causar extrañeza por su novedad. Será, quizá, discutible, pero creemos que, con las debidas aclaraciones, cumple con su cometido.

En efecto, el fundamento teórico en que se funda esta carrera comprende un grupo de ciencias (conocimientos sistemáticos dotados de unidad y generalidad) filosóficas y económico-sociales; gracias a éstas puede el estudiante elaborar una visión razonada y crítica, integral y profunda de los problemas del hombre en la circunstancia actual; por su parte, las técnicas de difusión constituyen el vehículo, el instrumento, el canal de transmisión y comunicación interhumana de la cosmovisión así obtenida. La comunicación supone un mensaje que transmitir e instrumentos de difusión de ese mensaje.

Esta carrera es nueva en su forma y planeación. Busca, ante todo, formar un auténtico intelectual, un hombre apto para pensar por sí mismo, para comprender a los demás hombres en las circunstancias históricas en que viven, abierto plenamente a los problemas que la actual crisis plantea.

Para ello requiere de una profunda base cultural filosófica. Pero ese intelectual no puede ser un sabio de gabinete, al margen de la vida, espectador impasible en torre de marfil, desvinculado de la comunidad. Su saber hondo, claro y viviente en torno al hombre y a su tarea en nuestro tiempo constituye un mensaje luminoso. Hay que dotar por ello al nuevo intelectual de los medios de contacto, del puente que lo saque de su aislamiento, de los instrumentos y técnicas para llegar al hombre de hoy, al hombre anónimo, al hombre angustiado, extrovertido y disperso en las mil solicitudes del dramático y complejo transcurrir cotidiano.

Su misión es comunicar el rico saber acumulado en su mensaje mediante técnicas de difusión, relaciones públicas, publicidad, radio, televisión, cine y periodismo. Controlar estos tremendos poderes que moldean, como fácil arcilla, al hombre contemporáneo.

Poner al servicio de los altos valores humanos esas fuerzas elementales. Someter la técnica al espíritu. Desde estas palabras aparece diáfana la finalidad de la nueva carrera.

Está basada en el hombre. Pero en el hombre integral que es materia y mente, carne y espíritu. El ser humano no vive aislado, es un ente social. Nace y se desarrolla en una comunidad, lo que implica comunicación, apertura. Mediante el lenguaje, símbolo y signo, comunica sus ideas.

Respondiendo a esta radical dualidad del compuesto humano, la nueva carrera intenta, ante todo, cultivar y desarrollar la mente pensante. Las disciplinas sociológicas, económicas y humanistas amplían y aclaran su horizonte histórico, de aquí y ahora. La posesión de una cosmovisión constituye un mensaje luminoso. Una orientación en el complejo mundo de nuestra sociedad en crisis.

Prólogo: 60 años de comunicación en México

La nueva carrera consta, por lo tanto, de dos secciones armónicamente complementarias: la primera está integrada por las Ciencias de la Cultura, Ciencias Humanas. La segunda por las técnicas de difusión. Ofrece aquella un conjunto de conocimientos que capacitan al estudiante para analizar con criterio propio la compleja y cambiante fisonomía de nuestro tiempo. Materias filosóficas, sistemáticas e históricas estimulan el desarrollo del talento especulativo y crean el hábito de la reflexión ordenada y metódica.

Cursos monográficos abren perspectivas a múltiples problemas actuales como axiología, psicología del arte, filosofía de la historia, etc. El progreso imponente de las ciencias y la tecnología es analizado desde el ángulo de la filosofía de la ciencia, sin descuidar sus proyecciones en el campo de la investigación y de la industria.

Finalmente, cursos de economía y ciencias sociales facilitan la integración de una síntesis personal y generosa donde se reflejan, en armónica unidad, las más valiosas aportaciones de nuestro tiempo en la esfera de la cultura humana.

El futuro profesional pondrá esta vasta cultura al servicio de la comunidad; misión suya será colaborar en la elevación del ambiente técnico, atomizado y pragmático en que vive el hombre medio de hoy, restablecer el roto equilibrio entre la técnica y la cultura.

Los medios de difusión serán los canales para irradiar el mensaje cultural; prensa, radio, cine y televisión deben contribuir a la elevación del nivel intelectual, artístico y humano del hombre técnico de nuestro tiempo; estarán al servicio de los valores que ennoblecen y dignifican la vida humana.

Para hacer llegar el mensaje a los demás hacen falta instrumentos, canales de difusión. El extraordinario desarrollo de las técnicas de publicidad y difusión ofrecen el instrumental técnico requerido. El hombre no puede comunicar inmediatamente al hombre las ideas que irradian en la cumbre de su espíritu.

Necesita de la palabra, del signo sensible, del símbolo cargado de subconscientes motivaciones, de imágenes dinámicas. El mensaje, fruto de la especulación filosófica y socioeconómica, necesita encarnarse si ha de llegar al hombre. De allí la conjugación del saber humano y las técnicas de difusión. La armónica y jerarquizada cosmovisión a que debe aspirar el nuevo profesionista.

Un hombre capaz de pensar por sí mismo, enraizado en su época, que gracias al dominio de las técnicas de difusión pone su saber y su mensaje al servicio de los más altos valores de la comunidad humana; tal aspira a formarlo esta novísima carrera.

Por ello, se dota a este nuevo profesionista de conocimientos humanísticos, armónicamente estructurados y graduados, que representan una tercera parte de su programa. Estos programas buscan que viva, a la luz brillante de los grandes pensadores de la humanidad, los problemas del angustiado hombre actual [...]

Pues bien, lo primero que nos sorprende, pasados estos sesenta años, es que entonces una persona hubiera visto lo que sería realidad incuestionable aquí y ahora. Y como muestra, los trabajos de comunicólogos que componen este volumen. Sánchez Villaseñor visualizó, desde aquellos años lejanos, una serie de tópicos que habían discutido antes, empero, los pensadores del Instituto de

Frankfurt, José Ortega y Gasset, Aldous Huxley, Jacques Maritain y Viktor Frankl, entre otros; que anunció Karl Popper en su obra póstuma cuando este liberal cobró plena conciencia de la deseducación progresiva que operaban los medios y puso, en ese renglón, un alto a la libertad irrestricta del mercado. Sánchez Villaseñor, con su convicción de que el comunicador es, en principio, un traductor y que la conciliación *sine qua non* de un traductor es entender, se había percatado de la necesidad de devolver al universitario la cultura general.

¿A qué universitario? A uno que no había hallado su lugar en la universidad, que a duras penas terminaba alguna carrera tradicional o que desertaba de ella. Uno que terminaba resolviéndose como novelista, dramaturgo, trabajador del cine, de la radio, de la televisión, como difusor de la cultura. Uno que conocería las fatigas de, en tanto autodidacta, hacerse a sí mismo cargando, salvo excepciones, con los baches y la inseguridad que suelen acompañar a los autodidactas.

Y es que Sánchez Villaseñor, que desde muy joven fue enviado a Europa por la Compañía de Jesús, había conocido a ese tipo humano. Miguel de Unamuno, filósofo de profesión, no lo fue de gabinete e incursionó en la prensa, en la política, en el teatro; y lo mismo Sartre, Camus, Gabriel Marcel; Bertolt Brecht, revolucionario del teatro, como buen marxista fue un hombre de la praxis política y junto con el músico Kurt Weill escribió algunas de las más bellas canciones del siglo pasado; desde Inglaterra. Gilbert K. Chesterton llevó a periódicos y revistas que consumía el hombre medio, las más decisivas cuestiones teológicas, antropológicas, relativas a lo que solemos llamar cultura popular. Si revisamos el catálogo de grabaciones de Juliette Gréco, que con sus más de noventa años permanece en esta tierra y hasta pasados los ochenta realizara cedés, econtraremos canciones de Brecht y de Sartre, de Francois Mauriac, Francoise Sagan, Raymond Queneau, Boris Vian, solo por mencionar algunos.

El intelectual, en fin, siente la obligación de participar en la construcción de una nueva sociedad porque es consciente de que es necesario llevar al hombre del común los grandes debates de nuestro tiempo, contribuir a que nombre las cosas: su dolor, su humillación, su rebeldía, sus ilusiones; sus paciones y emociones. He ahí el tipo de persona que existía y que no había encontrado su lugar en la universidad. Se trata de alguien que, con una genuina vocación intelectual, siente como un mandato, como una necesidad, comprometerse humana y socialmente hasta mancharse las manos si fuere preciso.

Un rápido inventario entre los egresados de la carrera da constancia de ese tipo humano: los escritores José María Pérez Gay, Héctor Aguilar Camín, Alberto Ruy-Sánchez, Guillermo Arriaga, Ignacio Padilla, por mencionar algunos; los realizadores cinematográficos Benjamín Cann, Busi Cortés,

Carrera, Bolado, González Iñárritu; la cuentista de literatura infantil y juvenil Alicia Molina; la editora y difusora cultural Consuelo Sáizar; el empresario, benefactor y creador de museos Bruno Newman; un sinnúmero de periodistas y realizadores de televisión y radio educativa que han dejado constancia en su trabajo de una cultura viva que los ha distanciado de todo simplismo en el análisis de la realidad como un ente multifacético, y no puedo no mencionar en este capítulo a José Gordon, a Leonardo Kourchenko y a Adriana Malvido; los hombres y las mujeres que han impregnado de humanismo vivo y crítico el mundo empresarial, como ha sido el caso de Eduardo Garza Cuéllar; finalmente la contribución a la investigación en comunicación en nuestro país de la que tenemos una buena muestra en este libro y, desde luego, imposible no mencionar a Fátima Fernández Christlieb y Javier Esteinou que abrieron una ruta apenas transitada antes de ellos en nuestro país y en la América Latina.

El hecho es que José Sánchez Villaseñor vio con claridad la complejidad del mundo por venir, que el poder se ejercería desde la información, en el México de aquellos años qué lejos se estaba de percatarse de esto; un México todavía demasiado elemental, demasiado alejado de las grandes y verdaderas polémicas de la época, en que nuestros rebeldes eran una simple caricatura de aquellos que marcaron los años 1970 y que el buen sentido popular calificó de "rebelditos", porque ¿qué significa José Agustín al lado de Salinger o de Albee, de John Osborn, de Updike? ¿Tuvimos, acaso, en la canción popular alguien con la garra subvertidora del orden de Brassens, Léo Feré, Brel, Dylan, Lennon y McCartney, Leonard Cohen? ¡Qué elementales las proclamas de nuestro 68 si las conectamos con las que sacudieron las universidades europeas y aun a las universidades de élite de los Estados Unidos!

Por otra parte, era fundamental la generación de un profesional al que se despojase de la ingenuidad cultural, capaz de entender el peligro de las soluciones simplistas, de desenmascarar a tanto y tanto profeta que estaba —¡infeliz!—, descubriendo el Mediterráneo. Hubo, sin embargo, entre nosotros un hombre que procuró quitar las vendas de los ojos, que desde las tribunas de *Excélsior* y de *Plural* procuró, como en su tiempo lo hiciera Ortega en España, enseñar a pensar al hombre medio, y de este hombre se quemó su efigie frente a la embajada de los Estados Unidos y se disculpaban nuestros pensadores, literatos y artistas cuando lo mencionaban aclarando que admiraban, exclusivamente, al poeta. Ese hombre, Octavio Paz, tuvo el valor de decir su verdad, e hizo ver, nada menos y nada más, que México estaba en el mundo y en el siglo, que había llegado la hora de trascender el laberinto de la soledad, que, como advirtió Kissinger, en política y en las luchas sociales, como en el futbol, la mejor defensa es el ataque: trascender el lamentable provincianismo de nuestros políticos y hombres de empresa, de nuestros medios universitarios, de nuestras izquierdas y derechas igualmente cavernarias por incultas, porque no vivían, no viven, desde el sistema vital de las ideas de su tiempo que ni siquiera habían ni han entendido.

Pero regresemos a lo esencial: el propósito de la entonces novísima carrera de comunicación consistía en propiciar la existencia de comunicadores, estos mediadores del tejido social, que habrían de deslindar lo superfluo de lo que no lo era, quitar, pues, vendas de los ojos, atacar los lugares comunes, sembrar el espíritu crítico. Si existía la materia prima, o sea, un tipo de hombre y de mujer que no había hallado su lugar en la universidad, ese hombre y esa mujer a quien nadie tuvo que revelarles que existe la inteligencia emocional y, por tanto, el conocimiento por connaturalidad, la carrera no había sido creada en el vacío. Entender la cultura como lo que es, un ente vivo, rebasar la barbarie del especialismo, saber que la existencia se despliega en el movimiento: la individual, la social. José Sánchez Villaseñor comprendió la necesidad de dar a luz un colectivo de hombres y mujeres cultos que pudiesen encontrar los sentidos del acontecer social. Y al llegar a este punto es bueno tener presente que tanto el sociólogo Durkheim como el terapeuta Frankl consideraron que la anomia social, el uno, la falta de sentido de la vida, el otro, eran los factores que explicaban la agresividad, la depresión, las latencias suicidas, las tendencias destructivas que caracterizaron al siglo XX.

En este punto, me parece necesario precisar qué es cultura. Pienso que Ortega y Gasset lo comprendió mejor que nadie en su notable opúsculo "Misión de la Universidad". Escribe Ortega:

> Cultura es el sistema de ideas vivas que cada tiempo posee. Mejor: el sistema de ideas desde las cuales el tiempo vive. Porque no hay remedio ni evasión posible: el hombre vive siempre desde unas ideas determinadas que constituyen el suelo donde se apoya su existencia. Esas que llamo ideas vivas o de que se vive son, ni más ni menos, el repertorio de nuestras efectivas convicciones sobre lo que es el mundo y son los prójimos, sobre la jerarquía de los valores que tienen las cosas y las acciones [...] El sentido primario y más verdadero de la palabra vida no es biológico sino biográfico [...] Significa el conjunto de lo que hacemos y somos [...] Vivir es, de cierto modo, tratar con el mundo, dirigirse a él, actuar en él, ocuparse de él [...] En cada minuto necesitamos resolver lo que vamos a hacer en el inmediato [...] Para decidir hacer lo que va a hacer y ser dentro de un momento, tiene el hombre, quiera o no, que formarse un plan, por simple o pueril que éste sea. En suma: el hombre no puede vivir sin reaccionar ante el aspecto primero de su entorno o mundo, forjándose una opinión intelectual de él y de su posible conducta en él. Esa interpretación es el repertorio de convicciones o ideas sobre el contorno y sobre sí mismo [...] La casi totalidad de esas convicciones o ideas no se las fabrica robinsonescamente el individuo sino que las recibe de su medio histórico, de su tiempo. En éste se dan, naturalmente, sistemas de convicciones muy distintos. Unos son supervivencia herrumbrosa

de otros tiempos. Pero hay siempre un sistema de ideas vivas que representa el nivel superior del tiempo, un sistema que es plenamente actual. Ese sistema es la cultura. Quien quede por debajo de él, quien viva de ideas arcaicas, se condena a una vida menor, más difícil, penosa y tosca. Es el caso del hombre o de los pueblos incultos. Su existencia va en carreta, mientras a la vera pasan otras en poderosos automóviles. Al quedar el hombre bajo el nivel vital de su tiempo se convierte —relativamente— en un infrahombre.

He ahí, en palabras del filósofo español, lo que José Sánchez Villaseñor buscaba obtener de cada egresado; de ahí que, en el plan de estudios originario, procurara las materias fundamentales que explicasen y describiesen la historia de las ideas, los grandes sistemas filosóficos, las más significativas interpretaciones de la historia, la filosofía y la psicología del arte. Estas últimas, necesarísimas, remitían a la vida sobre la base de que el ser humano es un compuesto: de cuerpo y alma, de razón y sensibilidad, y de que el corazón, como enseñara Pascal, tiene razones que ignora la razón. Luego, consideraba la importancia de las ciencias sociales y hasta incluyó en el programa inicial la materia de cibernética, adelantándose al mundo de la informática del que México, y casi todo el mundo, se encontraba, en aquellos años, bastante alejado —no hay que olvidar, por cierto, que Sánchez Villaseñor tenía, entre sus confidentes y asesores, a Iván Ilich, fray Alberto de Ezcurdia, a quien nombró subdirector de la nueva carrera, y a Horia Tanasescu, quien fuera condiscípulo de Mircea Eliade y de Lupescu y alumno, en Roma, de Giovanni Gentile, el que fuera discípulo próximo de Benedetto Croce.

Queda claro que lo que preocupaba a Sánchez Villaseñor era la formación de hombres y mujeres de calidad, capaces de entender su circunstancia, de contar con armas para avizorar el porvenir, de contribuir a que un número progresivamente mayor de seres humanos estuviera en posibilidad de regir la vida desde sí mismos, de ayudar a formar esa cosmovisión sin la cual cada persona anda como náufrago en el universo. Y es que, como era entonces algo ajeno a la inmensa mayoría de los mexicanos, pero ha dejado de ser así, el ser humano ingresaba por primera vez a lo largo de su historia en algo que solo sucedía, en el pasado, en las sociedades en franco periodo de descomposición, y esas correspondían, necesariamente, a las que habían desarrollado eso que llamamos civilización, a saber, el predominio de la ciudad sobre el campo, la complejidad y pluralidad en el universo estético y en la composición del Estado.

Dicho de otra manera: los problemas de incomunicación suceden en la medida en que los seres humanos no reconocen vigencias colectivas, en que viven fuera de un sistema común de ideas y creencias, en la anomia. Cuando no existen vínculos que unan al ser humano con diversos estamentos y clases sociales suceden la dispersión, el caos, en fin, esa anomia ya mencionada que atropella a la inmensa mayoría de los habitantes de una "comunidad". Así, como todavía en no pocos pueblos de México se mantienen las tradiciones y por ello cada quién tiene su historia y su fama y es imprescindible, en la medida en que el campo desaparece, en que la población rural es orillada a la inmigración, las personas acaban por resentir más y más la condición de criatura marginal, indigna y prescindible. ¿No es esto, acaso, lo que suelen repetir los directores de recursos humanos de las empresas modernas, o sea, que nadie es imprescindible?

En un mundo sin Dios y sin jerarquías, sin valores compartidos solo puede salvar del naufragio eso que hemos llamado la cultura. Con cuánta clarividencia escribió Antonio Gramsci que el ideal de los comunistas debía lograr lo que fue el signo distintivo del catolicismo, a saber, que el más paleto de los labriegos creyera, en esencia, lo mismo que el más cultivado de los teólogos. El comunicador debía ser el artífice de la formación del gusto, el que diese sentido, intencionalidad, a una estructura cualquiera de programación o de jerarquización y tratamiento de la información —aquí es conveniente recordar a Goethe con aquello de que aquel que no tiene arte ni ciencia, que tenga religión; pero el que tiene arte y ciencia ¿para qué quiere la religión? Algo que, por cierto, no corresponde a la realidad ya que para la inmensa mayoría de los seres humanos, las creencias son las decisivas por sobre las ideas. Así se impone en el mundo contemporáneo la necesidad de tender puentes entre los seres humanos, hacer, ver, sentir, comprender que es más lo que nos une que lo que nos separa.

Finalmente, es conveniente recordar que el buen estado de salud de una sociedad se finca en la buena salud que posea el ser medio de esa sociedad. No se trata de que se hagan películas excepcionales, sino de que todas las que se hagan estén bien hechas y bien pensadas; lo importante no es que haya grandes programas de televisión que pasen a la una o a las dos de la madrugada, sino que aparte de que se sigan produciendo —ahora las nuevas tecnologías permiten que uno disponga a qué hora ve u oye qué—, los programas de puro entretenimiento sean inteligentes; que los editores sepan separar la mies y rechazarla; que los bibliotecarios sepan qué puede entrar y qué no, qué es una obra de arte, una artesanía con valor, y cuál es un ripio. En estos campos de la edición y de la producción las carreras de comunicación actuales, al menos algunas de entre ellas, han aportado a no pocas figuras de excelencia.

Ahora, en estos tiempos aciagos de la muerte de Dios, del fin de la Utopía, de los castrantes populismos, de la posverdad, hay que agarrarse a la cultura como el náufrago al madero; esta sociedad global que va en camino de la destrucción o, por lo contrario, de la raza cósmica —Vasconcelos *dixit*— necesita generar nuevos valores, revitalizar antiguos valores, y ahí es donde el comunicador culto debe desempeñar, acaso, el papel protagónico. Pero, —¡atención!—, ni la ciencia ni la técnica, *per se*, son cultura. Cultura, ya se dijo antes, es el sistema vital de las ideas de un tiempo y es necesario estar a la altura de los tiempos porque la historia es irreversible. Dada la confusión epistemológica y cultural imperante, regresar a los planteamientos de Sánchez Villaseñor se ha vuelto prioritario y vital.

Este volumen, lector, que tienes entre tus manos presenta una panorámica de la investigación que se está haciendo en comunicación con no pocos trabajos de académicos, docentes y egresados de y cercanos a la carrera que se fundara en la Universidad Iberoamericana en 1960, hace ya sesenta años.

Francisco Prieto
Ciudad de México, junio 2020

¿Por qué pensar el estudio de la comunicación y los medios como una "guerra"?

Estudio introductorio

MAIRA VACA

La comunicación y sus guerras teóricas estuvo en el tintero por un largo tiempo. Comenzó como parte de una reflexión sobre el papel de la Universidad Iberoamericana como institución académica pionera en México y prácticamente en toda América Latina en la docencia, el estudio y la investigación de la comunicación y los medios. Como recuerda Francisco Prieto en la presentación de este volumen, hoy (2020) hace exactamente 60 años, S. J. José Sánchez Villaseñor fundó la carrera de Ciencias de la Comunicación. La institucionalización de un campo de estudio o área profesional no es cosa menor. Para el estudio y la práctica de la comunicación en el México de los 1960 la labor incansable de Sánchez Villaseñor representó un reconocimiento a: (1) la necesidad de contar con profesionistas en las muy diversas áreas de la comunicación —el periodismo, la comunicación corporativa y gubernamental, la radio y el cine, por ejemplo—; (2) la oportunidad de estudiar y entender mejor los procesos comunicativos en la sociedad; y (3) la exigencia de investigar con rigor las causas y los efectos de los medios en estos procesos.

En este decidido andar, a pocos años de crear la Licenciatura en Ciencias de la Comunicación, la Universidad Iberoamericana fundó el Departamento de Comunicación desde donde estableció el primer programa de maestría en Comunicación de México (1976) y también un programa de Doctorado en Comunicación (2013) precursor en su campo. Sin duda, la impronta del Departamento y especialmente de la Licenciatura en Comunicación se ha ajustado a las necesidades y a las tecnologías del momento, así como ha buscado anticiparse a los retos futuros. En esta tarea y en vísperas de un nuevo plan de estudios para la segunda década de este milenio fue como el presente proyecto de investigación y difusión del conocimiento sobre las teorías de la comunicación y los medios comenzó a adquirir su forma actual.

Al revisar el estado que guarda el campo profesional y de estudio de la comunicación y los medios, así como al explorar las obras que podrían servir de brújula para los renovados cursos introductorios a este campo de estudio y a sus teorías, la necesidad de contar con un libro de texto en español actualizado fue evidente. Sin embargo, es aquí donde comienza la "guerra". Los grandes clásicos (por mencionar solo algunos: Baran y Davis 2013 y ediciones posteriores; de Moragas 1985; Lozano 2007; Mattelart y Mattelart 1997; McQuail 1994 y ediciones posteriores; Miller 2002) analizan los temas centrales de la comunicación y los medios con tal maestría que pareciera ya no hay nada más que decir. Pero cada uno lo hace desde perspectivas distintas: épocas, contextos, o con objetivos particulares —para públicos específicos, cursos o programas propios. Además, los debates en torno a estos temas no permanecen estáticos y requieren actualización constante. En el campo de la comunicación y los medios, las nuevas tecnologías y las plataformas mediáticas constantemente obligan a "repensar" el campo de estudio, su historia, sus principales supuestos y herramientas teóricas. Desde esta perspectiva, un renovado acercamiento a los fundamentos del estudio de la comunicación y los medios ya no parece tan descabellado.

Con este impulso y en términos generales, *La comunicación y sus guerras teóricas* propone: (1) reconocer que la comunicación no es un campo de estudio delimitado por una sola disciplina o una estricta definición del concepto "comunicación"; (2) identificar las principales diferencias entre las tradiciones de investigación y las propuestas de las y los científicos en distintas disciplinas, épocas históricas y latitudes del mundo; y (3) explorar las principales preguntas —dilemas— que de manera repetitiva o cíclica han guiado sus investigaciones. Estos tres grandes aspectos están, sin duda, relacionados entre sí: diversas disciplinas plantean distintos supuestos y, por ende, se enfocan a resolver diferentes interrogantes. Sin embargo, pensarlos de manera individual permite analizarlos a detalle.

Así, esta colección de ensayos está organizada en tres volúmenes. Este primer tomo revisa los principales enfoques disciplinarios en el estudio de la comunicación y los medios: sus supuestos de partida, sus características, los alcances y sus límites, así como sus propuestas generales. El segundo volumen presenta este campo de estudio conformado por diversas escuelas y tradiciones de pensamiento que responden a diversos momentos históricos, pero también a diferentes latitudes geográficas. La colección cierra con un tercer volumen organizado en torno a los principales cuestionamientos que esta área de estudio —fragmentada, pero de objetivos comunes— ha intentado responder. En su conjunto, a través de las plumas de grandes expertos, estos tres tomos proporcionan un análisis crítico de las teorías de la comunicación y los medios. Lo hacen partiendo del supuesto de que estudiar la comunicación no solo requiere conocer estas teorías, sino también *utilizarlas*: identificar sus características, reconocer sus límites y aplicarlas a la realidad contemporánea. La propuesta es entonces, *pensar* la comunicación desde muy diversas trincheras. Estos diversos panoramas —enfoques, tradiciones, épocas, escuelas, autores y sus preocupaciones— dialogan entre sí. No hay consensos definitivos; pero tampoco perdedores o ganadores en el debate. La "guerra" consiste pues, en identificar lo que está en juego —enfoques, objetivos o métodos —; reconocer la diversidad de opiniones e intereses y considerar el arsenal disponible para resolver los grandes dilemas de la comunicación.

Con esto en mente, este primer capítulo hace un breve recuento tanto de los objetivos como de los contenidos de este volumen. Comienza con algunas (im)precisiones necesarias (qué es comunicación, qué es teoría, por ejemplo), al tiempo que propone un mapa tentativo para navegar en este complejo campo de estudio. "Y es que en el mundo traidor", dicta el verso que originalmente escribiera el poeta español Ramón Campoamor para después convertirse en sabiduría popular, "no hay ni verdad ni mentira: todo es según el color del cristal con que se mira". Para conocer más sobre la diversidad de "cristales" con los podemos "mirar" los procesos de comunicación, la segunda parte de este capítulo resume las particularidades y las premisas de los diversos enfoques disciplinarios —sus supuestos, abstracciones y explicaciones— que presentan las y los expertos en este primer tomo de La *comunicación y sus guerras teóricas*.

Desde diversas trincheras: distintos enfoques y perspectivas disciplinarias en el estudio de la comunicación y los medios

Este tomo trata entonces, de dar cuenta de la pluralidad de enfoques y teorías en el estudio de la comunicación y los medios. Quizá la cuestión de origen e identidad de las teorías de la comunicación es una de las discusiones más recurrentes entre los expertos. Esta preocupación gira en torno al hecho de que, si bien la comunicación es inherente a la historia de la humanidad, en realidad es imposible determinar con exactitud si su estudio representa un cúmulo de conocimiento homogéneo digno de recibir el reconocimiento de ciencia diferenciada (o parte de las ciencias sociales o quizá de las humanidades); un área, campo de estudio, disciplina o incluso, "postdisciplina" (Herbst 2008; Waisbord 2019). El debate ha sido largo e intenso (ver, por ejemplo: Berelson 1959; Craig 2015, 1999; Pooley y Katz 2008; Schramm 1983; Shepherd 1993), pero sin posibilidad de llegar a un consenso. Antes de arrojar conclusiones contundentes sobre el estado actual del estudio de la comunicación y los medios, este tomo comienza por hacer algunas (im)precisiones necesarias para explorar las raíces de este conflicto.

¿Qué es comunicación?

"La noción de comunicación abarca una multitud de sentidos", advierten Mattelart y Mattelart (1997: 9) pues "la proliferación de las tecnologías y la profesionalización de las prácticas no han hecho sino sumar nuevas voces a esta polifonía en un [arranque] de siglo que hace de la comunicación la figura emblemática de las sociedades del tercer milenio". Desde esta perspectiva, es difícil presentar una definición pragmática —un nombre que corresponde a un objeto "a manera de un símbolo en un cálculo exacto" (Wittgenstein 1958: 25 citado por Newman 1960: 116)— del término "comunicación".

De hecho, la palabra "comunicación" denota diversos procesos, objetos o prácticas. Hablamos de "comunicación" cuando nos referimos a diferentes procesos comunicativos a distintos niveles: la comunicación interpersonal (cara a cara) *vs* la comunicación mediada (a través de los medios de comunicación) (Baran y Davis 2013: 6). O el término también refiere a los procesos de comunicación más comunes: a la que todos tenemos acceso como la comunicación intrapersonal, interpersonal o intergrupal; en contraposición a la comunicación donde el acceso pareciera más restringido: la comunicación institucional u organizacional y la comunicación de masas (McQuail 1994: 36). O nos referimos a la "comunicación" en una acepción más técnica que social: canales, tecnologías, plataformas y vías de comunicación, por ejemplo. O también utilizamos el término para referir distintas prácticas: comunicación estratégica, política, noticiosa, social, oficial, informal, etc. Incluso, hace casi 50 años, cuando el término "comunicación" comenzaba a cobrar mayor importancia en las discusiones académicas, Frank Dance (1970: 204–8) identificó hasta 16 diferentes usos y definiciones formales del término.

Así, "cualquier esfuerzo por determinar exactamente el significado de 'comunicación'", advirtió John B. Newman hace décadas (1960: 119), "no será aceptado por todos y cualquier esfuerzo por explicar ese significado solo puede resultar en un mapa tan amplio y detallado como el territorio que intenta representar". Esto es, frente a la gran diversidad de usos y acepciones, más que presentar una definición exacta del término "comunicación", resulta quizá más adecuado pensar en una "definición epistemológica" (Anderson 1996; Beniger 1993; Newman 1960): una descripción que tome en cuenta las ideas, el conocimiento acumulado y los procesos, prácticas y conceptos que conllevan a la abstracción del término "comunicación".

"Tal vez en este campo del saber, más que en otros", añaden Mattelart y Mattelart (1997: 11), "el espejismo de pensar que se puede hacer tabla rasa de esta sedimentación, y que en esta disciplina, a diferencia de otras, todo está por crear, es poderoso y [por ende, peligroso]". Por ello, más que presentar una única definición, la propuesta para entender mejor sus teorías es *mirar* a la comunicación a través de tres supuestos (lentes básicos): (1) que está inmersa en una idea de progreso; (2) que es parte inherente a la "sociedad de masas"; y, (3) que implica un flujo de información constante.

Es decir, como concepto o término *La comunicación y sus guerras teóricas* no ofrece una única definición de "comunicación". Como veremos a detalle más adelante, los diferentes enfoques presentados en este tomo entienden la comunicación desde muy diversas trincheras. Pero, en términos generales, los diversos autores tienen en mente una "comunicación" que evoca un impulso constante hacia el progreso. Sea un proceso histórico de estructuras sociales rígidas pero perecederas ante los cambios tecnológicos —como propone el enfoque sociológico—, o una constante lucha de poder por dominar esas plataformas mediáticas —como plantea la economía política—, el estudio de la comunicación está basada en una idea progreso constante, ya sea a través de un mejor entendimiento, mejores tecnologías, mejores prácticas o incluso, sensaciones o sentimientos más placenteros.

Un segundo punto de partida que nos ayuda a entender mejor el estudio de la comunicación y los medios es su innegable vinculación con la sociedad de masas: una sociedad moderna, industrializada, concentrada en las ciudades, (pre)ocupada por mejorar su nivel de vida, pero fragmentada en millones de individuos ensimismados en sí mismos (Durkheim 1897; Le Bon 1896; Ortega y Gasset 1930; Park 1901; Tarde 1901). Los medios de comunicación masiva representan, hasta cierto punto, el vínculo entre estos mundos alejados no solo por las distancias físicas, idiomas o culturas, sino también por concepciones y condiciones sociales completamente dispares.

Un tercer punto de partida útil en el estudio de la comunicación y los medios es reparar en el papel central de los flujos de información. En su connotación más simple, la comunicación conlleva o emana información. Es precisamente esta información la que adquiere diversos significados, funciones o propósitos dependiendo del enfoque desde el cual se mire. Puede, por ejemplo, ser un tipo de información subjetiva e intangible, como sugiere un enfoque centrado en el análisis de las emociones o los sentimientos. O puede ser una información tangible y objetiva que conduce a normas y regulaciones precisas como sugiere el enfoque normativo.

En suma, pensar el estudio de la comunicación y los medios como una guerra implica entonces, comenzar por reconocer que no hay una definición única de comunicación. El debate sobre qué es y cómo se ha estudiado ha sido largo e intenso. Estas páginas no pretenden resolverlo. Buscan, sin embargo, dar cuenta de la raíz del problema: las posibles soluciones a distintos dilemas que, a lo largo de décadas de investigación, diferentes autores han planteado desde muy diversas trincheras —disciplinas, enfoques, métodos, épocas o latitudes.

¿Qué es "teoría"?

El término "teoría" resulta intimidante y, como el de "comunicación", también genera múltiples discrepancias. En su connotación más simple —prácticamente una definición de diccionario (considerar por ejemplo la propuesta del Diccionario de la Real Academia Española: "que conoce las cosas o las considera tan solo especulativamente"; o un "conocimiento especulativo con independencia de toda aplicación")— sugiere que una teoría es un conjunto de supuestos o leyes que sirven para explicar fenómenos —físicos, químicos, matemáticos, pero también sociales. Sin embargo, una aproximación más académica apunta a cierto grado de abstracción (fórmulas, teoremas, hipótesis, por ejemplo) que no siempre resulta del todo clara. ¿Cómo dedujo Albert Einstein que la equivalencia entre energía y masa depende la velocidad de la luz ($E=mc^2$)? O para acercarnos más al campo de estudio de la comunicación y los medios: ¿cómo podemos determinar el efecto de las plataformas mediáticas en la sociedad?

Para Sir Karl Popper, filósofo y teórico de la ciencia, las teorías son "modelos para representar 'el mundo'" (Popper 1959, citado por Miller 2002: 18). Es decir, una teoría en esencia es una representación abstracta de lo que pasa en el mundo; "un conjunto de ideas que pueden ayudar a comprender un fenómeno, guiar una acción o predecir una consecuencia" (McQuail 1994: 32). Pero, "el mundo" está lleno de enigmas y preguntas sin resolver. Las teorías son entonces, una especie de caja de herramientas útiles que sirven para organizar esas preguntas (cuestionamientos de la vida natural, fenómenos físicos o rutinas sociales, por mencionar algunas), identificar sus características específicas (es un hecho aislado o se repite constantemente, por ejemplo) y así, comenzar a generar algunas respuestas.

Volviendo al ejemplo de Einstein, la Teoría de la Relatividad le fue útil para explicar distintos tipos de fenómenos algo extraños, pero reales. Por ejemplo, a Einstein le llamaba mucho la atención la forma en que los objetos cambian a altas velocidades; la velocidad del sonido en comparación a la de la luz; los campos electromagnéticos que se forman y se mueven en torno a una fuente de energía, pero que, aparentemente permanecerían estáticos en el espacio. Las leyes (teorías) de la física, desde Galileo hasta Newton, sugieren que la velocidad de un objeto se mide en relación a otro y no, como sospechaba Einstein, entorno a la velocidad y la energía propias del objeto, su masa corporal (aspectos que cambian dependiendo del objeto) y la velocidad de la luz (que permanece constante). Con diferentes ecuaciones matemáticas, Einstein demostró que la masa y la energía están relacionadas con la velocidad de la luz. Una idea (hipótesis) que generaría nuevas aproximaciones a los conceptos del espacio y el tiempo, incluidos los del átomo y la energía atómica.

Las teorías conforman pues, un repertorio (herramientas) de conocimiento (Kuhn 1962; Lakatos 1978) útil para dar respuesta a nuevos cuestionamientos (Cohen 1994; Laudan 1977, 1982). Es precisamente su utilidad —y no únicamente su exactitud o universalidad— la que denota su alcance, fortaleza o eficacia. Desde esta perspectiva, lo que las diferentes escuelas de pensamiento entienden por "teoría" puede llegar a ser muy distinto e incluso confuso. Lo que puede ser adecuado para una disciplina (la física, por ejemplo, que se centra en hechos y análisis objetivos), puede no serlo para otra (la psicología, preocupada por cuestionamientos subjetivos de fenómenos tangibles sujetos a la interpretación). Así, ante la gran diversidad de fenómenos a estudiar y la variedad de enfoques para analizarlos, más que presentar una definición precisa de lo que es una "teoría", resulta quizá más adecuado, como propone Miller (2002: 20), describir su propósito. En términos generales, una teoría permite; (1) describir con exactitud fenómenos (naturales o sociales); (2) establecer relaciones entre estos fenómenos (a través de fórmulas, teoremas o leyes); (3) explicar coherentemente las causas y las consecuencias de estos fenómenos; y (4) demostrar el vínculo entre la abstracción (la teoría) y la realidad (los hechos). Así, resume la autora (*ibid*: 23), "una teoría funciona para responder preguntas empíricas, conceptuales y prácticas y la calidad de una teoría puede —generalmente— medirse en términos de las respuestas que brinda a esos cuestionamientos".

Cuadro 1.1 Funciones generales de las teorías. Fuente: elaboración propia con información de Miller 2002: cap. 2.

Una teoría funciona para responder preguntas empíricas, conceptuales y prácticas
Su calidad se mide por su utilidad en términos de las respuestas que brinda a esos cuestionamientos
Sus funciones principales son:
(1) Describir con exactitud fenómenos naturales o sociales
(2) Establecer relaciones entre estos fenómenos
(3) Explicar coherentemente las causas y las consecuencias de estos fenómenos
(4) Demostrar el vínculo entre la abstracción (la teoría) y la realidad (los hechos).

¿Teorías de qué?

Pero si aceptamos que no hay una sola definición de "comunicación" y tampoco un único significado para el término "teoría", inevitablemente nos encontramos ante la necesidad de también reconocer que antes de presentar un "inventario" de las teorías de la comunicación y los medios, un primer acercamiento al campo habrá de identificar a *grosso modo* los distintos enfoques desde los que se han estudiado estos fenómenos para luego, explicar el tipo de teorías que proponen. "La historia de las teorías de la comunicación", resaltan Mattelart y Mattelart (1997: 10), "es la de estos fraccionamientos y de los diferentes intentos de articular o no los términos de lo que con demasiada frecuencia aparece más bajo la forma de dicotomías y oposiciones binarias, que de niveles de análisis [...] estas tensiones y estos antagonismos, fuentes de medidas de exclusión, no ha dejado de manifestarse, delimitando escuelas, corrientes y tendencias".

Desde esta perspectiva, Denis McQuail (1994: 31) propone organizar este primer acercamiento a las diversas dimensiones y perspectivas teóricas de la comunicación y los medios a manera de plano cartesiano (otras propuestas que presentan "mapas" similares con cuatro puntos cardinales son: Rosengren 1983; Craig 1999; Anderson y Baym 2004). En el eje horizontal, el autor ubica dos posturas diametralmente opuestas. En un extremo el enfoque materialista (objetivo): de metas puntuales y prácticas que se alcanzarán siguiendo un conjunto de pasos metódicamente ordenados (por ejemplo, el método científico: observación, generación de hipótesis, experimentación, análisis de datos y generalización). En el extremo opuesto, McQuail posiciona al enfoque culturalista (subjetivo): de indagaciones intangibles, innovadoras principalmente basadas en la observación, la interacción y la recolección de datos.

Las diferencias entre ambos enfoques (o epistemologías, como veremos a detalle en la siguiente sección de este capítulo sobre las "consideraciones metateóricas") no son menores. No solo determinan la posición que tiene la o el investigador ante ciertos fenómenos, sino que también definen el tipo de conocimiento que genera. Implican posturas diametralmente opuestas en por lo menos 3 aspectos centrales de la investigación científica: (1) la función de una teoría (para qué utilizar una herramienta) —por su amplia capacidad de establecer relaciones entre fenómenos o bajo la necesidad de reconocer claramente sus alcances y sus límites—; (2) los métodos y la metodologías a utilizar (cómo se usarán esas herramientas) —una separación consciente entre investigador y objeto de estudio o una relación cercana y de primera mano—; y (3) el alcance de conocimiento (qué se logrará con esa caja de herramientas) —acumulación de conocimiento o entendimientos específicos.

Así, el enfoque objetivo supone que es posible explicar los fenómenos mediante datos precisos que describen relaciones causales y que se suman a un cúmulo de conocimiento ya existente. Pensemos, por ejemplo, en el uso de las plataformas digitales. Una pregunta muy precisa desde el enfoque objetivista sería: ¿cómo usan los jóvenes las plataformas digitales? Para resolver esta interrogante, la o el comunicólogo que opta por un enfoque objetivista se fijará una meta precisa (por ejemplo: identificar los principales usos que un grupo específico de la población —las y los jóvenes— da a las plataformas digitales); iniciará su indagación con datos precisos, planteará algunas hipótesis, buscará datos empíricos para comprobarlas y presentará sus conclusiones a manera de generalidades: los jóvenes —principalmente a partir de los 12 años de edad— usan las plataformas digitales a diario para, en orden de importancia: compartir experiencias, comunicarse con o hacer nuevos amigos y buscar información (Colás *et al.* 2013; Livingstone *et al.* 2018; OCDE 2010).

En contraste, un enfoque subjetivo ante el mismo fenómeno pondría atención a otras preguntas y, por ende, plantearía otros objetivos de investigación. Por ejemplo, una pregunta central desde este enfoque sería: ¿cómo construyen su identidad las y los jóvenes en las plataformas digitales? (Aguilar 2010 y Said 2010; Murden y Cadenasso 2018; Sarena 2006). Desde esta perspectiva, la o el comunicólogo subjetivista buscará entender a fondo este proceso. El supuesto de partida, sugieren Burrell y Morgan (1979: 5, citado por Miller 2002: 26) es que "el mundo social es esencialmente relativo y solo puede entenderse desde el punto de vista de los individuos que están directamente involucrados en los fenómenos estudiados". Esto es, el enfoque subjetivo asume un entendimiento de los fenómenos sociales basado en la observación y en el conocimiento particular del caso de estudio. Así, la participación directa de los individuos —de los científicos y de la población estudiada— resulta indispensable para lograr un entendimiento del fenómeno de primera mano. Las particularidades del objeto de estudio (por ejemplo, las y los jóvenes: su edad, sexo, educación, nivel socioeconómico, etc.) y del contexto particular (a diversos niveles: países del norte o del sur; grandes ciudades o poblaciones más pequeñas; en la escuela o en la casa, por mencionar algunos) se convierten entonces, en el eje central de investigación.

McQuail complementa su propuesta de representación gráfica sobre las diferentes dimensiones y tipos de teorías de los medios de comunicación con un eje vertical donde posiciona otras dos visiones del mundo completamente distintas: los teóricos cuya atención está centrada en los medios de comunicación, en contraposición a la de los teóricos enfocados al estudio de la sociedad. Esta distinción tampoco es menor pues, acorde a la propuesta de "teoría" planteada arriba, las herramientas que pueden resultar útiles para examinar a los individuos (a la sociedad), pueden no serlo para explicar el funcionamiento de los medios de comunicación masiva. Un enfoque "sociocéntrico", sugiere McQuail (1994: 30), "ve a los medios como meros reflejos de las fuerzas políticas y económicas", mientras que el enfoque "mediocéntrico" pone mayor atención en la capacidad que tienen los propios medios de modificar esas fuerzas para convertirse en los "motores de la sociedad".

Así, al retomar el ejemplo anterior sobre el uso que dan las y los jóvenes a las plataformas digitales, un enfoque centrado en la sociedad pondrá mayor atención en las características específicas de esta juventud: quiénes son, dónde viven, qué hacen, por qué, cómo y para qué usan el internet (ver, por ejemplo: Abbas y Mesch 2015: Albarello 2020; García Canclini *et al.* 2012; Brossi 2018). En contraste, un enfoque centrado en los medios pondrá mayor atención a las plataformas mismas: cuáles son, qué componentes utilizan, cuáles son sus características principales, por qué resultan tan atractivas para ciertos sectores de la población —las y los jóvenes— y qué consecuencias (económicas, sociales o psicológicas) generan en la juventud (ver, por mencionar algunos: Hooper y Kalidas 2015; López y González 2019; Montgomery 2015; Valenzuela *et al.* 2014. Si bien una representación gráfica esquematizada por la tajante división entre sociocéntricos y mediacéntricos (eje vertical) y entre objetivos y subjetivos (eje horizontal) es una abstracción del campo de la comunicación y los medios arbitraria y limitada, sí permite, acorde con McQuail (*ibid*: 32), reconocer cuatro principales enfoques:

> (1) un enfoque media-culturalista que implica conceder la mayor importancia al contenido y a la repetición de los mensajes mediáticos teniendo en cuenta la influencia del entorno individual inmediato;

(2) una dimensión media-materialista que enfoca la atención a los aspectos político, económicos y tecnológicos de los medios de comunicación como las causas primarias de las características fundacionales de una sociedad;
(3) una visión socio-culturalista que recalca la influencia de los factores sociales en la producción y recepción mediáticas y de sus funciones en la vida social;
(4) una perspectiva socio-materialista que considera a los medios como un reflejo más de las circunstancias económicas y materiales de una sociedad.

Consideraciones metateóricas

Pero, ¿cómo posicionar las diversas teorías de la comunicación y los medios en estos cuatro enfoques? Si bien el mapa (plano cartesiano) de McQuail nos ayuda a organizar este campo de estudio, no debemos pasar por alto que es una abstracción gráfica de aspectos menos concretos en la construcción del conocimiento y, por ende, de las teorías. "El desarrollo de las teorías", advierte Miller (*op. cit.*), "no existe en el vacío", sino que ciertos aspectos filosóficos en la construcción de la ciencia (consideraciones metateóricas) condicionan las características específicas de cada teoría.

Las discusiones sobre los aspectos metateóricos (o metafísicos) de la ciencia suelen ser complejas (Kuhn 1962; Laudan 1982; Lakatos 1978; Popper 1959). En este primer acercamiento a las teorías de la comunicación y los medios basta decir que apuntan a una especie de "conocimiento tácito" (Polanyi 1969) o "entendimiento común" sobre el tipo de "herramientas" (teorías) que las y los científicos sociales utilizan en sus procesos de investigación (Layder 1994). Así, al elegir ciertas teorías sobre otras, las y los investigadores se "auto-posicionan" en tradiciones (enfoques) diferentes pues cada disciplina, cada época o cada tecnología imprime en la ciencia rasgos distintivos (Mattelart y Mattelart 1997).

Pensemos en un ejemplo más práctico que académico: el "hacker" que prefiere utilizar algoritmos para intervenir las redes sociales, mientras que el periodista se inclina por los datos para publicar noticias. En un proceso similar, las "herramientas" que utiliza la o el científico social corresponden a sus habilidades y al tipo de problema que enfrenta, pero también están condicionadas por la posición que adopta —quizá no del todo consciente— ante la realidad (ontología), el conocimiento (epistemología) y los valores que rigen el comportamiento humano y, por ende, la investigación de fenómenos sociales (axiología).

En términos generales, los aspectos ontológicos de una teoría están relacionados con cuestiones filosóficas que las y los científicos mantienen sobre la naturaleza del ser. Estas reflexiones conllevan a cuestionamientos sobre la realidad, la causa o el efecto, así como la capacidad que tenemos como seres humanos de reconocer, abstraer y explicar esta (una o varias) realidad(es) —especialmente ante fenómenos abstractos y construcciones teóricas. Aquí, las dicotomías también resultan útiles para dimensionar la divergencia de posturas. Por un lado, los "realistas" (o racionalistas) tienden a ver la realidad como una sola, anteponiendo la razón por encima de la abstracción o la experiencia. Este enfoque asume que "el mundo social no depende de la cognición humana pues es un mundo *real* conformado por estructuras sólidas, tangibles y relativamente inmutables" (Burrell y Morgan 1979, citado por Miller 2002: 24 —énfasis añadido). En contraste, los "construccionistas" (nominalistas o empiristas) sostienen que la realidad es múltiple pues depende de la "construcción" (la experiencia, la historia o los significados) que cada uno de nosotros hace de esa(s) realidad(es). Desde esta perspectiva, las "cosas" no existen por sí mismas, sino que lo hacen a través de las denominaciones (nombres y significados) que los seres humanos damos a esas cosas.

Asimismo, la diferenciación entre el enfoque objetivo y el subjetivo revisada en páginas anteriores sirve también aquí para explorar distintas consideraciones epistemológicas. A grandes rasgos, las cuestiones epistemológicas se refieren a reflexiones filosóficas sobre cómo se adquiere, desarrolla y aumenta el conocimiento. El tipo de preguntas que guían esta reflexión son, por ejemplo: ¿qué es "conocimiento"? ¿Qué podemos "saber"? O ¿qué relación existe entre la o el científico en la "creación" de este conocimiento? Como ya se explicó anteriormente, los subjetivistas consideran que el conocimiento es un constructo que depende de cada individuo pues proviene directamente de la experiencia y del contexto. En contraposición, las posturas más objetivas suponen que el conocimiento emana de hechos tangibles y comprobables que poco dependen de los individuos o del contexto. Naturalmente, existe una relación directa entre estas cuestiones epistemológicas y las ontológicas pues la concepción de la realidad denota también la función del conocimiento.

Por su parte, la axiología apunta a los valores que sustentan a la ciencia y a la producción de este conocimiento. Hoy día resulta prácticamente inverosímil pensar que la ciencia está aislada de cualquier apreciación o juicio de valor (lo que es bueno frente a lo malo; lo correcto *vs* lo incorrecto; lo ético sobre inmoral). Sin embargo, reflexionar sobre cómo estas consideraciones también juegan un papel importante en la elaboración de teorías y supuestos científicos apunta a los límites y los alcances de la ciencia. Consideremos de nuevo el ejemplo de Albert Einstein y su Teoría de la Relatividad. Lo que desde una perspectiva puede entenderse como uno de los avances científicos más importantes del siglo XX (la ciencia atómica y la energía nuclear), desde otra, puede condenarse como el arma más peligrosa que ha acribillado a la humanidad (la bomba atómica). Reconocer que el conocimiento científico también está sujeto a ciertos juicios de valor permite identificar con mayor claridad qué supuestos guían la investigación y cuál es el alcance de sus resultados. Pensemos ahora, en otro ejemplo: los estudios feministas de los años 1970 que denotan cómo las diferencias históricas entre la concepción del género femenino y el género masculino también están presentes en los temas, los métodos y los hallazgos de la investigación científica (ver, por ejemplo: Steeves 1993).

En este punto sobre las consideraciones metateóricas implícitas en el quehacer científico y, por ende, en las teorías, cabe reconocer que muy difícilmente encontraremos científicos sociales claramente ubicados en los extremos de estas divergencias (por ejemplo: realistas, objetivos y plenamente conscientes de los valores —los propios, los de la comunidad científica y los implícitos en el objeto de estudio). Sin embargo, tener presentes estas consideraciones nos ayuda a entender mejor no solo las diferencias entre posturas y enfoques, sino también a "rastrear" los orígenes y a evaluar la trayectoria de las teorías de la comunicación y los medios.

Este volumen

En este quehacer, el objetivo general de este primer volumen de *La comunicación y sus guerras teóricas*, como se ya se anticipó, es analizar los principales enfoques y las perspectivas disciplinarias en el estudio de la comunicación y los medios. En el siguiente capítulo, Enrique E. Sánchez Ruiz centra su atención en el enfoque histórico-estructural. Su propuesta es revisar las características de la investigación científica —teoría, método, metodología, epistemología, ontología y axiología— para contar con algunas herramientas necesarias en el análisis de la comunicación y los medios. Así, el capítulo comienza por recordarnos que método y teoría son las dos caras de la moneda de cambio que utilizamos al responder preguntas, generar hipótesis y adaptar nuestras conclusiones ante procesos de comunicación muy diversos y complejos. Armados con un sólido arsenal de técnicas y procedimientos para producir y analizar datos empíricos —métodos que utilizan diversas metodologías, por ejemplo—, las y los científicos sociales colocan al mundo bajo el microscopio. Para Sánchez Ruiz, el análisis histórico-estructural representa una lente que permite visualizar los hechos (dilemas) en un contexto histórico más amplio. Un diálogo permanente entre los hechos (los arreglos estructurales) y la historia nos obliga a reconocer que la humanidad forja las estructuras sociales y, por ende, estas últimas, aunque rígidas, no permanecen del todo estáticas.

Así, el enfoque histórico-estructural trata de lidiar con dos aspectos que a primera vista parecen contradictorios: rigidez y transformación. Sin embargo, en distintas épocas, los teóricos —como Marx o Giddens, por ejemplo— han enfrentado la necesidad de reconocer las presiones que ejercen las estructuras sociales sobre el devenir histórico, pero también de identificar la capacidad de la agencia individual y colectiva para modificarlas —e incluso remplazarlas. Este cambio, sin embargo, no es instantáneo y tampoco ocurre de manera uniforme o coordinada. Es aquí donde la labor de las y los científicos sociales es indispensable para identificar la complejidad y la trascendencia de las transformaciones, así como sus causas y consecuencias. Pensando en la permanente revolución tecnológica de las plataformas mediáticas, Sánchez Ruiz nos invita a reflexionar sobre los cambios que provocan, pero también en aquellos aspectos que permanecen. Esto, advierte el autor, no nos hace historiadores y mucho menos capaces de predecir el futuro. Pero sí servirá para alertar nuestra "conciencia histórica" y, así, estar mejor preparados para criticar el determinismo tecnológico que constantemente amenaza a las teorías de la comunicación y de los medios.

En el segundo capítulo, Rodney Benson elabora en estos elementos para centrar su atención en el enfoque sociológico y poner énfasis en un punto medular del estudio de los medios de comunicación: su estructura. Desde una perspectiva estructural-funcionalista anclada en el conductivismo, en su abstracción más simple y general, la sociología de la comunicación y los medios pone énfasis en el estudio de las condiciones socioculturales en las que se desarrollan los medios de comunicación, así como en los objetivos de los emisores, el contenido de sus mensajes, el papel que juega la tecnología —las distintas plataformas mediáticas, por ejemplo— y el efecto de todos estos factores en las audiencias o viceversa. Las redes de interacción entre el individuo y la sociedad constituyen un laboratorio (Park 1904/1972) donde la investigación empírica pone a prueba distintas variables sociales —ubicación, frecuencia, homogeneidad o heterogeneidad grupal, tipo de organizaciones, discursos o principios normativos— a muy diversos niveles de análisis —individual, organizacional, institucional, estado-nación, transnacional, global, por mencionar los más estudiados. Es decir, un enfoque que propone colocar a los medios de comunicación como una variable que depende (variable dependiente) de muchos otros factores (variables independientes).

Con este propósito en mente, Benson elabora en los fundamentos del enfoque sociológico (ver por ejemplo grandes clásicos como Park y Burgess

1921) para insistir en la necesidad de incluir en los estudios de los medios de comunicación un análisis detallado que pone énfasis en tres aspectos: su ubicación, su lógica y su estructura. Utilizando la teoría de campos de Bourdieu, así como algunos aspectos clave del neoinstitucionalismo, Benson propone distintas características estructurales de los medios de comunicación que influyen en el tipo y en el tono de los contenidos mediáticos. Por ejemplo, las marcadas diferencias entre *Le Figaro* y el *Christian Science Monitor* no solo responden a diferentes campos nacionales (el primero francés, el segundo estadounidense), sino también a distintas lógicas periodísticas, patrones de financiamiento, tipos de audiencias e incluso, políticas regulatorias específicas para cada mercado.

"Insistir en que las estructuras definen las estrategias", aclara Benson (capítulo 2), "es [también] suponer que se puede preferir a algunas estructuras frente a otras". El capítulo de Maira Vaca elabora en esta premisa para explicar por qué, utilizando las palabras de Benson, algunas "estructuras mediáticas" nos parecen mejores que otras: ¿por qué valoramos el periodismo crítico, basado en datos certeros y abierto a la diversidad de voces? ¿Por qué los medios de comunicación son y funcionan de manera diferente en distintos contextos, por ejemplo, en diferentes países? Haciendo referencia al ya icónico *Cuatro Teorías de la Prensa. Lo que los medios deben ser y hacer* de Fred S. Siebert, Theodore Peterson y Wilbur Schramm (1956), este capítulo revisa los orígenes históricos y teóricos de un mundo aparentemente dividido en dos: el que protege la libre expresión, la participación y la transparencia de la información (las democracias); el que censura, reprime y atenta contra el libre acceso a la información y al debate público (los regímenes totalitarios).

El enfoque normativo en el estudio de la comunicación y los medios apunta a las expectativas sociales sobre el quehacer cotidiano de los medios de comunicación, las reglas y los valores que sustentan su funcionamiento. Estas normas y prácticas al final se ven reflejadas en los tipos de productos mediáticos que ofrecen: el periodismo crítico y de investigación que defienden los medios independientes en contraste con los extravagantes titulares de la prensa amarillista, por ejemplo. Sin embargo, décadas de investigación sugieren que las normas que rigen el funcionamiento de los medios están estrechamente ligadas a las estructuras sociales y políticas. Mientras la participación y la información son el sustento de las democracias; el autoritarismo las controla y restringe acorde a sus propios intereses. Esta tajante división, siguiere Vaca, ya no resulta útil para analizar la gran diversidad de medios y plataformas digitales. Las expectativas sobre el quehacer de los medios (del internet, por ejemplo) tampoco corresponden a lo que ocurre en la práctica cotidiana. No se trata de desechar modelos teóricos y tirar por la borda décadas de investigación. Sin embargo, el análisis crítico de sus alcances y límites apunta a nuevas preguntas, herramientas y datos.

De hecho, una postura crítica ante los procesos y las teorías de la comunicación es la propuesta principal del enfoque cultural. En su capítulo, David Morley repasa los principales postulados de los llamados "estudios culturales". La investigación sobre los medios y la comunicación es un campo altamente (pre)ocupado por las relaciones de poder, los datos empíricos, los métodos y por la transmisión mecánica de contenidos mediáticos del hoy y el ahora. Sin embargo, una mirada al sentido común; a aquello que se da por sentado o que "no hace falta decir", propone Morley, es útil para identificar los aspectos de raza o de género; de la cultura; de los significados; o de la tradición histórica que también juegan un papel importante en la comunicación de masas. Estos aspectos (no) menos importantes, obligan a utilizar herramientas y supuestos que aportan otras disciplinas para complementar el análisis con aspectos como el contexto, las características específicas del "nosotros" como individuos con historia, gustos e intereses propios que se extienden más allá del uso cotidiano de nuevas tecnologías y plataformas.

Así, para Morley, la interdisciplinaridad es una medida de protección contra teorías abstractas que se alejan demasiado de la realidad y que pretenden enfrascarse en el reduccionismo y en explicaciones generalizadas —"conocimiento de idiotas", en palabras de William Blake— que poco corresponden a lo que realmente está sucediendo en las muy diversas partes del mundo. El enfoque cultural propone entonces, un alejamiento de tres "isims"; (1) el "*mediacentrism*", un enfoque que privilegia el estudio de los "nuevos" medios sobre las particularidades de cada plataforma, usuario y contexto mediático; (2) el "*EurAmcentrism*", que asume un vasto conocimiento de las principales características de los medios sin expandir su mirada más allá de Europa y Estados Unidos; y (3) el "*cultural presentism*" que ignora la historia y los antecedentes de lo que hoy, a primera vista, parecen las grandes revoluciones mediáticas. Siguiendo la propuesta de Stuart Hall en cuanto a la necesidad de "volver a lo concreto", este capítulo invita a evaluar cualquier propuesta teórica con base en su utilidad y no simplemente en su complejidad.

"Gran parte de los capítulos más brillantes, de los descubrimientos, las decisiones y los inventos más más significativos de la historia humana", repara Wilbur Schramm (1997: 3), "están escondidos en la bruma del tiempo y la distancia, y solo podemos saber muy poco al respecto". Con esto en mente y para adentrarnos en esta "bruma", el capítulo de Eduardo Portas Ruiz presenta una relectura de los trabajos del propio Schramm, quien, para muchos —Steven Chaffee, Everett Rogers, Paul Lazarsfeld, Theodore Peterson, por ejemplo— es uno de los padres fundadores del estudio de la comunicación y los medios. Schramm, controvertido periodista, académico y funcionario norteamericano; colaborador de Fred S. Siebert y Theodore Peterson en el famoso *Cuatro Teorías de la Prensa* que Maira Vaca analiza en el capítulo cuatro de este volumen, utilizó como base los estudios que realizó durante la Segunda Guerra Mundial sobre la propaganda política y sobre la relación entre el régimen soviético y los medios de comunicación —cristalizados en la llamada "teoría totalitaria"— para presentar una propuesta sobre el papel que pueden llegar a tener los medios en países en desarrollo.

Para Portas, algunos de los conceptos propuestos por Schramm en sus estudios sobre la capacidad transformadora de la comunicación en el proceso de desarrollo continúan siendo útiles para analizar, por ejemplo, el papel de los medios mexicanos en la cobertura ante la pandemia generada por el COVID-19. La idea de "campos de referencia semántica" —un antecedente al concepto de encuadre o "framing"—, así como la noción de los "factores de atracción" que generan los medios con sus audiencias, explican en gran medida, cómo el gobierno mexicano ha "sembrado" en los medios tradicionales y digitales la idea de un México unido y fuerte ante el desafío de un futuro incierto. "Conforme los países transitan de sociedades tradicionales a sociedades modernas e industrializadas", escribe Schramm (1963: 34), "ocurren impresionantes avances en sus comunicaciones". Desde una perspectiva, los avances tecnológicos en la comunicación son producto del desarrollo económico, social y político que conlleva al crecimiento nacional. Desde otra, sin embargo, es precisamente la comunicación la que produce ese desarrollo.

Desde otro enfoque, el capítulo de Isabela Corduneanu propone un análisis más detallado del papel que juegan los sentimientos y las emociones en todo proceso de comunicación. Un giro afectivo-emocional a la investigación de los medios y los procesos comunicativos enriquece el análisis al incorporar herramientas de otras disciplinas como la psicología y la sociología de las emociones. Esta perspectiva, —aunque en boga hoy día con conceptos como la "sociedad afectiva" o con productos mediáticos como los *"reality shows"*, la prensa amarillista, el "marketing emocional" o las campañas de "guerra sucia"—, tiene profundas raíces en las ciencias sociales y las humanidades. Grandes autores, desde Aristóteles hasta Weber, pasando por Descartes, de Tocqueville, Sartre, Darwin, Simmel, Smith, Nussbaum o Durkheim reparan en la centralidad de las emociones a nivel individual y social. El componente emocional de la comunicación no únicamente está presente en el individuo —como subjetividad—, sino que el entorno social también imprime ciertas emociones en el individuo.

Así, la comunicación interpersonal, pero también la mediada conlleva una carga afectiva que, en el mejor de los casos, gran parte de los estudios dan por sentado, si no es que la ignoran por completo. El abanico de opciones para orientar el estudio de la comunicación y los medios a los sentimientos y las emociones es amplio y a momentos confuso —por ejemplo: ¿un sentimiento es un efecto psicológico individual (un estado de ánimo) o una respuesta socialmente aprendida (una actitud)? Sin embargo, este enfoque invita a reflexionar con mayor detenimiento y seriedad sobre el papel (duración, causa, efectos, niveles, consecuencias, por mencionar algunos aspectos centrales) de los sentimientos y las emociones. Varias corrientes teóricas han reparado en aspectos centrales de la comunicación como el lenguaje, la cultura o las relaciones de poder. Poner el énfasis en las emociones y los sentimientos no contradice, sino que complementa estos esfuerzos, sugiere Corduneanu. La tarea pendiente es entonces, redoblar esfuerzos para enfrentar los retos teóricos y metodológicos que impone este enfoque.

Para Vivian Romeu, el reto es incluso más complejo. En su capítulo explica cómo es necesario idear nuevos enfoques que permitan abstracciones teóricas de los procesos comunicativos "menos mecánica(s) y más realista(s)". En este esfuerzo, la interdisciplinariedad también figura como una veta a explotar. Sin embargo, las nuevas fronteras que habrá de explorar el campo de estudio de la comunicación y los medios van más allá de la historia o la sociología —como proponen Sánchez Ruiz o Benson—, de la antropología, la semiótica o la lingüística —a donde apuntan los estudios culturales— o de la psicología y de la sociología de las emociones —como sugiere Corduneanu. Para Romeu, es necesario volcar la mirada a otras disciplinas que también aportan elementos centrales al estudio de la comunicación como son la biología evolutiva, la biosemiótica, la fenomenología, la física o las nuevas ciencias cognitivas. La propuesta es entonces, incorporar al análisis los procesos comunicativos como parte de una vida que no es exclusivamente social o cultural, sino que también está regida por ciclos orgánicos que hacen del acto comunicativo un proceso más complejo.

Así, para Romeu, la "interacción comunicativa" —un proceso de convergencia expresiva que además del emisor, mensaje y receptor toma en cuenta otros aspectos inconscientes y no siempre intencionales de la comunicación para centrar la atención del análisis en los sujetos, su experiencia e información previa y no meramente en el mensaje o en su significado— está en los cimientos de las dimensiones sociales y culturales de la comunicación. A su vez, esta dimensión también está condicionada por otros factores como la cultura o el poder. Este enfoque propone, en palabras de la autora, "pensar la comunicación como no siempre intencional, no siempre enfocada a afectar al receptor y tampoco no siempre orientada al entendimiento". Considerar que la comunicación también puede ser un acto inconsciente

Estudio de la comunicación y los medios, ¿una guerra? 19

(una reacción biológica inintencionada, por ejemplo), irracional o un proceso fallido abre la posibilidad de complementar el análisis con nociones como la información —entendida como una magnitud que no es ajena a la actividad cognitiva del sujeto—, la experiencia y las interacciones entre el entorno físico o natural, el entorno social o de socialización y el entorno simbólico-cultural.

Desde una perspectiva que a primera vista pareciera más convencional, Robin Mansell utiliza las herramientas de la economía política para analizar las contradicciones que en esta segunda década del siglo XXI nos impone el entorno digital. Por un lado, este espacio abierto, de libre acceso, sin jerarquías y anclado en la idea de la participación y el bien común abre la posibilidad a nuevos canales de información y participación ciudadana. Por el otro, sin embargo, los intereses económicos, las potencialidades de nuevos mercados y productos, la generación de "megadatos" y los riesgos inmersos en la vigilancia, el anonimato y alcance prácticamente desmedido de la información que circula a en la red la transforman en una herramienta peligrosa que puede llegar a atentar contra la libertad y la capacidad de acción individual o colectiva. La pregunta central es entonces: ¿cómo afecta a las y los ciudadanos el entorno digital? No hay, apunta Mansell, una sola respuesta. De hecho, diferentes imaginarios sociales conducen a diferentes sistemas de gestión y gobernanza de la red. Mientras para algunos el Estado y otras instituciones formales deben regular el entorno digital para asegurar que sea un lugar seguro y benigno para el bien común, para otros deben ser las y los ciudadanos quienes retomen el control de estos espacios y los transformen en foros de libertad y emancipación.

Un acercamiento meramente económico a las dinámicas del mercado o al proceso de elección que se llevan a cabo en el entorno digital limita la posibilidad de analizar más de cerca las relaciones de poder (formal e informal) que subyacen en estas plataformas. La mirada crítica de la economía política, sugiere Mansell, permite reconocer las tensiones entre diferentes imaginarios —el liderado por el mercado, el regulado por el Estado o el que está en función de la libre elección ciudadana—, al tiempo que hace posible identificar las discrepancias entre un mundo idealizado y la práctica cotidiana. ¿Nos hace el internet más sabios; más libres? De nuevo, la respuesta no es una y mucho menos definitiva (Mansell 2016). Amartya Sen, Premio Nobel de Economía, insiste en que la diversidad de opciones y la capacidad de elección de las y los ciudadanos define el tipo de sociedad en la que vivimos. Desde esta perspectiva, Mansell propone un análisis más cuidadoso de los diversos modelos de autoridad y de gobernanza en la red que permita identificar las oportunidades y los retos que determinan nuestra capacidad de elección tanto al nivel macro (sociedades u organismos) como a nivel micro (comunidades o individuos) en la era digital.

En línea con esta discusión sobre las nuevas plataformas digitales, el capítulo de Néstor García Canclini nos presenta un panorama crudo y "antiescéptico" del siglo XXI. Si bien las nuevas plataformas digitales han hecho posible nuevos canales, velocidades y modos de comunicación, también representan grandes peligros de los que no estamos del todo conscientes. Primero, utilizamos las nuevas plataformas digitales y sin siquiera notarlo e incluso sin contar con nuestro consentimiento, nuestros datos —información de contacto, ubicación, rutinas de consumo, por mencionar solo algunos megadatos que automáticamente se almacenan en el "ciberespacio"— se convierten en información valiosa y accesible al mejor postor. Segundo, en el "mar de información" del internet, es prácticamente imposible diferenciar claramente lo útil, los hechos y el debate público de las "*fake-news*", la ficción y los "*trending topics*". Tercero, aunque nos empeñamos en creer que navegamos en un mar seguro, las grandes compañías que nos ofrecen sus plataformas digitales con un solo "*click*" no están del todo (pre)ocupadas por brindar más y mejores mecanismos de protección ante redes criminales, usuarios inexistentes o "*bots*", información falsa, por mencionar solo algunos de los peligros más inminentes.

¿Qué nos resta, como ciudadanos, como consumidores, como comunicadores en y ante el mundo digital? No es el objetivo de García Canclini ofrecer una respuesta concreta. Pero sí nos hace reflexionar sobre la capacidad individual y colectiva para crear un internet más seguro, regulado y donde la participación social esté encaminada a objetivos comunes y no meramente particulares o comerciales. En las nuevas plataformas digitales de la comunicación resulta extremadamente difícil separar con claridad las emociones o sentimientos, de los datos y hechos concretos. Como ciudadanos, como comunicólogas y comunicólogos, la tarea no es desenredar el complicado entramado de pasiones, algoritmos, información, e intereses comerciales. Sino explorar, retomando las palabras de García Canclini "otros modos de conocer, de conocerse y decirlo". Para el autor, no podemos "seguir así indefinidamente, quedarse sin saber qué hacer, con el deseo de ser ciudadano". La ciencia, el conocimiento, la investigación y las teorías conforman una posible ruta a seguir. Es cierto, no todas las ciencias son exactas —mucho menos el estudio de la comunicación y los medios—, pero todas ellas cuentan con herramientas útiles para cuestionar la realidad, recolectar datos, hacer inferencias y presentar alternativas.

Referencias y lecturas adicionales

Abbas, R. y Mesch, G. "Cultural values and Facebook use among Palestinian youth in Israel", *Computers in Human Behavior*, Vol. 48: 644–53.

Albarello, F. J. (2020). "Informarse en el smartphone: estrategias de lectura transmedia por parte de jóvenes universitarios del Aglomerado Gran Buenos Aires". *Palabra Clave*, 23(3). Disponible en: https://doi.org/10.5294/pacla.2020.23.3.1 [última consulta: 20 julio 2020].

Anderson, J. 1996. *Communication Theory: Epistemological Foundations*. NYC, NY: Guilford Press.

Anderson, J. y Baym, G. 2004. "Philosophies and Philosophic Issues in Communication, 1995-2004", *Journal of Communication*, 54(4): 589–615.

Aguilar, D. y Said, E. 2010. "Identidad y subjetividad en las redes sociales virtuales: caso de Facebook". *Revista del Instituto de Estudios en Educación Universidad del Norte*, 12 (enero-julio):1657–2416.

Baran, S. y Davis, D. K. 2013. *Mass Communication Theory. Foundations, Ferment and Future* (7ma ed.). Stamford, CT: Cengage Learning.

Beniger, J. 1993. "Communication —embrace the subject, not the field", *Journal of Communication*, 43 (3): 18–25.

Berelson, B. 1959. "The State of Communication Research". *The Public Opinion Quarterly*, 23(1): 1–6.

Brossi, L. 2018. "Nuevas formas de organización, plataformas digitales y participación cívica" en Cobo, C., et al. (eds.). *Jóvenes, transformación digital y formas de inclusión en América Latina*. Montevideo, Uruguay: Penguin Random House, 17–84.

Burrell, G. y Morgan G. 1979. *Sociological paradigms and organisation analysis*. Londres: Heinemann.

Cohen, H. 1994. *The history of speech communication: the emergence of a discipline, 1914-1945*. Annandale, VA: Speech Communication Association.

Colás, P., González, T. y de Pablos, J. 2013. "Juventud y redes sociales: motivaciones y usos preferentes", *Comunicar*, 20 (40): 15–23.

Craig, R. 1999. "Communication Theory as a Field". *Communication Theory*, 9(2): 119–61.

Craig. 2007. "Pragmatism in the Field of Communication Theory". *Communication Theory*, 17(2): 125–45.

---------. 2015. "The constitutive metamodel: a 16-year review", Communication Theory, 25(4): 356–374.

Dance, F. 1970. "The 'concept' of communication", *Journal of Communication*, 20(2): 201–10.

De Moragas, M. 1985. *Sociología de la comunicación de masas* (3ra ed.: 4 vol.). Barcelona: Gili.

Durkheim, E. 1897/1989. *El suicidio*. Madrid: Akal.

García Canclini, N., Cruces, F. y Castro, M. 2012. *Jóvenes, culturas urbanas y redes digitales*. Barcelona: Ariel/ Fundación Telefónica.
Herbst, S. 2008. "Disciplines, intersections, and the future of communication research", *Journal of Communication*, 58 (4): 603–614.
Hooper, V. y Kalidas, T. 2015, "Acceptable and unacceptable behaviour on social networking sites: a study of the behavioural norms of youth on facebook", *Electronic Journal of Information Systems Evaluation*, 15(3): 259–68.
Kuhn, T. 1962/2007. *La estructura de las revoluciones científicas*. CDMX: Fondo de Cultura Económica.
Lakatos, I. 1978/1989. *La metodología de los programas de investigación*. Madrid: Alianza.
Laudan, L. 1977. *Progress and its problems*. Berkeley, CA: University of California Press.
---------. 1982. *Science and values*. Berkeley, CA: University of California Press.
Layder, D. 1994. *Understanding social theory*. Thousand Oaks, CA: Sage.
Le Bon, G. 1896/2006. *The Crowd. A study of the popular mind*. NYC, NY: Cosimo.
Livingstone, Sonia, Mascheroni, G. y Staksrud, E. 2018. "European research on children's internet use: assessing the past and anticipating the future". *New Media and Society*, 20(3): 1103–1122.
López, A. y González R. 2019. "Producción amateur de contenidos y nuevas formas de autoinclusión: una visión en caso del canal de Youtube Juventud sorda", *Controversias y Concurrencias Latinoamericanas*, 11(18): 142–54.
Lozano, J.C. 2007. *Teoría e investigación de la comunicación de masas*. México: Pearson.
Mansell, R. 2016. "Power, hierarchy and the internet: why the internet empowers and disempowers", *Global Studies Journal*, 9(2): 20–25.
Mattelart, A. y Mattelart M. 1997/1995. *Historia de las teorías de la comunicación*. Barcelona: Paidós.
McQuail, D. 1994. *Introducción a la teoría de la comunicación de masas* (3ra ed.). Barcelona: Paidós.
Miller, K. 2002, *Communication Theories*. NYC, NY: McGrawHill.
Montgomery, K. 2015. "Youth and surveillance in the Facebook era: Policy interventions and social implications", *Telecomunications Policy*, 39(9): 771–86.
Murden, A. y Cadenasso, J. 2018. "Redes Sociales e Identidad juvenil" en *Ser joven en la era digital*, CEPAL/Fundación SM. Disponible en: https://drive.google.com/file/d/1ORNvs8cGi5fMQOgkQG7gns7bzR3AgTjM/view [última consulta: 10 julio 2020].
Newman, John B. 1960. "A rationale for a definition of Communication". *Journal of Communications*, 10(3): 115–24.
OECD. 2010: *Are the New Millennium Learners Making the Grade? Technology Use and Educational Performance in PISA 2006*. París: OECD.
Ortega y Gasset, J. 1930/2010. *La rebelión de las masas*. CDMX: Tomo.
Park, R. 1904/1972. *The Crowd and the Public*. Chicago, ILL: University of Chicago Press.

Park, R. y Burgess, E. (1921). *Introduction to the Science of Sociology*, Chicago, ILL: University of Chicago Press.

Polanyi, M. 1969. *Knowing and Being. Essays by Michael Polanyi* (editado por Marjorie Grene). Chicago, ILL: The University of Chicago Press.

Pooley, J y Katz, E., 2008. "Further Notes on Why American Sociology Abandoned Mass Communication Research", *Journal of Communication*, 58(4): 767–86.

Popper, K. 1959. *The logic of scientific discovery.* Londres: Hutchinson.

Rosengren, K. 1983. "Communication research: one paradigm, or four?" *Journal of Communication*, 33(3): 185–207.

Sarena, N. 2006. "Los jóvenes e internet: experiencias, representación, usos y apropiaciones de internet en los jóvenes". *UNIrevista*, 1(3): 1–11.

Schramm, W. 1963. "Communication development and the development Process" en Pye, L.W (ed.), *Communications and political development*, Princeton, NJ: Princeton University Press.

------------, 1997, *The beginnings of communication study in America: A personal memoir*, editado por Chaffee, S. y Everett, R. Thousand Oaks, CA: Sage.

------------, 1983. "The unique perspective of communication: a retrospective view", *Journal of Communication*, 33(3): 6–17.

Shepherd, G. 1993. "Building a Discipline of Communication", *Journal of Communication*, 43 (3): 83–91.

Steeves, H. 1993. "Creating Imagined Communities: Development Communication and the Challenge of Feminism", *Journal of Communication*, 43(3): 218–229.

Tarde, G. 1901/1986. *La opinión y la multitud*, Taurus, Madrid.

Valenzuela, S., Arriagada, A. y Scherman, A. 2014. "Facebook, Twitter, and youth engagement: a quasi-experimental study of social media use and protest behavior using propensity score matching", *International Journal of Communications*, Vol. 8: 2046–2070.

Waisbord, S. 2019. *Communication: A Post-Discipline.* NYC, NY: Polity.

Wittgenstein, L. 1958. *The Blue and Brown Books.* NYC, NY: Harper & Brothers.

El análisis de los medios desde una metodología histórico-estructural

ENRIQUE E. SÁNCHEZ RUIZ*

> Pobres dialectas que se asustan con la dialéctica.
> Porque piensan que los conceptos son "verdades inmutables",
> esencias siempre presentes en el vacío de la falta de imaginación,
> no perciben que los conceptos tienen un movimiento,
> una historia, y un alcance teórico-práctico limitado.
>
> Fernando Cardoso, 1972

Método, tradición de investigación

Desde un punto de vista general y como primera aproximación, por método entendemos un conjunto de principios, presupuestos y patrones básicos de razonamiento, mediante los cuales el científico liga la teoría, los conceptos y los datos de la experiencia, y no meramente como una serie de procedimientos estandarizados o de técnicas predeterminadas y universales (Suppe 1977: 864; Blaug 1982: xi). Para investigar lo concreto, escogemos o producimos, y empleamos, entonces, un marco metodológico determinado, no porque lo consideremos una suerte de algoritmo para producir verdades, sino porque demuestra su utilidad —en la práctica concreta de investigación, y por sobre otros que también pueden tener algún grado de utilidad—, para generar *preguntas e hipótesis significantes* sobre fenómenos y procesos *complejos*,

---

* Agradecemos al Profesor Enrique E. Sánchez Ruiz por permitirnos utilizar este gran clásico publicado originalmente en: 1991, *Comunicación y Sociedad*, núm. 10–11, septiembre-abril, pp: 11–49; una publicación de acceso libre y abierto de la Universidad de Guadalajara que permite compartir (electrónicamente y/o de manera física), imprimir y distribuir el material siempre que se indique clara y explícitamente a *Comunicación y Sociedad* como la fuente original del contenido.

como las relaciones sociales, el cambio social, etcétera; pero también para producir o adaptar procedimientos e instrumentos *relevantes* para intentar contestar las preguntas o sostener la verosimilitud de las hipótesis.

El método se considera como parte de un marco más amplio, porque, "si la metodología presupone un método, la primera, siendo la expresión explícita del segundo, el método presupone a la teoría —ontológica, axiológica, epistemológica—" (Marcovic 1979: 5). En la práctica social y cotidiana de investigación, cualquier científico, incluyendo el científico social, pone en operación una serie de técnicas para producir, analizar e interpretar datos, que a su vez tiene alguna relación *más o menos* explícita y *más o menos* "orgánica" con un(os) procedimiento(s) *más o menos* socialmente aceptados por la comunidad científica a la que aquel pertenece. Dichos procedimientos, a su vez, tienen algún grado de congruencia con elaboraciones teóricas sistemáticas y con una serie de principios básicos y patrones de razonamiento, así como de presupuestos sobre cómo es la realidad y cómo es posible conocerla, y con un cierto marco de valores, con frecuencia implícitos más que explícitos. Yo creo que es importante recordar que esta "jerarquía epistémica" (que se representa en el Esquema 2.1 abajo) nunca es totalmente consciente, ni totalmente sistemática. Las relaciones lógicas entre los diversos niveles de la jerarquía epistémica nunca son en la práctica concreta lo elegantemente integradas como suponían los empiristas lógicos, tal como un distinguido representante de esta corriente llegó a reconocer hace ya algún tiempo (Hempel 1977). Pero que los diversos componentes de tal jerarquía no estén tan lógicamente interconectados como se pensaba, y el que no sean tan conscientes y sistemáticas sus vinculaciones no significa que no operen de hecho esos diversos niveles epistémicos en el proceso de la investigación concreta (Kuhn 1970). El que ejerzamos en la indagación de lo complejo un cierto conocimiento "tácito" (Polanyi 1969) y no en su totalidad consciente no nos dispensa el que debamos ir tratando de explicitar y reconstruir tales presupuestos, principios y procedimientos "tácitos", en la medida en que avanza nuestra práctica científica, atendiendo al carácter —en principio— *racional* de esta práctica social. Esto implica ejercer una "vigilancia epistemológica" constante, durante el ejercicio profesional de la producción de conocimiento (Bourdieu *et al.* 1975).

Lo que, siguiendo a Kuhn (1970), llamamos paradigma, en cuanto que visión "científica" del mundo, fuente a su vez de preguntas y de intentos de respuesta de índole cognoscitivo, puede entenderse en una dimensión más sociológica e histórica como una "tradición de investigación" (Laudan 1978): como "un conjunto de presupuestos generales sobre las entidades y procesos que conforman un dominio de estudio, y sobre los métodos apropiados para investigar los problemas y construir las teorías en tal campo de estudio". Es decir, una tradición de investigación, desde un punto de vista ontológico, incluye concepciones *más o menos* explícitas sobre qué entidades elementales existen y cómo interactúan. Y, desde un punto de vista metodológico, desarrolla directrices *más o menos* explícitas sobre cuáles son las formas legítimas de abordar la indagación sobre tales entidades y sus interrelaciones.

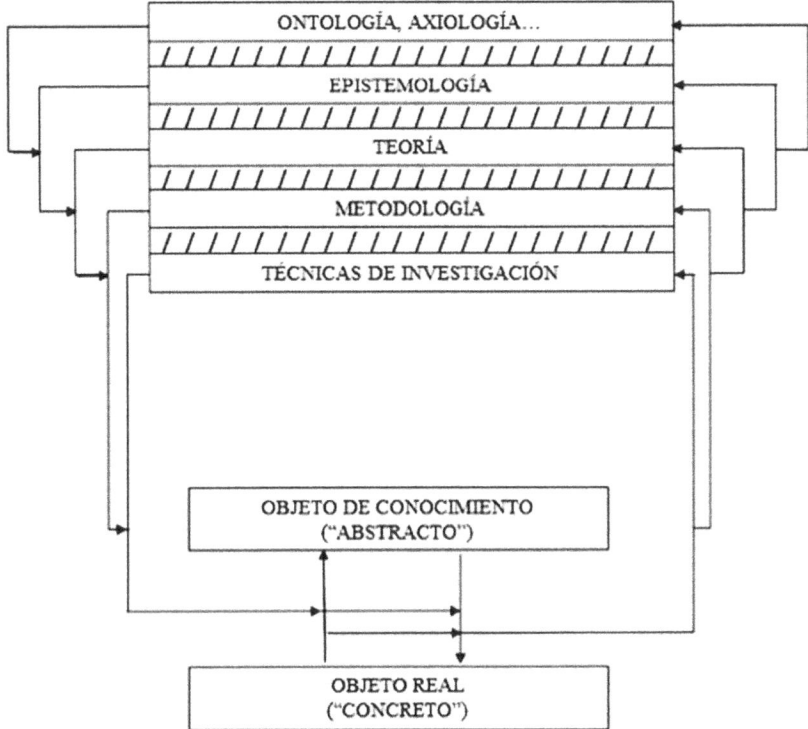

Esquema 2.1 Jerarquía epistémica. Fuente: Autor

Los principios, presupuestos y patrones de razonamiento que guían metódicamente la investigación no constituyen entonces un procedimiento universal y abstracto (un algoritmo), separado de concepciones y presupuestos históricamente enraizados (Laudan 1978, 1981; Lakatos 1980; Kuhn 1970). El método en acción se encuentra, pues, íntimamente ligado con otros elementos de una "matriz disciplinaria" (generalizaciones simbólicas, modelos heurísticos y ontológicos, valores, soluciones "ejemplares" a problemas cognoscitivos previos, etcétera, en la concepción de Thomas Kuhn 1970). *Mediante* esta matriz disciplinaria, es decir, siguiendo un cierto paradigma o marco espistémico más o menos consensual, *una comunidad* de científicos intenta resolver los problemas cognoscitivos que surgen en su enfrentamiento profesional con algún dominio de la compleja realidad. Si bien tales problemas concretos de orden cognoscitivo se originan con frecuencia de la observación más o menos directa de la realidad misma y de una falta inicial de comprensión por parte del científico, es conveniente aclarar que su "descubrimiento" o, más bien, su *construcción* como áreas problemáticas u objetos de estudio, surge de una compleja y continua interacción entre los datos de la experiencia más o menos inmediata —que nunca lo es totalmente, pues ocurren mediaciones desde perceptivas hasta técnicas— y los marcos epistémicos (Piaget y García 1982) que orientan los análisis de los profesionales de la producción social del conocimiento (científico). Repitiendo el ya lugar común, recordemos entonces que siempre abordamos la realidad desde alguna "teoría" (que, extendiendo su alcance semántico al caso de la vida cotidiana, pero también en el caso de un marco epistémico complejo, puede estar constituida, además de ciertos axiomas, leyes y/o hipótesis sistemáticas, de "pre-nociones" o de *prejuicios*, por no mencionar que puede estar permeada de ideología). Pero los modelos con los que abordamos la observación y análisis de lo real no son estáticos, sino que van modificándose y reelaborándose en la medida en que avanza el proceso —siempre asintótico— de conocimiento del mundo.

No hay una sola forma de estructurar (cognoscitivamente) la realidad, sino que cada concepción general (tradición de investigación, paradigma, marco epistémico) orienta hacia alguna forma de construcción cognoscitiva de lo real. Por ejemplo, Jean Piaget (1976: 72) nos ilustra sobre tres posibles modos de estructurar la realidad social, por parte del sociólogo:

(a) La composición aditiva o atomística, mediante la cual la sociedad es concebida como una *suma de individuos* que están ya en posesión de las características a ser explicadas. Esta concepción ha sido predominante en la tradición empirista, individualizante e incluso psicologizante que ha prevalecido en los Estados Unidos hasta hace muy poco.[1] También se le encuentra entre los presupuestos básicos de la economía neoclásica.

(b) El principio de emergencia, mediante el cual se concibe —como lo hacía Durkheim— que el todo social engendra nuevas propiedades que se imponen a los individuos. Este principio de emergencia permitió al empirismo sociológico —y al llamado "enfoque pluralista" en ciencia política— estadounidense ligar de manera teórica las acciones de los individuos en totalidades más complejamente concebidas mediante el enfoque funcionalista y otros desarrollos por ejemplo de teoría de los sistemas generales.

(c) El de "totalidad relacional", que concibe a la sociedad como un sistema de interacciones, oposiciones, equilibrios/desequilibrios y superaciones que desde el principio introducen determinaciones a los elementos individuales y que, por otra parte, explican las variaciones y mutaciones del todo.

Nosotros pensamos que esta última posición, que puede llamarse dialéctica, incluye jerárquicamente, *superándolas*, a las dos anteriores; de tal manera que permite pensar en el papel histórico de los sujetos individuales, quienes a su vez forman parte de diversas jerarquías sistémicas que no se conforman y relacionan aditiva, lineal y mecánicamente, sino por medio de múltiples niveles de emergencia, y que forman parte a su vez de procesos amplios de estructuración/desestructuración/reestructuración históricas. Se trata, entonces, de una jerarquía de concepciones de *complejidad* de la materia histórico-social. Como describiremos posteriormente, nosotros consideramos que esta concepción dialéctica es la que ha informado la tradición de investigación latinoamericana que ha hecho útil una metodología histórico-estructural.

Dos aclaraciones: una concepción que postula la estructuración activa por parte del analista, del *objeto de estudio*, no cae necesariamente en una suerte de "relativismo"; y menos aún en un "idealismo" (la idea que construye o da forma al mundo). Es decir, que a partir de la posición epistemológica racionalista llegue a negar la existencia concreta y material del *objeto real*, y niegue además *algún grado* de isomorfismo o correspondencia entre las estructuras o modelos construidos con las *estructuras reales* de tal objeto real. Este último problema se resuelve si se adopta, por una parte, una posición *ontológica* realista, que presupone que el *objeto real* existe "allá afuera", independientemente de que yo quiera o pueda conocerlo; esta posición deberá ser complementada por un realismo *epistemológico*, que lleva a considerar que las estructuras y modelos que uno genera corresponden *en algún grado* a las estructuras y movimientos de aquel objeto real. De otra forma sí estaríamos cayendo en el idealismo, o por lo menos en algún tipo de 'relativismo' (convencionalismo, instrumentalismo) [véase la discusión de algunos de estos tópicos en Lakatos (1980) y Schaff (1983)]. El punto de vista dialéctico implica, pues, un realismo ontológico y epistemológico, complementado por una convicción *racionalista* que atribuye a la razón humana un papel activo y predominante en el proceso de producción de conocimiento útil sobre el mundo. Por otra parte, Jean Piaget (1976: 71) sugiere —y nosotros creemos lo mismo— que hay marcos lógico-matemáticos (modelos) más complejos y "fieles" a la realidad que otros, además de que, inevitablemente, las concepciones que guían la investigación tarde o temprano tienen que ser cotejadas en forma descriptiva y/o explicativa con los datos de la experiencia y entre ellas mismas, de tal suerte que aquellas que se muestran más útiles para resolver problemas tanto cognoscitivos, como eventualmente prácticos, prevalecerán en el tiempo (Lakatos 1980).

De la articulación compleja de presupuestos y procedimientos privilegiados por una tradición de investigación surge, entonces, toda una "lógica del descubrimiento", entendida en términos constructivistas. Es decir, que permite articular a la vez preguntas y determinar áreas problemáticas que enriquecen el proceso de construcción de un objeto de estudio. El recuperar la importancia del método como lógica del descubrimiento se entiende si recordamos que los empiristas lógicos —o neopositivistas, que tanta influencia han tenido en las ciencias sociales mediante sus seguidores estadounidenses— consideraban que el proceso de investigación científica consistía básicamente en dos momentos: uno, que caracterizaba el contexto del descubrimiento. Ahí emergían, de algún modo, preguntas e hipótesis de investigación. Pero este contexto del descubrimiento en realidad no les importaba a los positivistas, pues en él podían intervenir aspectos psicológicos no racionales, o el azar mismo, como en la llamada "serendipia", en la producción de preguntas de investigación. Este contexto se prestaba para referir anécdotas chistosas o incluso serias, pero no se podía llegar a reconstruir de él —ni les interesaba— una "lógica del descubrimiento".

Lo que sí era importante para los empiristas lógicos, como base para reconstruir una metodología científica rigurosa, era el llamado "contexto de la justificación" del que sí era posible inferir y generalizar toda una "lógica de la justificación". Es decir, la reconstrucción del proceso de puesta a prueba y verificación o refutación de las hipótesis. De nuevo, el origen de estas era en última instancia irrelevante, en la medida en que se siguieran procedimientos rigurosos, válidos y confiables, de contrastación de tales hipótesis con el comportamiento de la realidad (*cfr.* Hacking 1981). Nosotros creemos que la vigilancia epistemológica y metodológica de este "contexto de la justificación" es muy importante, porque, en el rigor y sistematicidad de los procesos de comprobación o falsación de hipótesis está un componente principal de la definición de la investigación científica como actividad diferente de otras que también pueden generar (alguna forma de) conocimiento. Pero consideramos también, siguiendo a epistemólogos pospositivistas y constructivistas, que el contexto y la lógica del descubrimiento —del que también surgiría toda una "lógica de la construcción" de los objetos de estudio— son también elementos fundamentales del proceso de investigación científica. Por esta razón, es importante ampliar el campo semántico de "la metodología", relacionándolo con los otros aspectos que constituyen una tradición de investigación o marco epistémico, para que nos ayude a explicitar toda la serie de principios, presupuestos y patrones de razonamiento que hacen (más) fructífera la labor de *generación de preguntas* e hipótesis de investigación, de la misma forma como es importante explicitar los procedimientos lógicos y técnicos de producción, análisis e interpretación de datos.

Que conste que no estamos simplemente proponiendo otra versión (pero con más "rollo") del llamado método hipotético-deductivo, en la medida en que no creemos que las preguntas e hipótesis surgen, *en la práctica real*, directa y elegantemente de inferencias deductivas a partir de *la* teoría, sino de una interacción más compleja entre elementos teóricos y metodológicos explícitos y sistemáticos, con otros presupuestos de diverso orden menos elaborados y sistematizados, pero que forman parte del cuerpo de nociones que conforma la tradición de investigación. Es la labor del metodólogo y del epistemólogo (y/o del científico interesado en esas labores) el ir explicando y sistematizando esos elementos y su articulación procesual, para tratar de hacer más útiles los métodos que se muestran (más) fructíferos en el proceso de comprensión y explicación de la compleja y cambiante realidad.

Esta posición constructivista, racionalista y dialéctica no es, por otra parte, nada nuevo en términos de la práctica real de científicos del mayor calibre: por ejemplo, Karl Marx (1974: 258) hablaba de la necesidad de producir, mediante el trabajo de abstracción, los conceptos que se refieren a lo concreto y múltiple, lo que se puede resumir en las palabras de Ferdinand de Saussure (1975: 49): "es el punto de vista el que crea el objeto". Pero desde luego, esto no se refiere al objeto real (realidad "heteróclita", como llamaba el mismo De Saussure al lenguaje, su propio "objeto real"), sino al objeto de análisis e investigación. De nuevo, no se trata de tomar una postura idealista, sino describir una estrategia racional normal que han seguido los grandes científicos en su práctica de dar inteligibilidad al mundo real y concreto. Por ejemplo, Noam Chomsky (1979: 57) explica que:

> Los fenómenos que son suficientemente complicados como para que valga la pena su estudio, generalmente involucran la interacción de diversos sistemas. Por consiguiente, uno debe abstraer un objeto de estudio, uno debe eliminar los factores que no son pertinentes.

Entonces, podemos resumir este último argumento citando al historiador Pierre Vilar (1988: 53):

> La cosa observada es como es. Nosotros la observamos, y somos nosotros quienes, a partir de esta observación, *construimos* un "modelo" reflejando el mayor número posible de características del objeto o, en todo caso, de sus rasgos fundamentales. (...) La ciencia es la adecuación —en continuo progreso— de la *imagen construida* que nos hacemos de la realidad misma.

La última frase de la cita refleja una postura *epistemológica* realista. Solo unas aclaraciones. La cosa observada es, de hecho, *como está siendo*, pues no hay nada bajo el sol que sea estático y no cambie permanentemente. Los modelos que construimos, tal como lo hemos comentado antes, no surgen —únicamente, por lo menos— de la observación empírica directa, sino con la mayor frecuencia de la compleja interacción de esta con las tradiciones de investigación y paradigmas —marcos epistémicos— que nos han socializado como investigadores. Además, si bien creemos que hay un progreso creciente en la generación del conocimiento científico —incluyendo el social—, pensamos que este no se da en una progresión continua y linealmente acumulativa, aunque tampoco en "cortes" o "rupturas" (cambios de paradigmas) demasiado abruptos y totales, sino en forma irregular, a base de continuidades, discontinuidades, negaciones y superaciones dialécticas que no anulan totalmente lo que niegan, pero que tampoco lo "reducen" o subsumen lógicamente como piensan los neopositivistas (Radnitzky y Bartley 1987). Siempre hay algo nuevo bajo el sol, a pesar de que "no hay nada nuevo bajo el sol", aunque suene contradictorio. Hay que conocer un poco de historia de la ciencia para estar de acuerdo con esta última aserción.

Análisis histórico-estructural

El análisis histórico estructural, tal como ha sido desarrollado por científicos sociales latinoamericanos, es una forma de aproximación dialéctica al estudio de la sociedad. Esta caracteriza metodológicamente a toda una tradición de investigación que tuvo un gran momento en los años 1970, pero que, pese a las grandes crisis mundiales —principalmente crisis económicas que se han traducido en crisis políticas, sociales, culturales e incluso de "paradigmas" en las ciencias sociales, que no pueden todavía anticiparse al devenir histórico—, nosotros creemos que en la medida en que se han dejado atrás rigideces ideológicas y "purezas epistemológicas" insostenibles, es todavía una fuente rica para la generación de preguntas, hipótesis o intentos de respuestas y, eventualmente incluso, de guías potenciales para la acción social (Cardoso 1972; Sonntag 1988; Sánchez Ruiz 1989). Como es imposible hacer aquí una síntesis del desarrollo reciente de las ciencias sociales latinoamericanas (*cfr.* Boils y Murga 1979; Sonntag 1988; Paoli Bolio 1990), sirva comentar que el análisis histórico estructural latinoamericano fue la base metodológica del "enfoque de la dependencia",[2] el cual ha alimentado corrientes y a analistas tan influyentes como Immanuel Wallerstein o Samir Amin, en todos los continentes (*cfr.*, por ejemplo, Molero 1981, para el caso de España). Este enfoque teórico metodológico, que principalmente surgió con el fin de estudiar los procesos de desarrollo capitalista y cambio social, a su vez se ha nutrido de diversas fuentes intelectuales, por lo que podemos pensar que constituye una "síntesis creativa" y superadora de sus propias fuentes. Sin embargo, hay un relativo consenso en que "implícita o explícitamente la [principal] fuente metodológica es la dialéctica marxista" (Cardoso 1972: 10). Despojada de su aura religiosa y dogmática, sujeta ella misma a la crítica epistemológica, empírica y práctica, la dialéctica, ahora entendida como fuente metodológica para hacer *preguntas* sobre un mundo complejo y cambiante, ha demostrado mayor riqueza al generar diversos enfoques de análisis social, tales como la investigación-acción, el enfoque histórico estructural y otros.

Describiremos enseguida algunos presupuestos que sirven de base para los patrones de razonamiento que hacen útil para la indagación social el análisis histórico estructural.

Complejidad articulada

Las sociedades y su devenir histórico no se constituyen por simples agregaciones lineales de sus componentes individuales, sino que son sistemas complejos con múltiples interacciones entre sus diversos susbsistemas. En palabras de Karl Marx (1974: 258): "lo concreto es concreto porque es la síntesis de múltiples determinaciones, esto es, unidad de lo diverso". Desde este punto de vista, el investigador social, al construir un objeto de estudio, trata de desentrañar el nexo complejo de múltiples dimensiones, articulaciones y en última instancia determinaciones mediadoras que pueden ser analizadas a diversos niveles o escalas (socio-espacial, temporal, etc.), mediante la producción de los conceptos pertinentes. Es decir, se efectúa una "reconstrucción articulada" (Zemelman 1989) del objeto de estudio en ciernes (por ejemplo, la operación social de los medios masivos de difusión) mediante la abstracción, para regresar de nuevo a lo concreto, pero esta vez con un entendimiento enriquecido por la síntesis ordenada y jerarquizada —que es a su vez enriquecible en momentos posteriores— de las múltiples dimensiones, sus articulaciones y sus formas de mediación sobre el devenir del concreto real. Hugo Zemelman (1982: 146-147) nos recuerda que el concebir la realidad como compleja (concreta) y articulada, no es una idea nueva:

> Nuestro supuesto es la idea de que "el movimiento de la realidad es un irrefrenable impulso de lo singular hacia lo universal, y de éste de nuevo hacia aquello" [Luckacs]. Como señalaba Lenin, a propósito de la lógica de Aristóteles, "lo

singular existe sólo en su conexión con lo universal"; "todo lo singular está en conexión, *por miles de transiciones*, con otras especies de singulares (cosas, fenómenos, procesos)". La realidad misma es "la mutación dialéctica de las determinaciones mediadoras y de los eslabones intermedios". Por esto, la mediación cumple su función en la aprehensión de la realidad.

Pero es en los presupuestos que ligan la praxis individual y social con estructuras (patrones amplios de relaciones más o menos estables y por lo tanto repetitivas), que a su vez tienen historicidades diversas pero combinadas, donde reside el potencial de este acercamiento teórico-metodológico para enriquecer nuestra "imaginación sociológica" (Mills 1974). Esta consiste en presuponer que "los hombres hacen su propia historia, pero no la hacen como les place; no la hacen bajo circunstancias elegidas por ellos mismos, sino bajo circunstancias directamente encontradas, dadas y transmitidas del pasado" (Marx 1975: 15). Notar que la cita de Karl Marx incluye la acción práctica y (potencialmente) transformadora de los hombres: de hecho, nos invita a indagar y conocer, como lo haría casi un siglo después C. Wright Mills (*op. cit.*), la interacción entre biografía, estructura e historia.

O totalidad estructurada

Las "circunstancias" que cada uno de nosotros ha heredado del pasado configuran conjuntos de hechos y relaciones sociales más o menos cristalizadas en instituciones que, en sus interconexiones mutuas, constituyen las estructuras globales fundamentales de la sociedad: económicas, políticas, culturales; mismas que, en su compleja interacción y combinación, "distribuyen" a la gente en lugares diferenciados —y desiguales— de la estructura social (ver abajo Esquemas 2.2 y 2.3). Estas estructuras globales, por múltiples mediaciones que significan transiciones de nivel (del todo social a las clases, instituciones, grupos, individuos), "determinan", es decir, establecen límites a la conducta individual y a las interacciones sociales. Se puede pensar en complejos campos probabilísticos heredados del pasado (por ejemplo: ¿qué tan probable es que un indígena, campesino nacido en Oaxaca llegue a ser presidente hoy en día de México?), que, sin embargo, pueden ser remontados relativa y ocasionalmente, como la propia historia a veces nos lo describe. De nuevo, la "imaginación sociológica" consiste en saber identificar las complejas interacciones entre biografía y estructura, en el también complejo proceso histórico. Sin embargo, en contra de visiones individualizantes y voluntaristas del devenir histórico-social, debemos tomar muy en serio "los campos probabilísticos" que estructuralmente median —limitan o posibilitan— las acciones concretas de individuos y grupos:

Existe, por tanto, una "estructura" que, en este nivel, condiciona la historia. Esta última no puede ser interpretada como el juego de intenciones y resultados a nivel de la conciencia ... *A fortiori*, la lectura de la historia en términos de que los "resultados" (o sea la coyuntura o la constelación estructural actual) han sido consecuencia de intenciones, maquiavélicas o no, de personas o de clases (por ejemplo; la burguesía nacional *siempre quiso* la asociación con el imperialismo, puesto que hoy está asociada a los países industrializados) es una simplificación grosera e incorrecta (Cardoso 1972: 14).

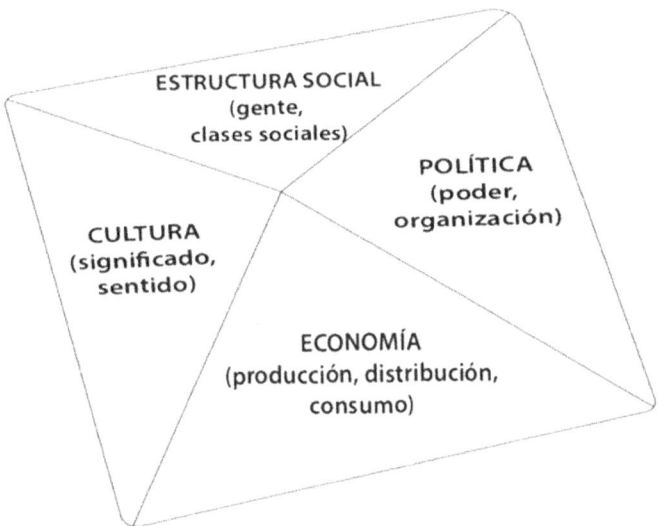

Esquema 2.2 La pirámide social. Fuente: autor

Por lo tanto, un fenómeno o proceso social concreto (por ejemplo, la génesis y desarrollo de la televisión en México, o su operación social actual), puede ser descrito y explicado de manera más rica y satisfactoria en su compleja articulación e interacción con aquellas determinaciones mediadoras globales, sin que sea necesario descartar las contingencias biográficas y "accidentes históricos" (por ejemplo, desastres naturales) que *también* intervienen en la configuración de lo histórico-social. Como veremos después, tales articulaciones y mediaciones también nos llevan a pensar los objetos de análisis social como multidimensionales (por ejemplo, a desentrafi.ar las dimensiones económicas, políticas, culturales, de la televisión). La importancia de los análisis concretos reside en poder identificar en la materia histórico-social la interacción dialéctica entre "causalidad" y "casualidad", siempre mediada por la intervención social, individual o colectiva (a veces incluso planificada). Conocer los arreglos estructurales que establecen límites y "ejercen presiones" (Williams 1977: 87) sobre la acción humana en sociedad equivale a identificar ciertas "lógicas" que, en su combinación, conforman los campos probabilísticos que orientan, pero no inexorablemente, las diversas opciones del desarrollo histórico. Pero las estructuras no son "invariantes", y esta es la razón de que el enfoque sea denominado "histórico-estructural":

> Un presupuesto básico es el de que el análisis de la vida social es fructífero sólo si se parte de la presuposición de que existen estructuras globales relativamente estables. Sin embargo, tales estructuras pueden ser concebidas y analizadas de formas diferentes.
>
> Para nosotros es necesario reconocer desde el principio que las estructuras sociales son el producto de la conducta colectiva del hombre. Por lo tanto, aun cuando sean perdurables, las estructuras sociales pueden ser, y de hecho son, transformadas continuamente por los movimientos sociales. Consecuentemente, nuestra aproximación es a la vez estructural e histórica: ésta enfatiza no sólo el condicionamiento estructural de la vida social, sino también la transformación histórica de las estructuras por el conflicto, los movimientos sociales y las luchas de clases. Entonces, nuestra metodología es histórico-estructural (Cardoso y Faletto 1979: x).

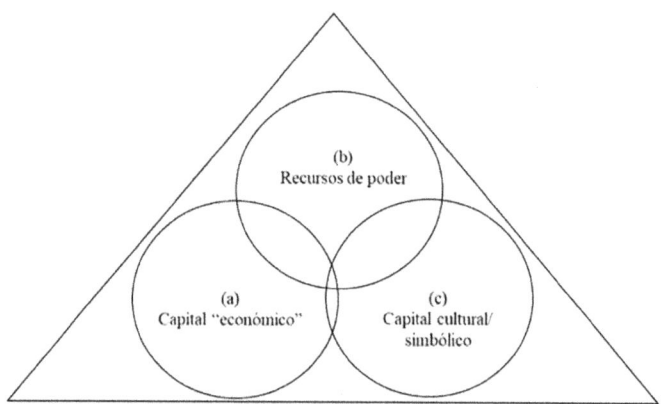

Esquema 2.3 Estructura social. Fuente: autor

En una concepción dialéctica, entonces, "a pesar de la 'determinación' estructural, hay campo para las alternativas en la historia" (*Ibid*: xi). De hecho, Anthony Giddens (1990) desarrolló una "teoría de la estructuración", en los mismos términos, de que los arreglos institucionales ejercen presiones sobre el devenir histórico, pero mediante la "agencia" humana, individual y social (la *praxis*), estos arreglos estructurales a su vez son susceptibles de modificarse (*cfr.* Cohen 1990). Por las citas que hacemos antes de Cardoso vemos que los científicos sociales latinoamericanos tenían ideas similares hace casi un decenio.

Pero como transición al componente "historicista" del acercamiento que intentamos describir, debemos recordar que las estructuras globales y las sub(meso-, micro-)estructuras no cambian uniforme y coordinadamente. Se debe pensar también la temporalidad histórico-social como múltiple y compleja (Martín Barbero 1987; Zemelman 1982). Por ejemplo, un proceso de cambio en la economía no sucede en forma inmediata y homogénea en toda la población (aun en casos extremos como las crisis), además de que este no trae *necesariamente* cambios "reflejos", inmediatos y relacionados o "correspondientes" en los campos sociales de la política y la cultura:

> La inclusión de un objeto particular en estructuras globales plantea una cuestión adicional. Nos referimos a las asincronías en los ritmos temporales, derivadas de la lentitud de la transformación de las estructuras globales con relación a los procesos particulares; en la medida en que la vinculación entre el nivel global y particular no es directa, se plantea la conveniencia de incluir los diferentes tiempos específicos de los procesos o estructuras mediadoras entre los niveles extremos del análisis (Zemelman 1982: 110).

Por/en/ del proceso histórico

El "historicismo" dialéctico no significa, como argumentaba Karl Popper (1960), la tendencia a "profetizar", es decir, a predecir el futuro de largo plazo. Más bien:

> El historicismo es, ante todo, una tendencia a interpretar todo en la naturaleza, la sociedad y el hombre en constante movimiento y cambio (...) Una explicación genética es la consecuencia inevitable del historicismo (Schaff 1983: 153).

No es necesario convenirse en historiógrafo para cada estudio concreto que se realice sobre un objeto o proceso social. Sin embargo, hay que estar dotado de "conciencia histórica", en la medida en que el presente es siempre resultado de la múltiple combinación estructural de condiciones pasadas, pero también que este momento actual es siempre el origen de las condiciones sociales futuras. Aun el análisis coyuntural debe ser abordado con algún grado de contextualización histórica, en la medida en que la coyuntura no es sino *"el conjunto de las condiciones articuladas entre sí* que caracterizan un *momento* en el movimiento global de la materia histórica"* (Vilar 1988: 81). No considerando la historia (en cuanto disciplina) como un simple registro de datos en sucesión cronológica, sin embargo, para dar cuenta del cambio social no hay como una "sólida cronología" como punto de partida (*ibid*: 30). En este sentido es en el que se ha propuesto una mayor integración entre la historia y las demás ciencias sociales (*ibid*: Braudel 1980).

Un problema en el que no entraremos en detalle aquí (pero que se verá a detalle en el suguiente capítulo de este volumen a cargo del Prof. Rodney Benson) es el de la necesidad de poner en acción la "imaginación sociológica" para producir periodizaciones que describan (y en el mejor de los casos, ayuden a explicar) los grandes procesos y sus resultados históricos. Solamente diremos por el momento que una periodización, al igual que una clasificación, se *construye* con un fin específico a partir de un punto de vista (en el mejor de los casos) claro. Recordemos por ejemplo lo indicado antes sobre las "asincronías" de las estructuras y procesos globales entre sí y con los de otras escalas. En este sentido, los conceptos metodológicos que veremos en la próxima sección (dimensiones, articulaciones y niveles o escalas, por ejemplo) nos pueden ayudar también para pensar cómo introducir cortes longitudinales en el complejo y multidimensional proceso histórico.

Pero al aspecto genético y procesual con que el componente "historicista" de este enfoque enriquece nuestro entendimiento, hay que añadir otra dimensión. Dice Cardoso (1972: 14):

> En el campo teórico al que me estoy refiriendo historia significa alternativa, futuro. O sea, no es legítimo concebir las *estructuras dadas* como invariantes, puesto que ellas fueron socialmente constituidas, y en el proceso de su constitución la lucha social seleccionó entre alternativas definidas aquéllas que se impusieron.

Esto quiere decir que una visión histórica dialéctica considera necesariamente todas las formas de organización social y los modos de producción como transitorios, en constante movimiento y cambio. Por lo tanto, la conciencia de la historicidad de lo concreto social es una fuente de la naturaleza *crítica* del enfoque dialéctico a la ciencia social y por eso no representa solo una mirada al pasado y al presente, sino también al futuro, en virtud de que, por ejemplo:

> ... el carácter específicamente histórico (es decir, transitorio) del capitalismo es una premisa mayor. Es en virtud de este hecho que el marxista es capaz, por así decir, de salirse del sistema y criticarlo como un todo. Aún más, ya que la acción humana es en sí misma responsable por los cambios que sufre y sufrirá el sistema, ello es moralmente significante —como no lo sería, por ejemplo, una actitud crítica hacia el sistema solar, cualesquiera que sean sus defectos— y, finalmente pero no de menor jerarquía, prácticamente importante (Sweezy 1970: 22).

Finalmente, entonces, el "historicismo" en cuanto actitud crítica lleva a poner énfasis en la búsqueda de identificación (y eventual superación por la práctica político-social) de las *contradicciones sociales*:

> ... si deseamos alterar a la sociedad concientemente y en forma relativamente libre y hacer la historia nosotros mismos, más que abandonarla a fuerzas ciegas, impersonales e incontroladas, de índole técnica, económica o política, debemos hacer un esfuerzo para descubrir:
> (1) qué fuerzas opuestas están en conflicto;
> (2) qué fuerzas promueven el desarrollo, la liberación y la autorrealización humana, y qué fuerzas obstaculizan e impiden la realización de las posibilidades óptimas del desarrollo (Markovic 1979: 36).

El método, pues, no presupone "asepsia" axiológica, sino un compromiso en última instancia político:

> Un enfoque dialéctico a un problema de conocimiento o de actividad práctica inmediata significa, en el último análisis, una aproximación desde el punto de vista de la liberación humana. Significa el entendimiento del problema como esencialmente una contradicción entre la autorrealización humana y las condiciones de existencia que detienen o limitan tal posibilidad (*ibid*: 22).

A pesar de que la historia reciente nos ha obligado por lo menos a repensar las utopías sociales, como la socialista, nosotros creemos que es y seguirá siendo *humanamente* válido que nos pre-ocupemos por identificar y ocasionalmente remover los múltiples obstáculos históricos para la eventual existencia de una sociedad en la que prevalezcan la igualdad, la justicia y la libertad (individual, pero también colectiva). Nosotros pensamos que aún no existe tal sociedad. Finalmente, es imprescindible acentuar que el compromiso valoral y político no es necesariamente un obstáculo para ejercer con un (siempre relativo) rigor el "oficio de sociólogo" (Bourdieu *et al.* 1975; Sánchez Ruiz 1985).

Hemos presentado, pues, los elementos principales que a nuestro parecer conforman la base de los modelos heurísticos y ontológicos, así como de algunos valores que, a su vez, forman parte de la "matriz disciplinaria" (Kuhn 1970), del paradigma dialéctico en ciencia social. El enfoque metodológico histórico estructural es el corolario práctico-científico de este acercamiento. Enseguida propondremos algunos conceptos que pretenden anclar las concepciones y presupuestos más amplios del análisis histórico-estructural con procesos más concretos de investigación social, para el análisis sociológico de los medios de difusión o mejor conocidos como, medios de comunicación masiva.

Hacia un marco histórico-estructural para el análisis sociológico de los medios de comunicación

En esta sección proponemos algunas pistas para el análisis histórico-estructural de la operación social de los medios de comunicación masiva. Basándonos en los presupuestos descritos en la sección anterior, propondremos aquí algunos elementos para el análisis de los procesos históricos, sociales e institucionales que constituyen y determinan a los medios, de los que ellos producen a su vez, y sus múltiples articulaciones y mediaciones. El presupuesto básico del que partimos es el siguiente: que la llamada comunicación masiva, como cualquier otro objeto de estudio de lo social, constituye un nexo complejo de *múltiples dimensiones, relaciones y determinaciones mediadoras*, que puede ser descrito y analizado a *diversos niveles* de generalidad y abstracción en una forma sistemática. El fin último del modelo que se propone es llegar —algún día, en algún momento— a explicar las múltiples determinaciones que constituyen a los medios, jerarquizando las articulaciones entre dimensiones y niveles de su desempeño en formaciones sociales determinadas, para llegar a una mejor *comprehensión* de su complejidad y multidimensionalidad. Un segundo presupuesto básico es el de que, si bien hay diversas dimensiones del desarrollo y funcionamiento social de los medios, que en principio constituyen dominios de ciencias sociales "diferentes" de la sociología (e.g. economía, ciencia política, psicología, antropología, linguística, semiótica, etcétera), de hecho su síntesis (o su comprensión global e integrada) solamente se puede lograr desde un punto de vista *sociológico*. Así, para nosotros, la sociología constituye el lugar por excelencia de la "transdisciplinariedad" en ciencias sociales.

A pesar de que se parte de una pretensión holística, globalizante, un objetivo fundamental que nos orienta es "achicar" aspiraciones del investigador nuevo, o del estudiante: al dar cuenta de la complejidad y multidimensionalidad del objeto de estudio, *motivar los análisis parciales*, modestos, pero sistemáticos y "totales" en la medida en que partan del ejercicio de la "imaginación sociológica" que es antirreduccionista, pero también "antitotalitaria". Que quede claro: no pretendemos haber llegado a la "esencia" de ninguna cosa, sino simplemente proponemos un marco compuesto de una serie de categorías y patrones de razonamiento que creemos es útil para generar preguntas, que a su vez nos permitan describir —y eventualmente explicar y comprender— cómo los medios de comunicación masiva se constituyen socialmente y operan dentro de diversos procesos macro y micro sociales, mediante sus múltiples articulaciones con diferentes instituciones, aparatos, instancias, estructuras de la sociedad en su conjunto y en su caso del sistema internacional. En esa medida, al aplicar los conceptos propuestos enseguida, podremos ir analizando e investigando —en términos de una labor colectiva e histórica— las múltiples mediaciones que ocurren en la producción histórica y social de los medios y procesos de comunicación masiva.

Una aclaración previa. Debido a lo lineal del lenguaje, puede parecer algo "densa", por abstracta, la presentación de estos conceptos. Pero creemos que, con el auxilio de los esquemas y del "mapa" (Esquema 2.6) presentado al término del escrito, adquiere mayor inteligibilidad la propuesta total.

Algunos conceptos metodológicos para una sociología de los medios

Nivel o escala de análisis. Se refiere a la escala de observación o construcción conceptual. Hay un *continuum* social —y sociológico, cuando se construye un objeto de estudio— de lo micro, lo meso y lo macro, desde la escala (nivel) de los individuos (que corresponde a una cierta interfase entre las preocupaciones de la psicología y la sociología, en la psicología social); los grupos de diversas clases (*e.g.* la familia, grupos "informales" como la banda, grupos de trabajo, etc.); las organizaciones e instituciones; los aparatos (conjuntos de instituciones semejantes o interrelacionadas por funciones comunes), estructuras, sistemas nacionales complejos ("sociedades"); regiones (que se pueden construir conceptualmente a nivel intra o internacional); sistemas-mundo, sistema mundial. La escala o nivel también se refiere, por ejemplo, a la temporalidad escogida para un estudio ("coyuntura", corto, mediano plazo, larga duración, entre otros). El nivel de análisis escogido implica entonces, que ciertas relaciones e intercambios del "sistema" a observar, con su entorno, se harán más pertinentes que otras: si nuestro nivel de análisis es a la escala de, por ejemplo, el flujo mundial de información, entonces se considerarían acciones y relaciones a nivel de individuos *solamente* en el caso de que estas tuvieran repercusiones pertinentes a nivel global. De igual manera, con respecto a la escala temporal elegida: no siempre es pertinente remontarse "al origen del universo" para explicar un proceso coyuntural, tal como operan —con ingenuidad— algunos estudiosos de lo social; pero tampoco es válido "deshistorizar" fenómenos cuya génesis y desarrollo son fundamentales para una mejor comprensión de los mismos. Es el tipo de objeto que se construye, a partir de un punto de vista, el que dictará la escala a la que debe ubicarse el analista. La noción de "nivel de análisis" también se usa con referencia a la escala conceptual: de mayor especificidad y concreción a mayor generalidad y abstracción. Por ejemplo, yo no puedo generalizar, así como así, mis gustos a "todos los mexicanos", menos a toda la humanidad. Aquí enfrentamos un problema no solamente lógico, sino también de ego-, socio- y etnocentrismo. Hay que ser cuidadosos en que, cuando en un análisis particular enfrentamos de manera simultánea diversos niveles de "observación" (espacio/ temporal) y de generalidad *vs* abstracción se confundan en nuestro discurso.

Dimensión. El *ángulo* del análisis: énfasis puesto en un *aspecto* determinado. Por ejemplo, al nivel más amplio de análisis (macro), la dimensión *económica* de los medios, la dimensión *política*, la dimensión *cultural o ideológica*. A otros niveles de análisis se puede hablar de dimensiones tecnológicas u organizacionales, de dimensiones psicológicas de la recepción de mensajes, etcétera. La mayoría de los objetos de estudio sociológico son multidimensionales, por lo tanto complejos. Los investigadores deben *construir* sus objetos de análisis eligiendo las dimensiones *pertinentes* y en todo caso asumiendo el resto como "constantes". Si bien el ideal del estudio de lo social es un enfoque totalizante, holístico, es imposible lidiar al mismo tiempo, tanto conceptualmente, como en el momento empírico de la producción de datos, con todas las dimensiones y niveles. Se debe "cortar" la realidad de acuerdo con un propósito analítico claro. Por otro lado, si bien hay dimensiones que desde cierto punto de vista pueden ser —o aparecer— como más fundamentales, las explicaciones "esencialistas", que intentan explicarlo todo desde un solo ángulo de análisis (por ejemplo, desde la dimensión cultural, o desde la económica), al olvidar facetas y aspectos también importantes para un entendimiento más completo de algún fenómeno complejo como el desempeño social de los medios de difusión masiva, de hecho empobrecen el proceso de comprensión. Entonces, se propone aquí, *a partir* y *a pesar de una concepción holística o totalizante*, el recorte cognoscitivo de la realidad, pero sin pretensiones de que la(s) dimensión(es) que uno estudia son las únicas, o las "esenciales", de tal realidad, que en cuanto objeto de estudio no deja de haber sido *construida*. Se tiene, entonces, una cierta modestia "teórico-metodológica" y por lo tanto, se reconoce que hay más factores, dimensiones y niveles que *deben* dejarse de momento para otros estudios, o para otros investigadores.

Finalmente, habrá que mencionar, aunque sea brevemente, que el enfoque de dimensión y nivel o escala adoptado también implica una cierta selección entre determinados "enfoques disciplinarios" y metodológicos, y técnicos particulares. Es decir, por ejemplo un estudio que construye su objeto desde la dimensión económica o política, en una perspectiva de mediano o largo plazo, tendrá necesariamente que acudir por un lado, a elementos teórico-metodológicos de economía política o de teoría política propiamente. Posiblemente una investigación así haría hincapié en un enfoque del tipo *Erklären* (explicación en función de "causas"), por sobre uno de *Verstehen* (interpretación y comprensión de significados), sin que esto quiera decir que no se utilizaran elementos de ambos. Por otra parte, un estudio que se interesara por factores culturales (ver, por ejemplo, el capítulo 5 del Prof. David Morley en este volumen), en colectividades relativamente pequeñas (familias u otro tipo de grupos), dentro de lapsos temporales cortos, privilegiaría el segundo tipo de enfoque sociológico (desde una sociología de la cultura enriquecida por la semiótica), aunque, de nuevo, sería más rico su producto cognoscitivo si se toman en cuenta también factores causales más "objetivos" (ver Giddens y Turner 1990: 12–13). Esto también tiene que ver con las técnicas de producción de datos utilizadas, por ejemplo, entre técnicas cuantitativas y cualitativas. La selección metodológico-técnica tiene que ser determinada por el objeto de estudio construido, no al revés.

Zonas de articulación, o de interfase. ¿Dónde se "toca" lo económico con lo ideológico? ¿Dónde lo individual con lo colectivo? ¿Lo popular con lo hegemónico? ¿Dónde ubicar lo masivo, en lo popular, en lo hegemónico, en la población receptora, en lo tecnológico (posibilidad de reproducción-distribución múltiple, rápida y simultánea)? ¿Cuál es el lugar de los individuos, cuál el de los grupos y las instituciones en la construcción de lo masivo? ¿En qué formas las organizaciones de medios hacen contacto, se articulan, son influidas e influyen, con las estructuras de poder, con la economía, con sus públicos y sus respectivos procesos culturales? En virtud de que todas las dimensiones, y los niveles se interpenetran y es imposible ubicar lugares puntuales donde algo deja de ser político para trocarse en cultural, o económico, de individual para volverse colectivo o social, etcétera, se deben pensar *zonas* de contacto o de transición entre las múltiples dimensiones y niveles que son pertinentes para el mejor entendimiento de un fenómeno o proceso social, siempre desde un punto de vista analítico predeterminado. Las zonas de articulación o de interfase son entonces lugares sociales construidos, en los cuales se presume que existe una articulación de dimensiones y/o niveles. Por ejemplo, cuando se estudia la recepción de mensajes, al pasar del análisis y observación de variables psicológicas para construirlas en factores sociopsicológicos, situacionales o estructurales (de lo micro a lo macro: de los "usos individuales" a los "usos sociales", influidos por competencias culturales que tienen alguna correspondencia con lugares en la estructura de clases). Se adquiere mayor claridad si se "localizan" aquellas zonas de transición y articulación de tales niveles de análisis, que significan a la vez nuevas dimensiones, posiblemente articuladas de manera más compleja, lo que lleva a una mejor *comprehensión* de los procesos estudiados (ver Esquema 2.4 abajo). Entre dimensiones, por ejemplo, es muy útil tener claro cuándo hablamos (describimos, explicamos) en términos "propiamente" económicos acerca de los periódicos, y cuándo nuestro discurso es ya sobre sus determinaciones y repercusiones con respecto a la estructura de poder, o la política.

	Económica		Política		Cultural
Niveles					
Sist. Mundial	x	(x)	x		x
		(x)			
Región	x		x		x
	(x)				
Estado-nación	x		x		x
			(x)		(x)
Región	x		x	(x)	x
Aparato	x		x		x
Institución	x		x		x
Organización	x		x		x
Grupo	x		x		x
	(x)	(x)			
Individuo	x	(x)	x		x

Dimensiones

x = Articulación nivel/dimensión. (x) = zona de articulación (transición) entre niveles (con una dimensión), entre dimensiones (en un nivel) o entre niveles y dimensiones.

Esquema 2.4 Articulaciones, transiciones y zonas de interfase (representación cartesianamente simplificada). Fuente: autor

Por ejemplo, la noción de "poder de mercado" de los economistas nos puede proveer de una indicación sobre cierta zona de articulación en la que los medios (por ejemplo, la televisión), cuando operan en una estructura altamente oligopólica o monopólica, adquieren una cierta dosis de poder, en primera instancia económico, pero que al interactuar con la sociedad y el Estado se puede convertir en un poder *político*.

En general, es muy útil desglosar en forma analítica todas las zonas de "contacto", articulación e interacción de un medio con las otras instituciones, estructuras y procesos sociales, dentro de cada dimensión (por ejemplo, saber todas las formas potenciales de contacto e interacción con la economía, con la política y las estructuras de poder, con la cultura y los movimientos sociales) para construir analíticamente las cadenas de causalidad o influencia que constituyen en última instancia las múltiples determinaciones mediadoras de la producción social de la comunicación masiva.

Mediaciones. Todos los contactos y articulaciones de niveles y dimensiones, pero también, por ejemplo, de sujetos y actores sociales del mismo nivel, que son operacionalizables en variables y factores (racimos de variables) observables, significan conexiones causales que el analista construye y asume que funcionan en la realidad, para describir o explicar los complejos procesos estudiados. Una *mediación* es una conexión causal construida por el analista, que puede ser observada en los procesos reales cuando, en virtud del contacto en una zona de articulación, un proceso social es influido, por otro(s), cambiando o reforzando el flujo de acontecimientos. En el nivel más bajo de abstracción, y simplificando las conexiones entre procesos en una forma lineal, una mediación se puede representar como la relación entre variables, con mayor claridad entre variable independiente → interviniente → dependiente. Sin embargo, aclaremos que se trata usualmente de racimos de variables, o factores, que interactúan de forma compleja, procesual, para producir mediaciones: por ejemplo, las *mediaciones económicas* se referirían a todos aquellos factores económicos que directa o indirectamente intervienen y afectan —es decir, median— la producción, diseminación y recepción de mensajes, en el ámbito propiamente económico, pero que pueden tener otro tipo de determinaciones y consecuencias (a diversos niveles y con diversas temporalidades) en otras dimensiones del todo social. Si representamos con Z a un factor mediador, podemos representar la mediación, aunque de manera *simplista y lineal*, así:

Donde, por ejemplo:

X = Intereses económicos particulares de ciertos grupos con respecto a la introducción de televisión por cable.

Y = Tipo de "definición social", organización y operación del medio, como resultado de gestiones y negociaciones (e.g. de servicio público *vs* comercial).

Z = Mediaciones políticas (desde el tipo de sistema político, correlación de fuerzas, la existencia o no de propuestas alternativas, etc.). Notar que puede haber diversos niveles de mediaciones políticas.

Otro ejemplo:

X = Ciertos tipos de mensajes de la televisión (por ejemplo, caricaturas)

Y = Influencias potenciales de la tele en los niños (conductuales, cognoscitivas u otras)

Z = Mediaciones de la familia: por ejemplo, intervenciones conscientes o inconscientes que refuerzan, matizan o "desvían" las influencias potenciales; estas intervenciones a su vez estarán mediadas por factores de situación o de estructura, por ejemplo, clase social → acceso a la educación → probabilidades de sensibilización a la dimensión educativo-informal de la televisión, etcétera (de nuevo, la linealidad es solo una simplificación expositiva).

Téngase en cuenta que las X's, Y's y Z's se presumen a la vez relacionadas con otras X's, Y's y Z's (otros múltiples factores que a la vez determinan-median, limitan-posibilitan). La noción de mediación, tal como se maneja aquí, es entonces de hecho la otra cara de la moneda de la "determinación", entendida como el establecimiento —más o menos estructural— de límites a lo posible en los procesos sociales. Pero la mediación no solo limita la acción humana, sino también la *posibilita*. Por otra parte, en el uso del término "mediación", aprovechamos la connotación de "intervención", de "intermediación" (incluso, aunque sea más metafórica que realmente a veces, de negociación), con lo que se puede entender que los grupos sociales y los individuos son *actores* sociales, enfrentados a determinaciones que nunca son totales y absolutas, sino parciales y relativas, de tal manera que es posible pensar en "mediar las determinaciones mediadoras"; es decir, intervenir más o menos de manera consciente en los procesos causales complejos que constituyen el proceso histórico. Así, dependiendo del nivel de análisis, podremos decir que algunos factores "median" cierto proceso social en la medida en que intervienen en el flujo de conexiones causales: por ejemplo, la tecnología "media" expresivamente en la medida en que, dado el estado del arte en un momento dado, otorga estas y no otras posibilidades expresivas (es impensable, *en este momento*, mostrar movimiento en el periódico, aunque quizá alguna vez fue impensable *en ese momento* el uso del color). Así, la mediación tecnológica, en su dimensión expresiva, se refiere a las posibilidades y restricciones que otorga la tecnología propia de cada medio para ampliar o reducir la capacidad expresiva de los profesionales de los medios, aunque siempre haya campo para la creatividad. Por otra parte, cuando hablamos por ejemplo de la "mediación familiar" en el proceso de recepción de mensajes televisivos por parte de los niños, podemos estar refiriéndonos a una *intervención*, consciente o inconsciente (por ejemplo, grados de "permisividad" o restricciones al uso del medio), por parte de padres o hermanos sobre los hábitos de recepción infantiles. Los ejemplos se pueden multiplicar, pero creemos importante señalar esta dualidad (que no de contradicción, sino de complementariedad) en el sentido que le damos a la "mediación" (como un factor de determinación interviniente en un proceso, y como una acción —o serie de acciones—, *más o menos* consciente por parte de individuos o grupos) porque desde el punto de vista analítico nos permite localizar en qué lugares sociales, dimensiones, niveles y articulaciones hay mayores "determinismos" causales y en cuáles hay mayores posibilidades de que ciertos actores sociales remonten las estructuras probabilísticas que presentan las determinaciones/mediaciones sociales para una acción humana más libre, consciente, racional y creativa. Esto tiene repercusiones —potenciales y reales— de índole política.

De las mediaciones a los medios

Podemos ver en los esquemas siguientes que a cada dimensión corresponde un *tipo* de mediación o, mejor dicho, haz de mediaciones que hay que analizar a diversos niveles (de generalidad, de temporalidad) y cuya operación concreta a la vez depende de los tipos y zonas de articulación. Así, postulamos de manera provisoria una serie de dimensiones que, una vez —colectiva e históricamente— analizadas, nos llevarían a una mayor comprensión de la síntesis de múltiples determinaciones que constituye la operación social de los medios masivos de difusión en una formación social determinada.

Desde el punto de vista más amplio (macro), apuntamos hacia una serie de mediaciones "histórico-estructurales":

(a) Las mediaciones de la dimensión económica: las diversas formas de articulación de los medios con la economía a niveles de región, nación y con la economía internacional; pero también la consideración de ellos mismos en cuanto entidades propiamente económicas, participantes en los procesos micro y macro económicos a nivel de empresa, rama, sector, etcétera;

(b) Mediaciones políticas: las articulaciones de los medios de difusión con las estructuras de poder en la sociedad y en su caso con sistemas internacionales de poder, pero así mismo el carácter de los medios como —potenciales y reales— recursos de poder. No es lo mismo determinar las formas de vinculación de los medios con las estructuras de poder, que aclarar cuáles son las *dimensiones reales* del poder de los medios en sociedad;

(c) Las mediaciones culturales, que no se agotan en que los mensajes sean fundamentalmente productos culturales que se insertan en procesos sociales de producción de sentido; sino también la consideración de los múltiples "insumos" de la(s) cultura(s) hacia los medios, sus formas de procesamiento en tanto mediaciones expresivas y, finalmente, la compleja interacción de los productos culturales de medios con la(s) cultura(s) entre las que fluyen social e históricamente como propuestas rituales y de sentido.

Para realizar análisis sobre articulaciones entre las diversas dimensiones, se debe tomar en cuenta que el cambio social no fluye en forma homogénea, sino que cada una de ellas debe estudiarse en su propia temporalidad (Martín Barbero 1987). En todo caso, habrá que determinar las coordenadas históricas de la combinación desigual de las diversas dimensiones mediadoras,

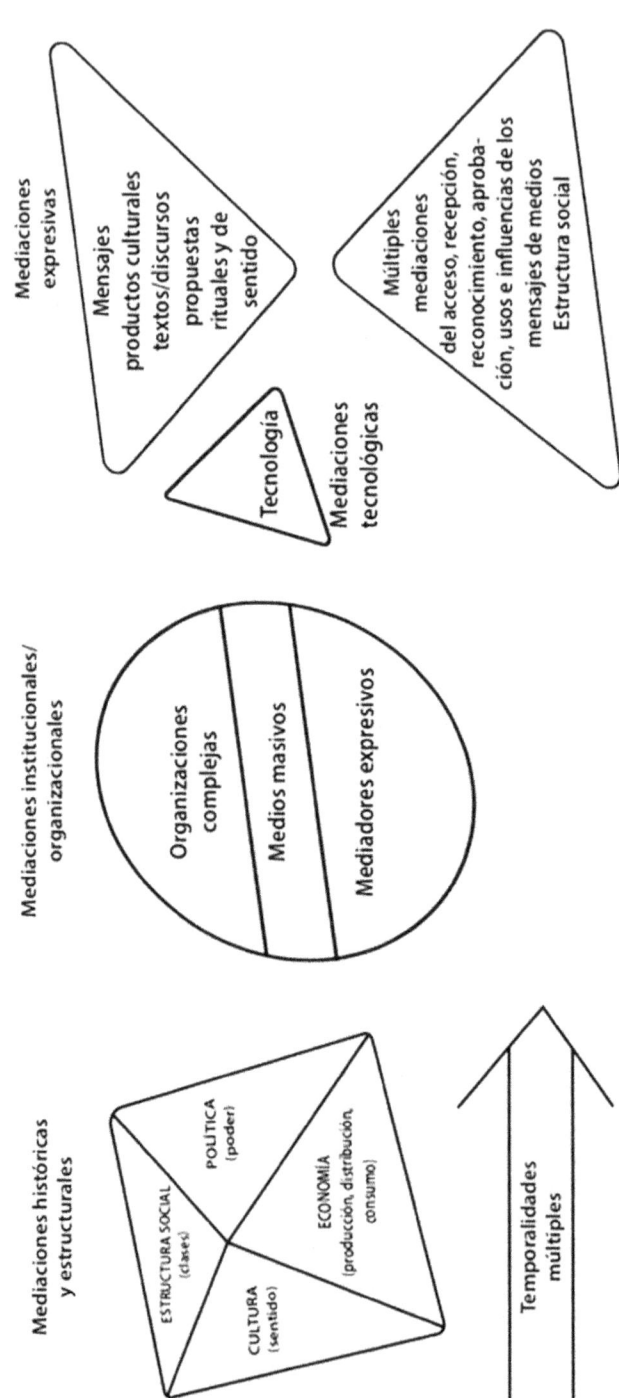

Esquema 2.5 Mediaciones de la producción social de comunicaciones masivas. Fuente: autor

Los medios desde una metodología histórico-estructural

y proponer periodizaciones adecuadas al recorte elegido por el analista, así como "síntesis coyunturales", que permitan describir y eventualmente explicar su compleja interacción histórica.

En otro nivel de análisis, no menos relevante, señalamos en los esquemas las mediaciones que surgen de los propios medios en cuanto organizaciones complejas (mediaciones de las profesiones, de las burocracias, de la tecnología, de los patrones de propiedad y control, de las articulaciones institucionales de estas organizaciones con otras, y con las demás instancias sociales, etcétera).

La presencia de las tecnologías (viejas y nuevas), constituye otro haz de mediaciones tanto de la producción como de la distribución y de la recepción y "consumo" masivos de los productos de los medios. Estas tecnologías, por otro lado, constituyen una, entre otras muchas, de las mediaciones expresivas en términos del proceso propiamente "semiótico-comunicacional" de producción de *propuestas de sentido* a los diversos públicos de los medios.

Los mensajes mismos, que fluyen en la sociedad como discursos sociales, son susceptibles de analizarse a diversos niveles de agregación y de profundidad. Estos mensajes, cuya producción está múltiplemente mediada, son a su vez las mediaciones expresivas de las *propuestas culturales* —pero también económicas y políticas— de las organizaciones emisoras.

Finalmente, está todo el complejo campo de las múltiples mediaciones de los procesos de recepción, reconocimiento y apropiación —producción de sentido—; de los diversos usos sociales e individuales a su vez como mediaciones. Pero también hay que *considerar las diversas influencias* de los mensajes en sus públicos o "audiencias" que, si bien son diferenciales, mediadas múltiplemente y ocurren con diversas temporalidades, creemos que no son insignificantes social e históricamente. No se puede negar que estas influencias, una vez agregadas y con perspectiva histórica, a su vez constituyen un componente más o menos central de los procesos culturales, económicos y políticos contemporáneos.

A todo esto faltaría añadir las hipótesis referentes a las múltiples articulaciones y movimientos históricos, así como la dimensión ó nivel —también múltiple— de los procesos de integración de medios de un estado-nación al "sistema mundial". Pero creemos que esto es suficiente para un primer mapa provisional, que, creemos, ha surgido a partir de la "imaginación sociológica" que nos ha dado el acercamiento histórico-estructural. Las preguntas van surgiendo, con un nivel cada vez mayor de complejidad. Hay que ir haciendo indagaciones concretas para llenar esos mapas abstractos con datos y conceptos enriquecidos por la "síntesis de lo concreto" construida, que el enfoque nos puede facilitar.

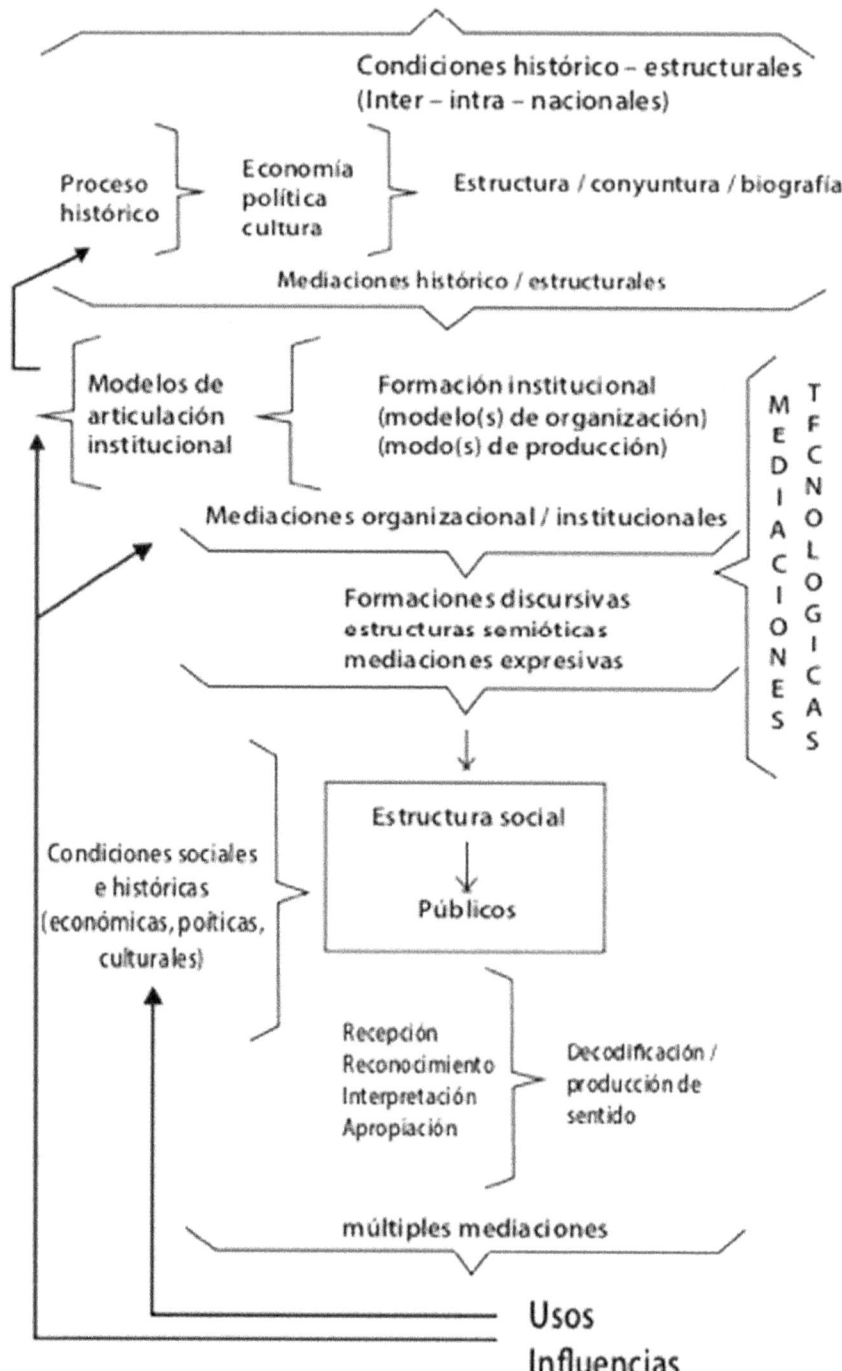

Esquema 2.6 Génesis y desarrollo de los medios de comunicación masiva. Fuente: autor

Notas

1 Por ejemplo, el conductista George Homans (1990: 93) aún sostiene que: "si la conducta de los seres humanos, su historia y sus instituciones pueden ser analizadas sin residuo en las acciones de los individuos, debería parecer obvio [...] que los principios que explican sus acciones han de referirse a la naturaleza humana individual, es decir, han de ser principios psicológicos".
2 Nos interesa diferenciar el enfoque, de la llamada "Teoría de la Dependencia" (así, con mayúsculas), porque el primero, como visión metodológica principalmente, fue y sigue siendo mucho más fructífero que la segunda, misma que creyó haber encontrado las leyes del "desarrollo del subdesarrollo" y se agotó en esquematismos simplificadores (*cfr*. Sonntag 1988; Cardoso 1972).

Referencias y lecturas adicionales

Blaug, M. 1982. *The Methodology of Economics. Or How Economists Explain*. Cambridge: Cambridge University Press.
Boils M., G. y A. Murga F. (comps.). 1979. *Las ciencias sociales en América Latina*. México: UNAM.
Bourdieu, P., Chamboredom J.C. y. Passeron J.C. 1975. *El oficio de sociólogo*. Buenos Aires: Siglo XXI.
Braudel, F. 1980. *On History*. Chicago, IL: The University of Chicago Press.
Cardoso, F. H. 1972. "Notas sobre el estado actual de los estudios sobre dependencia", *Revista Latinoamericana de Ciencias Sociales*, 4 (diciembre)
Cardoso, F. H. y Faletto. E. 1979. *Dependency and Development in Latin America*. Berkeley, CA: University of California Press.
Chomsky, N. 1979. *Language and Responsability*. NYC, NY: Parthenon Books.
Cohen, I. 1990. "Teoría de la estructuración y *praxis* social" en A. Giddens y J.H. Turner (comps.) *La teoría social, hoy*. México: Alianza/CNCA.
Fernández Christlieb, F. y Yépez Hernández M. (comps.). 1984. *Comunicación y teoría social*. México: UNAM.
Fuentes Navarro, R. y. Sánchez Ruiz E. 1989. "Algunas condiciones para la investigación científica de la comunicación en México". *Huella, Cuadernos de Divulgación Académica*, núm. 17.
Giddens, A. 1990. "El estructuralismo, el post-estructuralismo y la producción de la cultura" en Giddens, A. y Turner, J.H. (comps.) *La teoría social, hoy*. México: Alianza/CNCA.
Giddens, A. y Turner, J.H. (comps.). 1990. *La teoría social, hoy*. México: Alianza/CNCA.
Hacking, I. 1981. "Introduction" en I. Hacking (comp.) *Scientific Revolutions*. Oxford: Oxford University Press.
Hempel, K. 1977. "Formulation and formalization of scientific theories: A summary-abstract", en F. Suppe (comp.) *The Structure of Scientific Theories*. Urbana, IL.: University of Illinois Press.

Homans, G. 1990. "El conductismo y después del conductismo" en Giddens, A. y Turner, J. H. (comps.). *La teoría social, hoy*. México: Alianza/CNCA.
Kuhn, T. 1970. *The Structure of Scientific Revolutions*. Chicago, ILL: The University of Chicago Press.
Lakatos, I. 1980. *The Methodology of Scientific Research Programmes* (Philosophical Papers, núm. 1, compilado por J. Worral y G. Currie). Cambridge, RU: Cambridge University Press.
Laudan, L. 1978. *Progress and its Problems: Towards a Theory of Scientific Growth*. Berkeley, CA: University of California Press.
---------. 1981. "A problem solving approach to scientific progress" en I. Hacking (comp.) *Scientific Revolutions*. Oxford/New York: Oxford University Press.
Markovic, M. 1979. "Dialectic Today" en M. Markovic y G, Petrovic (comps) *Praxis*, 36 (34): 3–43.
Martín Barbero, J. 1987. *De los medios a las mediaciones. Comunicación, cultura y hegemonía*. México: Gustavo Gili.
Marx, K. 1975. *The Eighteenth Brumaire of Louis Bonaparte*. Nueva York: International Publishers.
---------. 1974. *Contribución a la crítica de la economía política/Introducción a la crítica de la economía política*. México: Ediciones de Cultura Popular.
Mills, C. W. 1974. *La imaginación sociológica*. México: FCE.
Molero, J. (comp.). 1981. *El análisis estructural en economía*. México: Fondo de Cultura Económica.
Mora y Araujo, M. 1982. "Teoría y datos. Comentarios sobre el enfoque histórico-estructural" en Mertens, W. *et al*. *Reflexiones teórico-metodológicas sobre investigaciones en población*. México: El Colegio de México.
Paoli Bolio, F. (coord.). 1990. *Desarrollo y organización de las ciencias sociales en México*. México: CIIH-UNAM/ Miguel Ángel Porrúa.
Piaget, J. 1976. "Introducción: la situación de las ciencias del hombre dentro del sistema de las ciencias" en J. Piaget *et al*. *Tendencias de la investigación en las ciencias sociales*. Madrid: Alianza Editorial.
Piaget, J. y García, R. 1982. *Psicogénesis e historia de la ciencia*. México: Siglo XXI.
Polanyi, M. 1969. *Knowing and Being. Essays by Michael Polanyi* (editado por Marjorie Grene). Chicago, ILL: The University of Chicago Press.
Popper, K. 1960. *The Poverty of Historicism*. Londres: Routledge & Kegan Paul.
Radnitzky, G. y W.W. Bartley, III (comps.). 1987. *Evolutionary Epistemology, Rationality, and the sociology of Knowledge*. La Salle, ILL: Open Court.
Sánchez Ruiz, E. 1985. "Notas sobre el problema de la validación empírica en la sociología del desarrollo", *Encuentro*, 2(2): enero-marzo.
---------. 1986. *Réquiem por la modernización: perspectivas cambiantes en estudios del desarrollo*. Guadalajara: Universidad de Guadalajara (Cuadernos de Difusión Científica, núm 7).

――――. 1988. "La investigación de la comunicación y el análisis social en Latinoamérica y en México" en Sánchez Ruiz, E. (comp.) *La investigación de la comunicación en México: logros, retos y perspectivas*. México: EDICOM/U. de G.

――――. 1989. "La búsqueda metodológica en la investigación mexicana de comunicación". Ponencia presentada en el II Encuentro Iberoamericano de Investigadores de la Comunicación, Florianópolis, Santa Catarina, Brasil.

Saussure, F. de. 1975. *Curso de lingüística general*. Buenos Aires: Editorial Losada.

Schaff, A. 1983. *Historia y verdad*. México: Grijalbo.

Schmidt, A. 1981. *History and Structure: An Essay on Hegelian-Marxist and Structuralist Theories of History*. Cambridge, MA: MIT Press.

Sonntag, H. 1988. *Duda/certeza/crisis. La evolución de las ciencias sociales en América Latina*. Caracas: UNESCO/Nueva Sociedad.

Suppe, F. (comp.). 1977. *The Structure of Scientific Theories*. Urbana, IL: University of Illinois Press.

Sweezy, P. 1970. *The Theory of Capitalist Development*. NY/London: Modern Reader.

Urquidi, V. 1979. "Ciencias sociales en México: desarrollo y perspectivas" en *Primer Encuentro Hispanoamericano de Científicos Sociales*. México: El Colegio de México.

Vilar, P. 1988. *Iniciación al vocabulario del análisis histórico*. México: Grijalbo.

Wallerstein, I. 1979. *The Capitalist World Economy*. Cambridge: Cambridge University Press.

Williams, R. 1977. *Marxism and Literature*. Oxford, RU: Oxford University Press.

Zemelman, H. 1982. "Problemas en la explicación del comportamiento reproductivo (sobre las mediaciones)" en Mertens, W. *et al. Reflexiones teórico-metodológicas sobre investigaciones en población*. México: El Colegio de México.

――――. 1989. "Crítica epistemológica de los indicadores". *Jornadas*, núm. 114.

La estructura define la estrategia: el manifiesto de la sociología de los medios

Rodney Benson*

A veces, los mejores estudios sociológicos no son los de los sociólogos. El otro día recordé esta obviedad al toparme con un artículo sobre John Bogle (1929–2019), uno de los inversionistas más exitosos de Estados Unidos y fundador de *Vanguard Co.*, un grupo gestor de activos e impulsor de los fondos indexados "de menor costo y mayor rentabilidad". Al explicar por qué su compañía ofrece tarifas sustancialmente más bajas que otros fondos de inversión, Bogle señaló que su modelo no está basado en el lucro, lo que evita que las ganancias sean exclusivamente para los inversionistas o los accionistas. En resumen, Bogle concluyó que "la estructura define la estrategia" (Sommer 2012). Si hoy día la sociología de los medios necesita una nueva *razón de ser*, no puedo pensar en una mejor que esta.

En el vasto panorama de los estudios sobre los medios de comunicación, las tendencias de los últimos años apuntan a trabajos que destacan la contingencia (hasta el punto del voluntarismo), la complejidad (rayando en el oscurantismo) y la cultura (ignorando el poder institucionalizado). Hablo aquí de afirmaciones, implícitas o explícitas, sobre ciertas teorías de redes o la teoría del actor-redes, teorías post-estructurales o del enfoque de la sociología cultural (en oposición a la sociología de la cultura), lo cual no quiere decir que estas muy diversas escuelas estén de acuerdo entre ellas. Si bien cada uno de

---

* Estamos en deuda con el Prof. Rodney Benson por su apoyo a este proyecto, así como por su dedicación al realizar todas las gestiones necesarias para poder reproducir su capítulo: "Strategy follows structure: a media sociology manifestó" originalmente publicado en Silvio Waisbord (ed.), *Media Sociology: A reappraisal*, Cambridge: Polity Press: 25–45. Copyright. 2014. Reimpreso con el permiso de Polity Press. Todos los derechos reservados. Traducción: Pamela Azpeitia. Revisión editorial y técnica: Maira Vaca.

estos enfoques tiene sus ventajas, afirmar que la estructura define la estrategia sugiere una comprensión diferente del mundo social; una agenda de investigación diferente; y una forma distinta de vincular la teoría, la investigación y la práctica. No pretendo afirmar que una sociología crítica, estructural y "enfocada a la variación" deba ser el único tipo de sociología de los medios o el único tipo de estudios de los medios de comunicación que deba ofrecerse, pero sí sostengo que posiblemente este particular enfoque pueda aportar ideas importantes que ninguno de los otros enfoques esté en posibilidad de ofrecer (aunque no está por demás revisar algunos de los límites del enfoque sociológico mencionados en *Too much sociology* 2013).[1]

Retomando a nuestro pensador no sociólogo, pero de mentalidad sociológica, John Bogle, veo cuatro puntos importantes que emanan de su afirmación "la estructura define la estrategia" y que vale la pena subrayar. Primero, existe algo que es una estructura y cuyo componente social es importante. Segundo, tanto las estructuras como las estrategias son múltiples (en el caso de *Vanguard Co.* naturalmente existen alternativas a la propiedad sin fines de lucro), lo que hace a este enfoque distinto de las teorías estructurales integrales u holísticas. Tercero, la estructura es inescapable y central (genera estrategias y no a la inversa). Y cuarto, el punto quizá más controvertido, algunos arreglos estructurales son normativamente más atractivos que otros (pensemos en el espíritu de justicia social e igualitario inmerso en el esfuerzo de Bogle por ofrecer tarifas bajas para atraer inversionistas comunes y corrientes). Las siguientes páginas examinan cada uno de estos puntos, para después, dar algunos ejemplos concretos de sociología estructural de los medios y vislumbrar cómo este enfoque contradice o complementa otros enfoques y teorías sobre los medios de comunicación.

Los elementos de la estructura

En su expresión más básica, el hacer referencia a lo estructural implica poner énfasis en los patrones que sigue la acción humana y así, crear categorías que agrupen varios comportamientos. Esta acción es fundamental en el imaginario sociológico. Si bien cada caso es único, también comparte ciertas características con otros casos, lo que hace posible la generalización.

Al crear categorías, el análisis estructural inevitablemente selecciona y simplifica, lo que lo hace proclive al reduccionismo. Pero cualquier intento de crear modelos sobre la realidad social implica la simplificación. Incluso la descripción más burda que propusiera Geertz en sus análisis antropológicos de la cultura (Geertz 1973), se basa en decisiones sobre qué describir y qué no. Un buen análisis estructural demuestra estar consciente de estas decisiones y las hace transparentes. Además, fomenta un diálogo constructivo sobre qué factores —o facetas de una realidad compleja— deberán incorporarse si el modelo busca generar nuevos datos y mejorar la comprensión del fenómeno. Por lo tanto, la evidencia emana de casos que corresponden a categorías previamente definidas. ¿Es esta una especie de censura "violenta" de las características particulares de un caso específico (un individuo determinado o un grupo social particular)? De cierta manera sí lo es. Pero como Walter Lippmann mostró hace mucho tiempo en *Public Opinion* (1997/1922), en todos sus niveles, la sociedad produce categorías simplificadoras —o estereotipos. En su más mínima expresión, una sociología estructural reflexiva tiene el potencial de minimizar este tipo de violencia simbólica.

Asumiendo que se debe ser escéptico ante las categorizaciones, la pregunta clave es: ¿qué resta? Una respuesta puede ser que el lujo del deconstruccionista es dedicarse únicamente a la crítica. Esta perspectiva mantiene alerta a los investigadores empíricos. En el largo plazo, esta actitud puede sentar las bases de nuevos proyectos que correspondan a las transformaciones sociales; en el corto plazo, al rehusarse a ser parte del "sistema," el campo de estudio podría caer bajo el dominio de las fuerzas más conservadoras. La sociología estructural crítica, incluso en su forma políticamente más radical, moviliza la crítica para (aunque siempre de manera tentativa) construir nuevas categorías que luego pueden adecuarse —ya sea para explorar nuevas rutas de investigación empírica o para utilizarlas como herramientas en la lucha contra la injusticia y la discriminación de cualquier tipo.

La estructura, sin embargo, generalmente apunta a algo más que patrones persistentes. También sugiere la importancia e incluso la primacía de lo social. El giro cultural fue un giro equivocado en la medida en que actuó como si la estructura social ya no existiera. Incluso, si toda la realidad social se construye discursivamente, el concepto de estructura social hace evidente las desigualdades en la distribución de recursos, tanto materiales como simbólicos. Al desviar la atención de tales desigualdades, el giro cultural es cómplice del neoliberalismo, como incluso lo ha reconocido el respetado teórico cultural William H. Sewell, Jr. (2005). La sociología cultural, según lo articulado por Jeffrey Alexander (2007), reconoce la existencia de la estructura social, pero insiste en separarla "analíticamente" de la cultura. Desafortunadamente, el efecto es el mismo: inevitablemente, la estructura social queda fuera del análisis.[2] Un enfoque estructural de la sociología de los medios no debería descartar ni privilegiar la cultura, sino que debería tratar de comprender las complejas (aunque predecibles) interrelaciones entre lo discursivo y lo social; también el abandonar por completo la dicotomía estructura-cultura tiene algunas ventajas dado que toda actividad humana tiene un patrón social y un significado cultural (véase también Gans 2012).

Si la mera existencia (y persistencia) de las restricciones estructurales sociales es, por lo tanto, la primera premisa de la sociología estructural de los medios, la segunda es que estas restricciones no deben entenderse de manera holística al estilo "todo o nada". Para la mayoría de los enfoques sociológicos tanto la búsqueda como la explicación de la variación es fundamental. En las ciencias sociales y en las humanidades, la teoría de los campos —considerando sus múltiples expresiones (ver, por ejemplo, Bourdieu 1984, 1993; Fligstein y McAdam 2012; Lewin 1951; Martin 2003)— posiblemente se ha convertido en el modelo dominante para explicar la variación estructural. Apoyado, además, en una amplia gama de estudios de casos comparativos nacionales e internacionales (por ejemplo: Benson 2009, 2013; Benson y Neveu 2005; Fourcade 2009; Kuipers 2011; Medvetz 2012), este marco institucional conceptualiza el mundo social como un conjunto de esferas de acción semiautónomas jerárquicamente organizadas y más o menos especializadas, cada una con historia y reglas de juego propias. ¿Cómo difieren estas esferas o campos sociales en su funcionamiento, ideales, prácticas y postulados? ¿Cómo surgieron y cómo cambiaron con el tiempo? ¿Cuáles tienden a ser dominantes?

La teoría de los campos ofrece un avance significativo en términos de sofisticación analítica y de poder explicativo frente al modelo binario sistema-no sistema que es común en la investigación directa o indirectamente marcada por la tesis de "racionalización" de Weber. En Foucault (1995), los regímenes disciplinarios pueden cambiar con el tiempo, pero en ciertos momentos, un régimen específico prevalece y estructura prácticamente toda acción social excluyendo quizá, algunos grupos marginales; en Adorno (2001) prácticamente no hay escapatoria a la industria cultural o a la abstracción de un mundo regido por reglas administrativas.[3] De hecho, bajo ciertas condiciones, las fuerzas institucionales conllevan a la homogeneización (DiMaggio y Powell 1983), pero siempre hay fuerzas compensatorias hacia la diferenciación [para un análisis convincente de ambos procesos ver por ejemplo, el análisis de Boczkowski (2010) sobre la producción de noticias en línea]. En los análisis de campo, la homogeneización es una variable, no un objetivo.

Por ejemplo, en sus primeras caracterizaciones del "sistema", Habermas (1987) parecía seguir las tendencias totalizadoras de la Escuela de Frankfurt, pero posteriormente, ofreció una representación más variada de las múltiples capas institucionales (sociedad civil organizada, academia y centros de estudios, medios, cuerpos legislativos, etc.) que están ubicados entre la vital periferia y el núcleo ejecutivo de las democracias liberales (ver Habermas 1996). Otro ejemplo, el detallado modelo empírico de flujos en la "sociedad red" de Manuel Castells reconoce muchas variaciones, pero no logra conjuntarlas en una teoría explicativa. Castells (2007: 244) argumenta que la desconfianza a los gobiernos aumenta en todo el mundo occidental, aunque sí señala brevemente que los países escandinavos son la excepción a este patrón. Siempre en movimiento, la fluidez y la contingencia de la sociología de flujos no se detiene lo suficiente como para preguntarse el porqué de esta excepción: una sociología de la variación estructural vería precisamente en esta anomalía la oportunidad de enriquecer sus explicaciones con este tipo de datos.

La tercera premisa de la sociología estructural de los medios es que las estructuras persisten y son centrales. ¿Por qué no decir que la estrategia define la estructura? Las estructuras tienen que formarse antes de que puedan estructurarse, ¿no es así?[4] Absolutamente, pero los momentos de estructuración se basan en estructuras preexistentes, o como Marx (1994) lo expresó con mucha más elocuencia: "la humanidad hace su propia historia, pero no la hace a su antojo; no lo hace bajo circunstancias auto seleccionadas, sino en circunstancias ya existentes, dadas y transferidas desde el pasado". Comenzamos con un conjunto de estructuras culturales y sociales, e innovamos haciendo nuevas combinaciones. La capacidad de actuar de ciertas maneras en lugar de otras, se produce estructuralmente.[5]

A nivel individual, la capacidad de elegir entre diversas estrategias reside en una supuesta pluralidad de estructuras institucionales, cada una con su propia lógica. A pesar de que cada uno de nosotros puede estar predispuesto a actuar de cierta manera dados nuestros antecedentes familiares, educación y ocupación (en suma, nuestro *habitus*), que persista algún grado de pluralismo institucional mantiene abierta la posibilidad de construir subjetividades alternativas. Esta posibilidad está inmersa en el concepto de cultura de Swidler (1986) como una "caja de herramientas" o en los "repertorios culturales" de Lamont y Thévenot (2000).

A nivel macrosocial, alcanzar innovaciones o transformaciones culturales generalizadas es más difícil. En momentos de agitación económica, social, política, militar e incluso climática —en otras palabras, "coyunturas críticas" (Thelen 1999)— es más probable crear nuevas instituciones (y, por lo tanto, nuevas subjetividades). En el mejor de los casos, una vez que la calma regresa, lo que en un inicio parecían ser revoluciones de un tipo u otro, generalmente producen solo cambios limitados. Una revolución significaría una desviación dramática de un curso preestablecido, algo que es, de hecho, difícil de lograr. El concepto de "dependencia de la trayectoria" (*path dependency*: Thelen 1999; Sewell 2005) resume los factores que contribuyen a esta inercia: porque es demasiado costoso reorganizar, porque hay intereses arraigados, porque después de un tiempo simplemente parece normal y la posibilidad de que las cosas sean diferentes se vuelve literalmente inimaginable, y así sucesivamente.

Por todas estas razones, investigar las causas y los efectos de arreglos estructurales sociales que sí cambian es parte central del imaginario sociológico y, por ende, es lo distintivo del enfoque sociológico en el estudio y la investigación de medios de comunicación. Sin embargo, agregaría un cuarto y último elemento a esta propuesta que quizá no encaje tan fácilmente con la sociología ortodoxa: la necesidad de reconocer el elemento normativo presente en toda investigación (para una explicación detallada sobre este elemento en el estudio de los medios de comunicación ver el siguiente capítulo de este volumen:). Insistir en que las estructuras definen las estrategias es suponer que se puede preferir a algunas estructuras frente a otras. Por ejemplo, el debate actual frente a los intentos de Habermas por construir una ética discursiva universal muestra claramente la falta de consenso frente a un marco normativo específico. Pero eso no debería impedir la posibilidad de discutir cuestiones normativas inmersas en el concepto, sino todo lo contrario: toda investigación, sociológica o no, debe ser clara y especificar los supuestos políticos y éticos implícitos en las preguntas de investigación que plantea.

Los supuestos normativos inevitablemente guían la elección de las preguntas de investigación y obviamente tienen sustento en los aspectos más frecuentemente estudiados sobre el papel de los medios de comunicación. ¿Por qué, por ejemplo, investigamos el sensacionalismo, la presencia o falta de diversidad, inclusión y crítica si no es porque, de alguna manera, asumimos que estos aspectos contribuyen o restan valor a la buena sociedad, sea cual fuere la definición que adoptemos por "buena sociedad"? Los sociólogos de los medios de comunicación deberían marcar el ejemplo a otros sociólogos —y a los no sociólogos— explicando siempre "lo que está juego". Retomando el ejemplo de Habermas, lo que "está en juego" es la configuración institucional de una esfera o esferas públicas que se asemejen a la concepción ideal; es decir, una esfera pública sujeta a los principios de deliberación no coercitiva y abierta. En la *Sociedad Red*, Castells (2012) no es del todo claro, pero en el fondo, parece ser un demócrata participativo, preocupado por la inclusión y la movilización en contra de sistemas de poder económicos o políticos opresivos. Otro ejemplo, las reservas de los teóricos del actor-red a denunciar los mecanismos de poder en la sociedad parecieran desconcertantes hasta que uno comprende que su preocupación primordial está en los efectos potencialmente opresivos de los sistemas de conocimiento que producen los expertos y de ahí, su insistencia en una solidaridad social que emerge de los grupos hacia las élites.[6] La sociología cultural de Alexander (2007), incluida su férrea oposición ante cualquier forma de reduccionismo social, parece estar principalmente motivada por la preocupación ante la posibilidad de promover formas no instrumentalistas de solidaridad civil.

Sin embargo, el especificar lo que "está en juego" no necesariamente requiere que el sociólogo tome partido. Lo que importa es que los resultados de cualquier investigación reconozcan sus implicaciones. Este es precisamente el enfoque adoptado por Myra Marx Ferree, William Gamson, Jürgen Gerhards y Dieter Rucht (2002) en su estudio comparado sobre la cobertura noticiosa del aborto en Alemania y Estados Unidos: en lugar de intentar hacer una valoración general sobre las limitaciones o alcances democráticos de estos sistemas de medios, estos académicos vinculan sus hallazgos a tradiciones democráticas distintas.

El tipo de sociología que he esbozado hasta ahora, una que presta atención a la variación estructural y que reconoce los principios normativos que la sustentan, podría implementarse a través de una variedad de estudios de casos, muestras y métodos relacionados con los medios de comunicación. De cualquiera manera, este tipo de sociología debe pensarse como estudios comparados: la variación tanto en las variables dependientes como independientes debe ser parte del diseño de investigación. La investigación comparada es útil ya que abre la posibilidad a nuevos estudios de caso, al tiempo que también contribuye a evaluar qué tanto pueden (o no) generalizarse los hallazgos vinculados a un solo caso. Este proceso es indispensable si uno investiga, por ejemplo, las características de los medios de comunicación al nivel de estado-nación acorde a políticas regulatorias o lógicas periodísticas diferentes.

Buscando variaciones estructurales significativas en los medios de comunicación

En este proceso, la primera tarea a realizar es eliminar toda referencia que pretenda aglutinar la gran diversidad de medios de comunicación en un solo concepto. El término "medios de comunicación" implica, de hecho, pluralidad. Esto es, no hay una lógica mediática única. Naturalmente, aunadas a las muy diversas plataformas tecnológicas (radio, televisión, internet, por mencionar algunas), existen: diversos sistemas de medios (sub-nacionales, nacionales y transnacionales); organizaciones mediáticas, productores y audiencias (o audiencias que, a momentos, se convierten en productores). Estos aspectos corresponden, a su vez, a campos de poder, campos organizacionales particulares y clases sociales específicas. En un estudio previo (Benson 2013) que analiza la cobertura de noticias sobre la inmigración en los periódicos y la televisión de Estados Unidos y Francia en las últimas cuatro décadas, me refiero a estos tres elementos de la estructura como: posición, lógica y estructura. Cada una de estas facetas del poder estructural modifican la producción y la recepción de los medios de comunicación de manera particular.

Campos de poder

Incluso si la globalización desdibuja las fronteras nacionales, el Estado-nación retiene su poder estructurador primario (Morris y Waisbord 2001). Sin embargo, este poder no es unitario, sino que está constituido por oposiciones. En los estados-nación democráticos seculares, algunas estructuras en oposición relevantes son las que existen entre el modelo comercial de medios de comunicación y en modelo no comercial, esto es, la lógica del consumidor-cliente en contraposición a la del ciudadano. Como incluso Herbert Marcuse (1998/1941: 58) reconociera en lo que es una abierta crítica la burocracia, que *puede* haber una diferencia real entre lo privado y lo público:

> En los países democráticos, se puede equilibrar el crecimiento de la burocracia privada con el fortalecimiento de la burocracia pública [...] El poder de la burocracia pública puede residir en ser el arma que protege el bienestar general ante la amenaza de intereses específicos.

Marcuse añadió una advertencia: la burocracia pública "puede impulsar la democratización [...] siempre y cuando la voluntad de la gente prevalezca". (Este pasaje es un buen ejemplo de la sociología estructural de los medios: Marcuse afirma que la estructura consiste en formas institucionales, que estas formas cambian, que las variaciones en estas formas producen resultados diferentes y que esta diversidad de resultados responde también a normatividades divergentes).

De hecho, el veredicto irrefutable de los análisis sistemáticos del discurso es que los sistemas de medios no comerciales y financiados por el gobierno, incluyendo la prensa en muchos países, son más críticos, ideológicamente plurales y están más comprometidos con el contexto histórico y la sustancia política que los medios puramente comerciales (Aalberg y Curran 2011; Benson y Powers 2011; Cushion 2012).

Naturalmente, no siempre es el caso que los medios financiados con fondos públicos cumplen fines democráticos; de hecho, en muchos países, los que se conoce como medios "públicos" son agencias de propaganda del gobierno. Pero, a menudo, también los medios comerciales sirven, intencional o involuntariamente, como portavoces de propaganda gubernamental. En otras ocasiones, sin que mantengan ningún vínculo directo con el gobierno, los medios comerciales también sirven para promover otro tipo de ideologías —partidista, religiosa o de consumo. Desde esta perspectiva, las preguntas de investigación no deben girar en torno al gobierno, sino a la estructura. Por ejemplo: ¿qué tipo de propiedad o financiamiento (público o privado), organización o arreglos institucionales impulsa, en mayor o menor medida, mejores resultados democráticos (o cualquier otro enfoque normativo) en términos discursivos o sociales?

La noción de Weber de autoridad "racional-legal", tal como la utilizaron Hallin y Mancini (2004: 192–3), apuntala una respuesta. Los sistemas burocráticos, ya sean públicos o privados, pueden diseñarse de manera tal que puedan auto-limitarse. Cuando existe un estado de derecho efectivo, respaldado por la costumbre y la coerción, las burocracias pueden de hecho, lograr un cierto grado de responsabilidad y autonomía. Esta es, por ejemplo, la conclusión que arroja mi estudio en coautoría (Benson y Powers 2011) sobre los marcos regulatorios de los medios públicos en catorce democracias.[7] Los países con sistemas de medios públicos de alta calidad tienen regulaciones y políticas específicas de financiamiento para evitar el control político partidista; también cuentan con mecanismos para garantizar la rendición de cuentas y fomentar la participación ciudadana. Concretamente, en este análisis encontramos que los mejores sistemas de medios públicos comparten características estructurales: financiamiento público adecuado en lugar de comercial, ciclos de financiamiento multianuales, juntas de supervisión autónomas y con participación ciudadana. Algunos ejemplos concretos de nuestro estudio ayudarán a ilustrar estos puntos.

En la mayoría de las democracias de Europa occidental, la "licencia" impuesta a todos los propietarios de un aparato de televisión (y cada vez más a otros dispositivos de medios) es la principal fuente de financiamiento para los sistemas de medios públicos. Este sistema genera un vínculo directo entre los medios de difusión públicos y sus públicos, al tiempo que evita problemas asociados al financiamiento derivado de fondos gubernamentales. Además de ser un amortiguador contra cambios dramáticos en el financiamiento gubernamental, este tipo de licencia históricamente ha tenido también "una dimensión social", ya que "al contribuir a su emisora pública nacional, los ciudadanos sintieron que respondía más a sus necesidades que a intereses políticos específicos" (Papathanassopoulos 2007: 156).

En el contexto estadounidense, algunos radiodifusores públicos afirman que las aportaciones voluntarias que hacen los ciudadanos a sus estaciones locales cumplen una función similar. La filantropía, sin embargo, no es sustituto perfecto del financiamiento universal y público. Primero, impone una fuerte influencia de la clase media-alta en los medios públicos: esto puede alentar cierto tipo de programas que, de otro modo, no podrían producirse (ver a continuación la discusión en la sección sobre "ubicación social"), pero también crea incentivos para ignorar las necesidades e intereses de los ciudadanos que no contribuyen. En segundo lugar, la cantidad de financiamiento que puede generar la filantropía es dramáticamente menor a la que puede proporcionar una tarifa de licencia universal o al del financiamiento público directo. Incluso cuando las donaciones individuales se combinan con los patrocinios corporativos, el financiamiento per cápita de los medios públicos en Estados Unidos (PBS, NPR y sus afiliados locales) queda muy por debajo al de otras democracias: solo 9 dólares, en comparación a una gama que va de los 40 hasta los 160 dólares per cápita en los otros países del estudio (Benson y Powers 2011: 61).

Así como el monto del financiamiento es importante, también lo son los procedimientos diseñados para garantizar la viabilidad y la autonomía de los medios públicos. En Australia, Dinamarca, Alemania y el Reino Unido, el monto del financiamiento público se establece en períodos que abarcan varios años, lo que disminuye la capacidad de los gobiernos en turno de condicionar el financiamiento en función de su aprobación o desaprobación a la programación. Los reglamentos u otras leyes o regulaciones en materia de medios de comunicación sirven para limitar la capacidad de los gobiernos de influir la programación para obtener beneficios en términos partidistas. Por ejemplo, la emisora pública sueca SVT se rige por un reglamento que cambia cada tres años, al tiempo que es propiedad de una fundación independiente específicamente creada para proteger a SVT de las presiones estatales y del mercado. Este tipo de cuerpos administrativos también pueden servir como intermediarios entre las emisoras públicas y el gobierno en turno. Su autonomía frente a la presión política se complementa con otros mecanismos como: nombramientos escalonados que limitan la capacidad de un nuevo gobierno de controlarlos todos de inmediato; diversidad de cuerpos "internos" y "externos" con capacidad de vigilar y procesar estos nombramientos; una distancia pertinente entre los medios públicos y los intereses particulares partidistas.

Los subsidios públicos a los periódicos en países como Finlandia, Francia, Noruega y Suecia generalmente están diseñados para promover la neutralidad de contenidos; para evitar el cierre de periódicos que conduce a monopolios locales, así como para promover una pluralidad de opiniones que los intereses del mercado no estarían en capacidad garantizar. Acorde a la concepción liberal clásica, el que la prensa comercial no mantenga ningún vínculo con el gobierno, dará como resultado una cobertura crítica e informada del quehacer político. En algunos casos así ocurre, pero gran parte de los medios comerciales ofrecen poca o ninguna crítica al gobierno o terminan por ignorar los asuntos políticos para enfocar sus contenidos al entretenimiento, al crimen o a las historias que mantienen a las audiencias contentas. En contraste, los periódicos que reciben financiamiento público y tienen el mandato de ofrecer coberturas críticas e independientes, la mayoría de las veces logran este mandato (Benson y Powers 2011).

Por último, la mayoría de estos países han establecido estructuras institucionales para promover la rendición de cuentas. Diversos reglamentos legales y administrativos estipulan mandatos en torno a programaciones diversas y de alta calidad, así como a favor de incluir una amplia gama de voces y puntos de vista. Así, las estructuras de financiamiento y las organizaciones de supervisión en Dinamarca, Alemania y los Países Bajos buscan garantizar que los medios públicos cumplan con estos mandatos, escuchen a los ciudadanos y los involucren en la toma de decisiones. Como lo han demostrado los escándalos recientes entorno a la BBC, estos ideales no siempre se logran, pero, a través del tiempo, los medios públicos han demostrado que ofrecen contenidos diversos y de calidad que los medios comerciales no brindan.

Quizá sea cierto que las licencias u otras reformas regulatorias de medios al estilo europeo sean por el momento imposibles de alcanzar en Estados Unidos; pero debemos también reconocer que desde hace mucho tiempo el "camino" institucional estadounidense tomó una dirección distinta a la de Europa Occidental y que, ahora, la inercia regulatoria, económica y cultural hacen más difícil cambiar el rumbo. Pero este punto también demuestra la crucial importancia de la institucionalización: las victorias legislativas o regulatorias, sin importar cuán quijotescos puedan parecer los esfuerzos por lograrlas, han valido la pena pues es muy probable que tengan efectos duraderos.[8]

Solo la investigación comparada a nivel internacional hace posible comenzar a ver a los sistemas de medios es su completa dimensión. A través de esta lente, el carácter distintivo del sistema de Estados Unidos —su extremo hiper-comercialismo y su débil sector público— es evidente. Al no tener este contexto en mente, la investigación sobre los medios de comunicación estadounidenses ha tendido a plantear preguntas de investigación que dan por sentado el modelo de mercado, en lugar de cuestionarlo críticamente y sugerir alternativas serias. Por ejemplo, el estudio de Sarah Sobieraj (2011) sobre el activismo social y los medios de comunicación actualiza considerablemente el estudio clásico de Todd Gitlin (1980), pues demuestra cómo muchas de las lógicas comerciales y políticas activas en la década de 1960 siguen estructurando el reportorio de noticias en la década de 2000. Los activistas enfrentan el mismo tipo de trampas sin salida: son criticados si sí lo hacen (intentar difundir su mensaje a través de los medios de comunicación, en cuyo caso será despojado de todo el contenido sustantivo) y si no lo hacen, también (renunciar a intentarlo, en cuyo caso el mensaje tampoco se escucha). Sobieraj encuentra que los activistas en su mayoría, renuncian a una tercera posibilidad: aprovechar al máximo las oportunidades que existen de llegar a los públicos sin utilizar los medios de comunicación tradicionales. Pero hay una cuarta posibilidad en la que no repara con tanto cuidado: ¿por qué los activistas no intentan reformar el sistema de medios para que sea más receptivo a las ideas que provienen de los márgenes?[9] De nuevo, dada la falta de variación institucional sustancial en el sistema de los Estados Unidos (al menos hasta hace poco tiempo), esta es una omisión comprensible: la investigación comparada a nivel internacional puede hacer visible lo que hasta ahora era invisible, por ejemplo, que el sistema de medios realmente podría estar organizado de una manera diferente. Mi investigación comparativa entre Francia y Estados Unidos muestra que los medios de comunicación franceses, incluidas las noticias de televisión y los periódicos nacionales, son menos propensos a reducir el activismo civil a búsquedas de identidad personalizadas, al tiempo que es más probable que reconozcan el carácter colectivo organizado de estos movimientos dándole más espacio y tiempo a argumentos sustantivos (Benson 2013). Estas diferentes formas de periodismo no son accidentes, sino más bien son los efectos de decisiones institucionales.

Debe enfatizarse que las diferencias entre los Estados Unidos y Europa Occidental son más de grado que fundamentales. La sociedad estadounidense tiene a su disposición supuestos culturales de solidaridad cívica y equidad, al igual que los supuestos sobre el mercado circulan en las democracias sociales de Europa Occidental. La diferencia, como Michèle Lamont y Laurent Thévenot (2000) proponen, es que los supuestos sobre el mercado o sobre la solidaridad cívica ocupan diferentes posiciones jerárquicas en ambos lados Atlántico: las lógicas de mercado (aunque cuestionables) dominan en América, mientras que las lógicas de solidaridad cívica (también cuestionables) dominan en Europa Occidental. Sin embargo, Lamont y Thévenot no prestan demasiada atención a cómo las jerarquías culturales nacionales están ancladas institucional y materialmente. La solidaridad civil es más fuerte en Europa occidental debido a políticas gubernamentales socialdemócratas que permean diferentes esferas de la vida pública y privada, incluidas las políticas regulatorias de los medios de comunicación. Se podría entender mejor las peculiaridades ideológicas y formales particulares de las prácticas periodísticas americanas y europeas como adaptaciones, acomodaciones y formas de resistencia (limitada) a los campos de poder en sus contextos generales. En general, la sociología de los medios debe situar sus análisis en relación con los campos de poder para ofrecer datos relevantes sobre las (variables) fuerzas estructurales que motivan diversas lógicas de funcionamiento.

Campos y lógicas organizacionales

Dentro de los campos de poder (todavía en su mayoría nacionales), permanece, al menos en teoría, cierto grado de variación entre campos particulares: artístico, científico, religioso y civil-asociativo. En el ámbito de los estudios de los medios de comunicación en Estados Unidos, las investigaciones sobre diferencias concretas enfrentan obstáculos dado el dominio casi total de los medios comerciales. Los académicos han tratado de identificar los vínculos entre la calidad del discurso periodístico y las diferentes características estructurales como el financiamiento que proviene de la publicidad (Baker 1995) o de fondos corporativos (Cranberg, Bezanson y Soloski 2001). Los resultados de estos estudios son tentativos ya que la mayoría de los medios de comunicación estadounidenses responden a características económicas estructurales muy similares.[10]

A medida que las pérdidas económicas y los despidos aumentaron en la prensa estadounidense durante la década de 2000 —el gasto en publicidad cayó a la mitad (Pew Foundation 2012) y los empleos en la industria periodística disminuyeron un tercio en la última década (Downie Jr. y Schudson 2009)— los profesionistas y académicos finalmente volcaron el foco de atención a modelos alternativos de propiedad y financiamiento tanto internacionales como nacionales. Santhanam y Rosenstiel (2011) se propusieron descubrir por qué el periodismo estadounidense parecía estar sufriendo más la crisis económica que el periodismo europeo. Los autores llegaron a tres conclusiones principales. Primero, las formas de propiedad de capital privado que cotizan en bolsa y que predominan en los Estados Unidos exigen mayores ganancias "obligando" a los propietarios a despedir a sus empleados para sostener este ritmo. En segundo lugar, dado que los medios de comunicación estadounidenses dependen altamente de la publicidad —a diferencia de las suscripciones y subsidios públicos que representan gran parte de los ingresos de los medios en Europa— cuando esta fuente de ingreso se agotó la caída fue mucho más abrupta en Estados Unidos. Y tercero, dado que las políticas gubernamentales en Estados Unidos permiten o fomentan las fusiones y las adquisiciones impulsadas por deuda, muchos consorcios mediáticos estadounidenses estaban en una posición económica mucho más frágil que sus pares europeos durante la crisis financiera de 2008.

En contraposición a algunos medios de Europa Occidental y a pesar de que el sistema de medios de Estados Unidos permanece decididamente anclado al modelo comercial (Kleis Nielsen 2012), su relativamente fuerte sector filantrópico ha impulsado intentos sin precedentes hacia nuevos modelos de propiedad y financiamiento para el periodismo. Algunos de estos medios sin fines de lucro son compañías importantes. Su personal oscila entre la media docena y cincuenta. Su presupuesto varía entre uno y diez millones de dólares (ver por ejemplo, informes recientes de la Fundación Pew y del Instituto para la Investigación en Periodismo Oxford-Reuters). En contraste con los viejos medios "tradicionales" cuyos ingresos dependen entre 70 y 80 por ciento de la publicidad comercial, los medios de comunicación sin fines de lucro buscan fondos en una variedad de fuentes: benefactores independientes pequeños o grandes, patrocinadores comerciales y fundaciones locales o nacionales. Este tipo de experimento espontaneo permite a los sociólogos estudiar cómo las diversas formas de propiedad de los medios de comunicación influyen en maneras que anteriormente no era posible rastrear.

Pero este es solo el principio de la investigación de basada en las variaciones respecto al tipo propiedad de los medios. Por ejemplo, uno podría esperar que los medios de organizaciones religiosas —como el *Christian Science Monitor* en los Estados Unidos o el periódico católico *La Croix* en Francia— tengan una orientación particular dados sus compromisos religiosos y éticos. De hecho, como el editor en jefe de *Christian Science Monitor* comentó sobre la actitud de la Iglesia de la Ciencia Cristiana (*Christian Scientist Church*) sobre el *Monitor*:

> Sienten, como nosotros, que el propósito de nuestro periódico es no dañar a nadie y bendecir a toda la humanidad a través de la práctica del periodismo con integridad [...] El propósito es básicamente procurar el bienestar social (Ingwerson 2011).

El financiamiento de la Iglesia al periódico hace posible alcanzar esta misión. En mi estudio sobre noticias de inmigración (Benson 2013), encontré que la cobertura del *Christian Science Monitor* es más diversa en términos ideológicos que en otros periódicos estadounidenses. Del mismo modo, se podría esperar que las nuevas empresas de medios vinculadas al campo artístico tengan una orientación más experimental y menos comercial. Este parece ser el caso de *Public Press* en San Francisco, una publicación financiada y propiedad de una asociación de arte sin fines de lucro del norte de California. El *Public Press* busca convertirse en el *"Wall Street Journal* de la gente trabajadora". Dado que no depende de la publicidad, ha podido publicar artículos de investigación sobre los famosos almacenes Macy's y otras compañías importantes, un tipo de cobertura comercial crítica que rara vez hace el *San Francisco Examiner*, publicación que sí depende de la publicidad comercial (Stoll 2011).

Al explorar más allá de las organizaciones de noticias tradicionales, Mathew Powers (2013) muestra cómo las distintas fuentes de financiamiento y estructura organizativa influyen las lógicas de funcionamiento en las organizaciones no gubernamentales (ONG) de derechos humanos convirtiéndolas cada vez más en fuentes e incluso en productores importantes de noticias internacionales. Powers identifica tres variaciones estructurales clave en estas ONG: si tienen financiamiento a largo plazo o basado en proyectos; si buscan influir al público en general o a los reguladores; y si en la lógica de su operación domina el departamento de investigación o el de publicidad. Estos factores no solo modifican las prácticas de las ONG: en última instancia, reducen o amplían el debate público; ayudan a determinar qué temas o áreas del mundo serán el foco de atención; al tiempo que influyen sobre el tipo de soluciones, públicas o privadas, que pueden ser consideradas como viables. Esta investigación muestra la necesidad de que la sociología de los medios tome en cuenta la variación en otros espacios sociales que interactúan con los medios para producir las noticias (así como otras formas de expresión cultural). Al cuestionar la confianza ciega en la sociedad civil en su conjunto, Powers también demuestra que algunos aspectos de la sociedad civil son más o menos efectivos que otros para satisfacer diversas expectativas en términos democráticos. Así, Powers nos recuerda que debemos tomar en cuenta la variación tanto en el análisis normativo, como en el descriptivo-explicativo.

Asimismo, es importante enfatizar que las lógicas de propiedad y financiamiento no son las únicas que influyen las noticias. Se entrecruzan tanto con el campo de poder más amplio (dominado por la lógica del mercado en el caso de Estados Unidos), como con la lógica comercial y profesional preexistente del campo periodístico. Por ejemplo, a pesar de los esfuerzos de *Chistian Science Monitor* encausados a ofrecer un tipo diferente de periodismo de calidad, el periódico se siente cada vez más obligado a maximizar las ganancias en su sitio web, "monetizar" su contenido y, en general, "encontrar un modelo de negocio que funcione" (Ingwerson 2011). Gran parte de las nuevas organizaciones de noticias sin fines de lucro ponen hincapié en valores periodísticos profesionales que concuerdan con los principios periodísticos de los medios tradicionales (la principal diferencia con sus contrapartes financiadas comercialmente es que es mucho más probable que los medios sin fines de lucro sí los pongan en práctica). La investigación comparada a nivel transnacional puede ayudar a comprobar esta compleja interacción entre las lógicas de las organizaciones, su funcionamiento y el campo de poder más amplio. Dentro de un macrocampo de poder dado puede haber variaciones sustanciales entre los diversos campos de nivel mezzo, pero los campos dominantes en cualquier campo de poder nacional determinado marcan la pauta. Así, *Le Figaro*, que es altamente comercial en el contexto francés, es distinto a los periódicos comerciales estadounidenses porque está inmerso en el campo de poder nacional francés que es mucho menos comercializado que su contraparte estadounidense (Benson 2013).

Ubicación social

Dentro de los campos nacionales de poder y campos específicos, ciertos medios de comunicación también pueden variar sustancialmente debido a una ubicación social específica. Diferentes medios producen contenidos para diferentes públicos, una tendencia que se acentúa en esta era de la fragmentación de los medios (Williams y Delli Carpini 2011). Por esta razón, la sociología de la producción y la recepción están estrechamente vinculadas y es probable que las "disposiciones" discursivas correspondan a las "posiciones" estructurales de los medios de comunicación y sus audiencias. Es probable que la ubicación social supere el poder incluso del magnate de los medios: como mínimo, su éxito se basará en ser capaz de localizar y expandir eficientemente una audiencia al complacer sus expectativas.

En mi investigación sobre las noticias de inmigración (ver Benson 2009, 2013), los periódicos financieros *Le Echos* y el *Wall Street Journal* fueron los más propensos a acentuar el marco del "buen trabajador", es decir, la afirmación de que los trabajadores inmigrantes contribuyen a la economía y cumplen funciones que la fuerza laboral local no haría. Este marco concuerda claramente con la visión del mundo que tiene la mayoría de sus lectores en el sector empresarial. Los periódicos cuya proporción de lectores con niveles educativos y económicos bajos es más alta, como el *Daily News*, el *New York Post* y *Le Parisien*, tienden a enfocarse más en el crimen y en asuntos interés común colocando a ciudadanos comunes y corrientes, y no a las élites, al centro de sus historias. Yendo más allá de los marcos y las fuentes específicas, también descubrí que los medios de comunicación cuyo público tenía la mayor concentración de capital cultural (medido por la educación y la ocupación) tienden a ofrecer noticias con una diversidad más amplia en términos ideológicos: *Libération* en Francia y *Christian Science Monitor* en los Estados Unidos.

La investigación que analiza cuidadosamente diferencias en la producción y la recepción de noticias basadas en la clase social u otras formas culturales sigue siendo escasa. Sin embargo, la necesidad de este tipo de análisis estructural va en aumento. Entender cómo el internet está o no transformando la vida social requiere hacer un análisis en el marco de estas dinámicas de clase. Eufemísticamente llamados "diferentes de estilo de vida", tal diferenciación está en el corazón del marketing corporativo del internet (Turow 2011).

Contribuciones distintivas de la sociología de los medios

Si mi análisis es correcto, las estrategias teóricas también deberían responder a las estructuras. En las universidades, por ejemplo, los departamentos comunicación y de medios tienen restricciones estructurales: gran parte sus ingresos provienen de estudiantes que desean trabajar en la publicidad corporativa, las relaciones públicas, el entretenimiento o el periodismo. Esto no significa que estos estudiantes solo quieren o que únicamente recibirán una educación vocacional. Significa que ciertos tipos de teoría crítica encajan mejor que otros: recuentos a favor de las "audiencias activas" y los poderes libertadores de las nuevas tecnologías son recurrentemente favoritos; las teorías cuyos componentes críticos se disuelven en sus propias abstracciones obtusas no amenazan a nadie. En este entorno, una sociología crítica de los medios basada en la variación estructural está, de hecho, en desventaja estructural: sus lúcidas preguntas no parecen del todo relevantes. Sin menospreciar el interés sociológico que desde sus inicios hubo en los medios de comunicación (Katz y Pooley 2008), no es que haya habido una edad de oro para el análisis institucional crítico de los medios de comunicación en la sociología, las ciencias políticas o la antropología, especialmente para los estudios enfocados a Estados Unidos. Sin embargo, en lugar de caer en la resignación, tales dificultades inherentes solo deberían fortalecer nuestra determinación de investigar cualquier aspecto institucional relevante para la sociología de los medios estructurales dentro (y fuera) de la academia. Retomando el apunte que hiciera la sociología cultural, ha llegado el momento de que la sociología de los medios estructurales desarrolle y difunda su propio "programa de investigación sólido".

En su libro, *Los medios y la modernidad* (*The Media and Modernity*), John Thompson (1995) intuitivamente capturó tres ejes principales en la investigación sobre medios y comunicación —una tradición institucional crítica que el autor principalmente asocia a la Escuela de Frankfurt y Habermas (pero que incorporaría en principio a Bourdieu y a otros teóricos estructurales); una tradición hermenéutica-cultural; y un enfoque en las tecnologías mediáticas o un enfoque teórico-mediático inspirado en Marshall McLuhan. El interés en los medios como tecnología ha motivado la creación de una sección de la afamada Asociación Sociológica Americana (ASA, por sus siglas en inglés *American Sociological Association*) para las tecnologías de la comunicación y la información. La sociología del giro cultural incluye a la tradición hermenéutica, mientras que, tanto en la sociología cultural como en la económica, la producción de la cultura centrada en las artes y la música e inspirada y guiada por Richard Peterson está floreciendo (Peterson y Anand 2004).

¿Qué depara el futuro para la sociología de los medios? Claramente, hay espacio para expandir en el componente institucional crítico en el modelo tripartita de Thompson. Basado en observaciones casuales de los programas de las conferencias ASA, así como en mi experiencia como presidente de sus sesiones de sociología de los medios durante un año, diría que la sociología de medios se ha convertido en la base principal y la autodefinición para los sociólogos que estudian las noticias, los movimientos sociales, las relaciones con los medios, el construccionismo de los problemas sociales y la comunicación política en general, o para decirlo de otra manera, las prácticas de comunicación organizadas en relación con las organizaciones de medios (tanto convencionales como marginales). La sociología de los medios puede y debe producir —además de contribuir a— innovaciones teóricas en el ámbito de la sociología de la cultura y las organizaciones. Pero mientras que otras tradiciones pueden quizá parecer abstractas y desconectadas, la sociología de los medios es casi siempre concreta, en el sentido amplio del término. La sociología de los medios debería ser —aunque todavía no lo logra— el punto donde confluyen en el estudio de los medios de comunicación el enfoque institucional, el hermenéutico y el tecnológico y discuten entre sí: es pensar, por ejemplo, que Bourdieu se encuentra con Alexander y Latour. En otras palabras, la sociología de los medios debe privilegiar el análisis institucional crítico de los medios (dada su actual falta de representación en otras disciplinas), pero también debe mantener el diálogo con otros enfoques.

Para conservar su relevancia, la sociología de los medios también debe prestar más atención a la variedad de géneros culturales populares más allá de las noticias (ver, por ejemplo, Grindstaff 2002; Lopes 2009). Los sociólogos deberían prestar atención a los politólogos Bruce Williams y Michael Delli Carpini (2011), quienes, al derribar las barreras artificiales entre noticias, activismo y entretenimiento, analizan todos estos géneros en relación con su utilidad política y relevancia en los procesos democráticos. Del mismo modo, la sociología de los medios no debe ceder aspectos de innovación a la sociología organizacional y económica. En su investigación sobre el "trabajo creativo", David Hesmondhalgh y Sarah Baker (2011) utilizan estos enfoques, al tiempo que generan preguntas sobre la dominación y la emancipación que en estos sub-campos de estudios rara vez se articulan. Sin embargo, también evitan aquella tendencia totalizadora que es tan común en la teoría crítica con el objetivo de explorar factores estructurales variables que hacen a la autonomía creativa más o menos inalcanzable.

De la misma manera, la sociología de los medios debería aprovechar su posición entre la sociología y los estudios de medios orientados a las humanidades para servir como interlocutor, o incluso traductor, entre ambas disciplinas. Los sociólogos en los departamentos de estudios de medios interdisciplinarios rara vez tienen la oportunidad de explorar enfoques teóricos y metodológicos que incluso los departamentos de sociología intelectualmente más atrevidos no utilizan —en algunos casos en detrimento. Solo para dar un ejemplo importante, la sociología estadounidense sigue estando notablemente centrada en el mundo occidental y Europa Occidental, lo que marca serios límites a sus aspiraciones internacionales. A medida que la sociología mediática se mueve "más allá del mundo occidental" (Hallin y Mancini 2012), las teorías poscoloniales (Shome y Hedge 2002) pueden ayudar a la investigación comparada a ser más reflexiva sobre los ajustes necesarios sus categorías ontológicas, así como a sus preconcepciones generales en términos epistemológicos y políticos.

Por su parte, la sociología de los medios puede proporcionar cierta claridad y rigor necesarios en afirmaciones vagas o exageradas que a menudo circulan en los estudios de los medios de comunicación. Por ejemplo, ¿qué significa decir que los flujos de medios globales son cada vez más transnacionales? De hecho, la mayoría de los medios transnacionales todavía operan en y a través de los campos nacionales. En algunos casos, también pueden constituir un campo transnacional (Kuipers 2011): en tales casos, la dinámica del poder está al menos parcialmente vinculada a las relaciones jerárquicas entre los estados-nación involucrados. Esto no quiere decir que no existan medios transnacionales, ya sean los grandes consorcios mediáticos transnacionales o medios dispersos en diversas partes del mundo. Pero lo que a primera vista parece ser un proceso caótico, contingente y fluido puede, de hecho, explicar patrones de funcionamiento vinculados a estructuras sistemáticas de poder a nivel sub-nacional, nacional o regional (Couldry y Hepp 2012; Straubhaar 2007).

En su magistral historia social del teléfono —cuyo capítulo introductorio ofrece uno de los mejores análisis críticos sobre las teorías sociales de la tecnología—, Claude Fischer (1992) sugiere un tono respetuoso de diálogo con las ramas más especulativas de los estudios de medios, al tiempo que deja clara la importancia de las afirmaciones empíricamente verificables en la investigación sociológica:

> Algunos autores, como Kern, Meyerowitz y Ronnell, han especulado sobre la implicación del teléfono en niveles más profundos de la psique y la cultura estadounidense de los que yo he elaborado aquí. Ronnell ha propuesto, por ejemplo, que el "timbre [de un teléfono] corresponde a una voz más profunda y más primitiva dentro de nosotros, tal vez a la voz de los padres [...] No podemos resistir al llamado". Puede que tengan razón, pero encontrar evidencia confiable y relevante al respecto es un reto. Por lo tanto, este tipo de argumentos son difíciles, sino hasta imposibles, de comprobar empíricamente.

Los estudios de medios a menudo se imaginan a sí mismos a la vanguardia. La sociología puede ayudar a recuperarlos de este abismo. Contra el recurrente fervor sobre cómo esta o aquella nueva tecnología va a cambiar el mundo, el impulso sociológico es siempre escéptico. ¿Cuántas personas están usando este nuevo artilugio? ¿Quiénes son? ¿Cuál es su formación económica, educativa y profesional? ¿Y qué están haciendo exactamente? La mayoría de las veces, resulta que la nueva tecnología que supuestamente está cambiando el mundo, no solo no está cambiando el mundo, sino que principalmente está reforzando y extendiendo sistemas de poder preexistentes (Curran, Fenton y Freedman 2012). Sin Raymond Williams (2003 [1974]), las investigaciones formalistas de Marshall McLuhan sobre las lógicas inherentes de las tecnologías de los medios de comunicación carecen de sentido. Cuando en mis clases confronto los argumentos de McLuhan con los de Williams, la mayoría de los estudiantes piensan que Williams ganó el "debate", aunque siguen estando enamorados de McLuhan. Hay que reconocer que hay algo en los diagnósticos a menudo excéntricos de McLuchan que todavía parece cierto.

Obviamente, hay límites al entendimiento sociológico: hay otras formas de entendimiento y percepción que deben también tomarse en cuenta de manera respetuosa. En su análisis poético de las cualidades estéticas únicas de la televisión como un medio en sí mismo, y no como un mero proveedor de contenidos específicos, Raymond Williams parece ceder algo de terreno a McLuhan y reconocer los límites del análisis científico: "cuando, anteriormente, he tratado de describir y explicar esto, me ha resultado curioso que sean los pintores las únicas personas que concuerdan conmigo". Tal vez, después de todo, haya esperanza para una especie de diálogo entre los siempre en guerra campos artísticos y científicos.

Guerras, también las hay en abundancia dentro de la sociología. Estas páginas son un llamado no solo a poner mayor atención sociológica a los medios de comunicación, sino también a enfatizar un tipo particular de atención sociológica comparada. La concepción del "realismo crítico" de George Steinmetz (2004) se acerca más a lo que tengo en mente: un programa de investigación comparada que tiene como brújula a la teoría para trazar un camino entre la investigación cuantitativa de gran escala que permanece ajena al contexto y la investigación cualitativa de casos pequeños que insiste en que todos los casos son en última instancia inconmensurables. Como Steinmetz (*ibid*: 394) insiste correctamente, "la producción de conocimiento sociológico implica un desplazamiento entre los estudios de casos, la comparación entre estudios de casos y la teoría".

Si bien reconoce la complejidad y la contingencia, esta sociología busca patrones que ayudan a explicar elementos del orden social. Sigue insistiendo en la cruda realidad de lo social, incluso si se construye discursivamente. Y se involucra políticamente no solo con la crítica de las categorías sino también con el uso cotidiano de estas categorías en las relaciones de poder. A todos los niveles, se intenta explorar cómo las estructuras de poder permiten y limitan las estrategias de acción. Una sociología de los medios de comunicación que pueda lograr todo esto contribuirá decididamente tanto a la sociología como a los estudios sobre los medios de comunicación. Incluso podría ser digna de un manifiesto.

Notas

1 Me gustaría agradecer a Helen Nissenbaum por sus útiles comentarios a una versión previa de este capítulo. En especial respecto a que algunos aspectos de los estudios culturales consideran a la sociología intimidante o por lo menos desalentadora, argumento que es evidente en la edición en línea del editorial de la publicación artística-literaria *n+1* titulado "Demasiada sociología". Ver: https://nplusonemag.com/issue-16/the-intellectual-situation/too-much-sociology/, publicado el 8 de abril de 2013, consultado 2 de septiembre de 2013.
2 En *The Civil Sphere* (2007), Alexander no presta atención a las clases sociales. Esta omisión quizá no sea producto de su marcado enfoque hacia la sociología cultural, pero sí es común en estudios que utilizan este tipo de enfoque.
3 Las teorías pesimistas que tienen el poder de abarcarlo todo resultan previsiblemente atractivas para las nuevas generaciones de estudiantes posgrado y ciertamente este fue mi caso en Berkeley al estudiar sociología a principios de la década de 1990 (después de todo, ir a la escuela de posgrado constituye una forma de rechazo al sistema), lo mismo que los teóricos radicales que renuncian al "empirismo" pero que terminan apoyando sus argumentos en evidencia empírica, aunque de manera no sistemática. Sin embargo, debe admitirse que la variación no es solo una cuestión empírica. Es posible que los teóricos holísticos ignoren la variación porque piensan que es políticamente insignificante (por ejemplo, las variaciones dentro del capitalismo neoliberal, lo cual no significa que no siga siendo capitalismo neoliberal). La investigación sobre los efectos sociales de la variación institucional tiene una afinidad selectiva con proyectos de reforma en lugar de parálisis o revolución (las únicas opciones que se derivan de modelos totalizadores), aunque retienen la posibilidad una reforma bastante radical.
4 Agradezco a Patrick Carr del Departamento de Sociología de la Universidad de Rutgers, por recordarme la necesidad de abordar ambos aspectos del proceso de estructuración de Anthony Giddens, lo estructurado y lo que está en estructuración (ver Sewell 2005: cap. 4).
5 La mayoría de los sociólogos ven las estructuras, de cualquier tipo, como extensivas y duraderas. La teoría del actor-red las ve como algo frágil, efímero y atípico, "instantes de orden en un mar de desorden", en palabras del filósofo Michel Serres (Ley 2009: 144). Quizá, de manera similar, los estructuralistas y los anti-(post-)estructuralistas tienden a encontrar lo que están buscando. Gil Eyal (2010), sin embargo, atinadamente ha sugerido una posible salida empírica entre los dos modelos: que los frágiles actores-red son los "espacios entre" campos fuertemente institucionalizados.

6 Por ejemplo, Latour (2005: 37) elabora una concepción de política a escala global más abierta que la que defendide Habermas. Él (Latour) escribe que, a través de "esos conjuntos improvisados que llamamos mercados, tecnologías, ciencia, crisis ecológicas, guerras y redes terroristas", ya estamos "conectados" —"es simplemente que nuestras definiciones habituales de política aún no corresponden con la inmensa cantidad de enlaces ya establecidos".
7 Usando como referencia diversas fuentes primarias, así como entrevistas con académicos y formuladores de políticas en cada país, examinamos las políticas y las regulaciones de los medios públicos en Australia, Bélgica, Canadá, Dinamarca, Finlandia, Francia, Alemania, Irlanda, Japón, Países Bajos, Nueva Zelanda, Noruega, Suecia y el Reino Unido.
8 En todas las sociedades capitalistas, las victorias socialdemócratas (pensiones universales, ingreso de jubilación universal, atención médica para los ancianos, apoyo para los discapacitados, etc.) se ganaron y contra la "dependencia de la trayectoria" (*"path dependency"*) del *laissez-faire*. Sin embargo, una vez institucionalizadas, las fuerzas políticas neoliberales han tenido dificultades para derogarlas: como ejemplo, las continuas dificultades de los Republicanos en los Estados Unidos para privatizar *Medicare* y la seguridad social. El mismo principio se aplica a la política y regulaciones en materia de medios de comunicación. El éxito o el fracaso de los esfuerzos para mantener o expandir el componente "público" del internet contra la intrusión comercial, tendrá efectos duraderos (ver Benkler 2006).
9 Sobieraj (2011: 164) señala al menos brevemente que "las asociaciones estarían dispuestas a trabajar hacia la reforma de los medios (todos lo haríamos)". Es cierto que este no es el enfoque de su estudio, que hace muchas otras contribuciones notables. El problema es que la estructura del sistema de medios rara vez es el foco de atención en los estudios de los medios de comunicación o en la sociología cultural estadounidenses.
10 Cranberg, Bezanson y Soloski (2001) ponen atención a un cambio particular en la Ley de Valores de Estados Unidos que generó mayor comunicación entre los inversionistas institucionales y los gerentes de las empresas. Este es un cambio significativo porque los inversionistas institucionales tienen capacidad de poder concentradora y posiblemente estén más orientados hacia la maximización de beneficios a corto plazo que otros inversionistas. Cranberg *et al.* argumentan que este cambio en la regulación, combinado con un aumento en la participación de inversión institucional en la industria de la prensa (en promedio alrededor del 90 por ciento a principios de la década de 2000; ver Soloski 2005), ha sido un factor clave para motivar los recortes de personal en las salas de redacción, pues resulta ser la forma más rápida de aumentar los márgenes de ganancia. De ser el caso, las conclusiones de los autores se basan en gran medida, en una variación temporal más que una variación espacial: no analizan casos sustancialmente "menos" dominados por la propiedad de los inversores institucionales por la simple razón de que había muy pocos de ellos en Estados Unidos en al momento del estudio.

Referencias y lecturas adicionales

Aalberg, T. y Curran, J. 2011. *How Media Inform Democracy: A Comparative Approach*. Londres: Routledge.

Adorno, T. 2001. *The Culture Industry*. Londres: Routledge.

Alexander, J. 2007. *The Civil Sphere*. Oxford: Oxford University Press.

Baker, C. 1995. *Advertising and a Democratic Press*. Princeton, NJ: Princeton University Press.

Benkler, Y. 2006. *The Wealth of Networks: How Social Production Transforms Markets and Freedom*. New Heaven, CT: Yale University Press.

Benson, R. 2009. "What makes news more multiperspectival? A field analysis". *Poetics*, 37(5-6): 402-18.

----------. 2013. *Shaping Immigration News: A French-American Comparison*. Cambridge, RU: Cambridge University Press.

Benson, R. y Neveu, E. (eds). 2005. *Bourdieu and the Journalistic Field*. Cambridge, RU: Polity Press.

Benson, R. y Powers, M. 2011. *Public Media and Political Independence*. Washington, DC: Free Press Research Report.

Boczkowski, P. J. 2010. *News at Work: Imitation in an Age of Information Abundance*. Chicago: University of Chicago Press.

Bourdieu, P. 1984. *Distinction*. Cambridge, MA: Harvard University Press.

----------. 1993. *The Field of Cultural Production*. NYC, NY: Columbia University Press.

Castells, M. 2007. "Communication, power and counter-power in the network society". *International Journal of Communication*, 1: 238-66.

Castells, M. 2012. *Network of Outrage and Hope*. Cambridge, RU: Polity Press.

Couldry, N. y Hepp, A. 2012. "Comparing media cultures" en Esser, F. y Hanitzsch, T. (eds.), *The Handbook of Comparative Communication Research*. Londres: Routledge, 249-61.

Cranberg, G., Bezanson, R., y Soloski, J. 2001. *Taking Stock: Journalism and the Publicity Traded Newspaper Company*. Ames, IA: Iowa State University Press.

Curran, J., Fenton, N. y Freedman, D. 2012. *Misunderstanding the Internet*. Londres: Routledge.

Cushion, S. 2012. *The Democratic Value of News: Why Public Service Media*. Londres: Palgrave Macmillan.

Di Maggio, P. y Powell, W. 1983. "The iron cage revisited: institutional isomorphism and collective rationality in organizational fields", *American Sociological Review*, 48(2): 147-60.

Downie L. Jr, y Schudson, M. 2009. "The reconstruction of American Journalism", *Columbia Journalism Review*. Publicado en 0ctubre 19. Disponible en: http://www.cjr.org/reconstruction/the_reconstruction_of_american.php?page=all [última consulta: enero 2013].

Eyal. G. 2010. "Spaces between fields" en Gorski, P. (ed.), *Pierre Bourdieu and Historical Analysis*. Durham, NC: Duke University Press.

Ferree, M., Gamson, W. A., Rucht, D., y Gerhards, J. 2002. *Shaping Abortion Discourse: Democracy and the Public Sphere in Germany and the United States*. Cambridge, UK: Cambridge University Press.

Fischer, C. 1992. *America Calling: A Social History of the Telephone*. Berkeley, CA: University of California Press.
Fligstein, N. y McAdam, D. 2012. *A Theory of Fields*. Oxford, RU: Oxford University Press.
Foucault, M. 1995. *Discipline and Punish*, NYC, NY: Vintage.
Fourcade, M. 2009. *Economist and Societies: Discipline and Profession in the United States, Britain and France, 1890s to 1990s*. Princeton, NJ: Princeton University Press.
Gans, H. 2012. "Against culture versus structure". *Identities*, 19(2): 125-3.
Geertz, C. 1973. 'Thick Description: Toward an Interpretative Theory of Culture' en *The Interpretation of Cultures*. NYC, NY: Basic Books.
Gitlin, T. 1980. *The Whole World Is Watching: Mass Media in the Making and Unmaking of the New Left*: Berkeley, CA: University of California Press.
Grindstaff, L. 2002. *The Money Shot: Trash, Class, and the Making of TV Talk Shows*. Chicago, IL: University of Chicago Press.
Habermas, J. 1987. *The Theory of Communicative Action (vol. 2): Lifeworld and System*. Boston, MA: Beacon Press.
Habermas, J. 1996. *Between Facts and Norms: Contributions to a Discourse Theory of Law and Democracy*. Cambridge, MA: The MIT Press.
Hallin, D. y Mancini, P. 2004. *Comparing Media Systems: Three Models of Media and Politics*. NYC, NY. Cambridge University Press.
Hallin, D. y Mancini, P. (eds). 2012. *Comparing Media Systems: Beyond the Western World*. Cambridge, RU: Cambridge University Press.
Hesmondhalgh, D., y Baker, S. 2011. *Creative Labour: Media Work in Three Cultural Industries*, NYC, NY: Routledge.
Ingwerson, M. 2011. [Entrevista con el autor]. Mayo 2011, Boston, Mass, EUA. Proyecto de investigación sobre propiedad de los medios. Beson, R., Sedel, J. y Hesserus, M. Universidad de Estrasburgo (Francia)/ Universidad de Gotemburgo (Suecia). Financiamiento inicial: Axeson Johnson Foundation (Suecia).
Katz, E. y Pooley, J. 2008. "Further notes on why American sociology abandoned mass communication research", *Journal of Communication*, 58(4): 767-86.
Kuipers, G. 2011. "Cultural globalization as the emergence of a transnational cultural field: transnational television and national media landscapes in four European countries". *American Behavioral Scientist*, 55(5): 541-57.
Lamont, M. y Thévenot, L. (eds.). 2000. *Comparing Cultural Sociology*. Cambridge, RU: Cambridge University Press.
Latour, B. 2005. "From realpolitik to Dingpolitik, or how to make things public", en Latour, B. y Weibel, P. (eds.). *Making Things Public: Athmospheres of Democracy*. Oxford: Oxford University Press, 14-41.
Lewin, K. 1951. *Field Theory in Social Science*. NYC, NY: Harper & Row.
Lippman, W. 1997/ 1922. *Public Opinion*. NYC, NY: The Free Press.
Lopes, P. 2009. *Demanding Respect: The Evolution of American Comic Book*. Philadelphia, PA: Temple University Press.

Marcuse, H. 1998/1941. "Some social implications of modern technology" en Kellner, D. (ed). *Collected Papers of Herbert Marcuse, Vol. I: Thecnology, War and Facism.* Londres: Routledge, 41–65.
Martin, J.L. 2003. "What is field theory?" *American Journal of Sociology*, 109(1): 1–49.
Marx, K. 1994/1852. The Eighteenth Brumaire of Louis Bonaparte. NYC, NY: International Publications.
Medvetz, T. 2012. *Think Tanks in America.* Chicago, IL: University of Chicago Press.
Morris, N. y Waisbord, S. (eds). 2001. *Media and Globalization: Why the State Matters.* NYC, NY: Rowan and Littlefield.
Nielsen, K. 2012. "Is 'post-industrial journalism' a US-only phenomenon, or are the lessons world wide?" https://www.niemanlab.org/2012/12/is-post-industrial-journalism-a-u-s-only-phenomenon-or-are-the-lessons-worldwide/ [última consulta: 14 julio 2020].
Papathanassopoulos, S. 2007. "Financing public service broadcasting in a new era" en de Bens, E. (eds.). *Media Between Culture and Commerce.* Chicago, IL: Chicago University Press/ Intellect Books: 151–66.
Peterson, R. A., y Anand, N. 2004. "The production of culture perspective". *Annual Review of Sociology*, 30: 311–24.
Pew Foundation. 2012. [Project for Excellence in Journalism]. *State of the Media Report.* https://www.pewresearch.org/wp-content/uploads/sites/8/2017/05/State-of-the-News-Media-Report-2012-FINAL.pdf [última consulta: 14 julio 2020].
Powers, M. 2013. *Humanity's Public: NGOs, Journalism and the International Public Sphere.* [Tesis]. Medios, Cultura y Communicación. Universidad de Nueva York.
Santhanam, L. H., y Rosenstiel, T. 2011. "Why the US newspapers suffer more than others?". *The State of the News Media 2010,* https://www.journalism.org/2011/03/19/why-u-s-newspapers-suffer-more-than-others/ [última consulta: 14 julio 2020].
Sewell, W. H. Jr. 2005. *Logics of History.* Chicago, IL: University of Chicago Press.
Shome, R. y Hedge, R. S. 2002. "Postcolonial approaches to communication: charting the terrain, engaging the intersections". *Communication Theory,* 12(3): 249–70.
Sobieraj, S. 2011. *Soundbitten: The Perils of Media-Centered Political Activism.* NYC, NY: New York University Press.
Sommer, J. 2012. *A Mutual Fund Master, Too Worried to Rest,* New York Times, August 11, 2012 http://www.nytimes.com/2012/08/12/business/john-bogle-vanguards-founder-is-too-worried-to-rest.html?pagewanted=all&_r=0 [última consulta: 02 septiembre 2013].
Steinmetz, G. 2004. "Odious comparisons: incommensurability, the case study, and the 'small N's' in sociology", *Sociological Theory,* 22(3): 371–400.
Stoll, M. 2011. [Entrevista con el autor]. Abril 2011, Boston, Mass, EUA. Proyecto de investigación sobre propiedad de los medios Beson, R., Sedel, J., Hesserus, M. Universidad de Estrasburgo (Francia)/ Universidad de Gotemburgo (Suecia). Financimiento inicial: Axeson Johnson Foundation (Suecia).
Straubhaar. D.L. 2007. *World Television. From Global to Local.* Londres: Sage.

Swidler, A. 1986. "Culture in action: symbols and strategies", *American Sociological Review*, 51(2): 273–86.

Thelen, K. 1999. "Historical institutionalism in comparative politics", *Annual Review of Political Science*, 2: 369–404.

Thompson, J. 1995. *The Media and Modernity: A Social Theory of the Media*. Stanford, CA: Stanford University Press.

Turow, J. 2011. *The Daily You: How the New Advertising Industry is Defending Your Identity and Your Worth*. New Heaven, CT: Yale University Press.

Too much sociology. 2013 http://nplusonemag.com/too-much-sociology [última consulta: 2 de septiembre de 2013].

Williams, B. y Delli Carpini, M. X. 2011. *After Broadcast News: Media, Regimes and Democracy, and the New Information Environment*. Cambridge, UK: Cambridge University Press.

Williams, R. 2003/1974. Television: Technology and Cultural Form. Londres: Routledge.

Estúpida normatividad*: *¿qué es y qué implica?*

Maira Vaca**

¿Por qué esperar que los medios de comunicación masiva respeten ciertas normas o reglas y guíen su comportamiento acorde a ciertos valores o principios? Hace más de 60 años Siebert, Peterson y Schramm escribieron provocativamente en su libro *Cuatro teorías de la prensa* (1956: 1): "los medios de comunicación siempre retoman la forma y los matices de las estructuras sociales y políticas en las que están inmersos". Desde esta perspectiva, las características de la sociedad y, en concordancia, del régimen político que la rige son también las características principales que definen el tipo y la función que ejercen los medios. Esto es, las normas que rigen la organización y el funcionamiento de los medios de comunicación están final e inevitablemente ligadas al tipo de régimen político que sostiene la sociedad de un país específico.

Por ejemplo, en las democracias, los pilares de la sociedad son la participación, la libre expresión y la deliberación conjunta. En consecuencia, los medios de comunicación contribuyen al debate público con información objetiva y espacios de discusión libres y abiertos a distintas voces. En la época en la cual

---

* En su análisis sobre el enfoque normativo en el estudio de la comunicación y los medios, Nerone (2012) utiliza el término *"stupid normativity"* que originalmente propone Mancini (2008) para criticar el uso de modelos preestablecidos, así como de los valores y de los estándares profesionales idealizados que estas categorizaciones imprimen en el quehacer cotidiano de los medios de comunicación. Retomo el término no solo para enfatizar este punto —la idea central de este capítulo—, sino también como una mención a dos grandes exponentes en este campo de estudio: Paolo Mancini y John Nerone.

** Este capítulo presenta algunas ideas y componentes elaborados en un estudio más detallado sobre la influencia de *Cuatro Teorías de la Prensa* (Siebert *et al.* 1956) en el estudio de la comunicación y los medios publicado en: Vaca, M. 2018. *Four theories of the press: 60 years and counting*. Routledge: Londres.

Siebert y sus colegas presentan su libro (finales de la década de 1950) estas democracias son básicamente el mundo occidental: Europa y Estados Unidos. En contraposición, los regímenes autoritarios —en los 1950's la URSS, China, Corea del Norte, gran parte de África, Medio Oriente y América del Sur— tienden mecanismos de control y de censura sobre la sociedad que también restringen el quehacer de cotidiano de los medios al imponer barreras al acceso y a la libre circulación de información.

Con el paso de los años, la propuesta de Siebert y sus colegas respecto a un vínculo innegable entre el régimen político y el quehacer cotidiano de los medios de comunicación masiva sentó las bases de un enfoque normativo que, aunado al énfasis de este campo de estudio en los medios —el *media-centrism* que refiere Morley en siguiente capítulo de este volumen— fortaleció las expectativas sobre la organización y el funcionamiento de los medios: mientras en las democracias la libertad de expresión y la libertad de prensa son su sustento; los regímenes autoritarios reprimen la labor periodística para mantener un control férreo sobre todos los canales de comunicación.

Este capítulo rastrea cómo surgen —al menos históricamente— las principales expectativas sobre el quehacer de los medios masivos de comunicación. Así, el objetivo en las siguientes páginas es revisar los fundamentos y los principales postulados de este enfoque normativo. Hoy (segunda década del siglo XXI), es evidente que los medios de comunicación *deben* conducirse con libertad, responsabilidad e imparcialidad; *deben* promover la libre expresión, la pluralidad de voces y la diversidad de puntos de vista; *deben* ser vigilantes del quehacer político y *deben* servir como contrapesos del poder (económico o político) al informar con veracidad, ética y profesionalismo. Pero ¿quién dicta o a qué responden estos principios? O, en otras palabras, ¿quién o qué decide el espíritu normativo o el llamado "deber ser" de los medios de comunicación masiva?

La primera parte del capítulo revisa la propuesta de Siebert y sus colegas sobre la estructura y el funcionamiento de los medios de comunicación masiva. Este apartado presenta las preguntas que a mediados de la década de 1950 representaban algunas de las principales preocupaciones de los estudiosos de los medios y la comunicación ante la disparidad de regímenes políticos y de tipos de sistemas de mediáticos en el mundo. Por ejemplo, en aquellos años, mientras en Estados Unidos los grandes conglomerados mediáticos se regían por las leyes del mercado privilegiando su ganancia económica sobre la ética o la calidad, en Reino Unido la discusión giraba en torno a regulaciones más estrictas que garantizaran el valor público de los medios, mientras que en la hoy extinta URSS el control estricto del Soviet sobre los medios perseguía no solo fines políticos, sino también educativos y sociales. ¿Por qué en diferentes países los medios de comunicación son tan distintos?

Para responder esta pregunta, la segunda parte de este capítulo revisa el recuento histórico que Siebert y sus colegas hicieron sobre la forma y el funcionamiento de los medios de comunicación en distintos momentos históricos. Este análisis sirvió para identificar ciertas características específicas de su estructura (autonomía e independencia frente al régimen político, por ejemplo), así como algunos parámetros deseables en su actuación (libertad de expresión, acceso a la información, por mencionar algunos) y comportamiento (responsabilidad, representatividad o diversidad). Estos supuestos y características son las bases de una teoría normativa que apunta hacia cómo deberían ser y qué deberían hacer los medios de comunicación, avalando su quehacer en regímenes democráticos y cuestionando las fuertes restricciones (políticas y económicas) que enfrentan en regímenes autoritarios o totalitarios. Con el paso de los años, la descripción de Siebert y sus colegas sobre cuatro distintos sistemas (modelos, teorías) de medios de comunicación —autoritario, liberal, responsabilidad social y totalitario— implantó ciertos parámetros y expectativas respecto a su estructura, actuación y comportamiento (McQuail 1994: 196).

Más de medio siglo de investigación ha dejado en claro que el vínculo entre regímenes políticos y medios de comunicación es innegable. Sin embargo, las reglas y los valores que deben regir la labor de los medios, así como la clara dicotomía entre el autoritarismo y el liberalismo implantada en este enfoque normativo son difíciles de sostener. Así, la tercera parte del capítulo cuestiona la utilidad de modelos estáticos y supuestos normativos arcaicos que poco corresponden con el funcionamiento actual de los medios. Con ejemplos recientes de las "nuevas democracias", esta parte final del capítulo pone énfasis en los peligros inmersos en el estudio de la comunicación y de los medios al importar modelos teóricos sin tener en cuenta: (1) el contexto histórico en el que se desarrollan; (2) los objetivos para los que han sido creados; (3) las inevitables disparidades que existen entre los supuestos normativos que deben regir el comportamiento de los medios de comunicación masiva y la práctica cotidiana.

¿Qué es y cómo surge el enfoque normativo?

"La teoría normativa", explica McQuail (1994: 197), "tiene que ver con lo que sería deseable respecto a la estructura y la actuación [de los medios]". Esto es, el enfoque normativo en el estudio de los medios de comunicación pone en el centro de la investigación dos aspectos centrales de los medios masivos de comunicación: (1) su forma (estructura) —como sugiere Benson en el capítulo anterior—; y (2) su quehacer o funcionamiento cotidiano (actuación). Es decir, por una parte, investigar la organización de los medios masivos de comunicación, así como su relación con la sociedad y el régimen político arroja ciertas pautas sobre el papel que juegan los medios en la sociedad (aliados o adversarios del poder político; consorcios privados o industrias auspiciadas por fondos públicos, por ejemplo). Por la otra, describir el quehacer cotidiano de estos medios (cadenas de mando, rutinas periodísticas, códigos de ética, lógicas profesionales, por mencionar algunos) brinda datos sobre cómo orientan, entienden y llevan a cabo su labor diaria.

Pareciera relativamente claro (hoy e incluso hace 60 años) que la forma y la estructura de los medios es distinta en Estados Unidos y en China, pero ¿por qué? Esta es la pregunta central que Fred S. Siebert, Theodore Peterson y Wilbur Schramm intentan responder en su famoso libro *Cuatro teorías de la prensa: autoritaria, liberal, de responsabilidad social y comunismo soviético. Conceptos de lo que la prensa debería ser y hacer.* (1956). El Cuadro 4.1 presenta las preguntas de investigación y los principales argumentos de su libro.

Cuadro 4.1. *Cuatro Teorías de la Prensa*: preguntas de investigación, argumentos e hipótesis. Fuente: elaboración propia con información de Siebert *et al.* 1956

Pregunta central:
¿Por qué la prensa [y por 'prensa' se entiende a los medios de comunicación masiva en general] es cómo es?

Preguntas de investigación complementarias:
- ¿Por qué los medios de comunicación masiva tienen diferentes objetivos en diferentes partes del mundo?
- ¿Por qué adquieren diferentes estructuras y funcionamiento en diferentes países?
- ¿Por qué, por ejemplo, la prensa de la Unión Soviética es tan diferente a la de Estados Unidos? O ¿la prensa de Argentina es tan diferente a la de Gran Bretaña?
- ¿Qué razones o fundamentos políticos o filosóficos sustentan estas diferencias?

Hipótesis central:
La prensa siempre asume la forma y los matices de las estructuras políticas sociales y políticas en las que opera

Argumentos:
- La comunicación de masas es un reflejo del sistema de control al que se ajustan las instituciones y los individuos.
- Para entender cómo y por qué los medios de comunicación operan como lo hacen es indispensable identificar y entender ese sistema de control y su relación con la sociedad.
- El análisis de la sociedad apuntará a ciertas creencias y supuestos básicos.
- Estas creencias están relacionadas con supuestos sobre la naturaleza del individuo; de la sociedad, del estado; de la relación individuo y Estado; y de la naturaleza del conocimiento y la verdad.
- La comprensión de estos aspectos de la sociedad es básica para cualquier entendimiento sistemático de los medios de comunicación masiva.
- Este análisis tiene un corte filosófico: los diferentes sistemas de medios responden a diferentes concepciones filosóficas sobre la relación entre el individuo y el Estado.

Estúpida normatividad: ¿qué es y qué implica?

Preocupados por la gran influencia de los medios de comunicación masiva, Siebert y sus colegas se plantean como pregunta central: ¿por qué es la prensa como es? Por "prensa" los autores denominan a la diversidad de medios masivos de la época (Siebert *et al*: 1): el libro impreso, las publicaciones periódicas (revistas, semanarios, periódicos), el telégrafo, la radio, el cine. Pero prefieren el término singular "prensa" pues son los periódicos el medio de mayor presencia y alcance en ese momento (mediados del siglo XX).

Para focalizar su estudio, los autores presentan también por lo menos otras cuatro preguntas complementarias. Primera, ¿por qué en diversas partes del mundo los medios parecen cumplir diferentes funciones? Esto es, si bien la literatura de la época apuntaba ya a las distintas funciones que los medios tienen en la sociedad —por ejemplo: otorgar status, reafirmar reglas sociales o "propagar" apatía y adicción, como proponen Lazarsfeld y Merton (1948/1986)—, Siebert y sus colegas detectan que no en todas partes del mundo los medios persiguen los mismos objetivos o cumplen funciones similares. Por ejemplo, la radio en la Alemania de la posguerra era, sin duda, muy distinta a la radio estadounidense de esos mismos años.

Así, una segunda pregunta prácticamente obvia es ¿por qué los medios son tan diametralmente distintos cuando se les compara entre países? O una tercera: ¿por qué, por ejemplo, la prensa de la Unión Soviética es tan diferente a la estadounidense o por qué la prensa argentina es tan diferente a la inglesa? La preocupación aquí no es únicamente la diversidad de formas y de funciones que pueden adquirir los medios de comunicación masiva como la prensa, sino entender con detalle el vínculo que parece existir entre el régimen político y el tipo de medios que operan en ese país.

Las respuestas a estas tres primeras preguntas parecen estar ligadas a una cuarta: ¿cuáles son los principios filosóficos, teóricos o la racionalidad política que sustenta los diferentes tipos de prensa? Es decir, para Siebert y sus colegas la diversidad de la organización y la actuación de los medios de comunicación alrededor del mundo parece responder a diferentes estructuras políticas y sociales. Esto es, la diversidad de regímenes políticos de mediados del siglo XX (democracia, autoritarismo, comunismo soviético, totalitarismo) tiene sustento en principios filosóficos y teóricos que difieren en torno al papel que el individuo o el gobierno *deben* tener en una sociedad.

Desde esta perspectiva, *Cuatro teorías de la prensa* propone que "la prensa [y por prensa entendemos todos los medios masivos de comunicación] siempre toma la forma y los matices de las estructuras sociales y políticas dentro de las que opera" (Siebert *et al*.: 1). Es decir, la forma y la estructura de los medios masivos de comunicación están directamente relacionadas al régimen político y social en los que están inmersos; son un reflejo de las estructuras de control social y político. Así, el libro de Siebert y sus colegas propone como hipótesis central que para entender a fondo el funcionamiento de los medios es indispensable conocer a detalle las características de la sociedad y del régimen político en los que están inmersos teniendo como brújula los fundamentos filosóficos y teóricos que los sustentan.

Diferentes tipos de regímenes políticos; diferentes tipos de medios

Para encontrar una explicación y responder así a la pregunta central de por qué los medios de comunicación son y funcionan de manera diferente en distintos países, Siebert y sus colegas hacen un recuento histórico de cinco siglos. En él rastrean dos procesos históricos que determinan la organización y el funcionamiento de los medios de comunicación: (1) el desarrollo de periódicos con tintes políticos (prensa política) bajo el control férreo de las monarquías europeas durante los siglos XVI y mediados del XVII; y (2) el auge del pensamiento liberal en Europa durante la segunda mitad del siglo XVII hasta las primeras décadas del siglo XX.

Esto es, el recuento histórico que Siebert y sus colegas hacen en *Cuatro teorías de la prensa* les sirve para identificar las condiciones políticas y sociales que dieron pie a distintos regímenes políticos y por consecuencia, a concepciones divergentes sobre los objetivos y las funciones de los medios de comunicación masiva. Desde esta perspectiva, es evidente que los dos principales tipos de estructuras sociales y políticas que analizan (el autoritarismo impuesto por las monarquías y el liberalismo que impulsó las grandes revoluciones políticas de los siglos XVIII y XIX) condicionaron y sentaron las bases de la forma y para el quehacer cotidiano de los medios de comunicación masiva desde los inicios de la imprenta hasta los primeros años de la televisión.

Es decir, desde sus inicios en siglo XV con la invención de la imprenta, la prensa funcionó bajo férreos controles políticos y económicos impuestos por las monarquías de la época. Cuando el pensamiento liberal de mediados del siglo XVII impregnó el sentir social y el quehacer político europeo, la prensa recobró importancia como una herramienta para informar a la población y para vigilar a sus gobernantes. Así, este medio de comunicación masiva dejó de asumirse y funcionar como un instrumento de gobierno para transformarse en un "mercado libre de ideas e información" (Siebert 1956 *et al.*: 4).

Al arrancar la era bipolar a mediados del siglo XX —cuando Siebert y sus colegas escriben su famoso libro—, este recuento histórico apunta, además, a la necesidad de reconocer que estos regímenes políticos y sociales no desaparecieron con el paso de los siglos. Tanto el liberalismo —que imprimió su espíritu en las democracias modernas— como el autoritarismo —en el que encontraron sustento las dictaduras del siglo XX— determinó el funcionamiento de los medios de comunicación durante gran parte del siglo XX.

Además, el auge de nuevas tecnologías de la información, así como la tensión política que generó la era bipolar obligó a los autores a explorar a detalle las primeras décadas del siglo XX. El objetivo fue buscar explicaciones sobre por qué algunos medios como los grandes consorcios mediáticos de Estados Unidos estaban más interesados en defender sus intereses económicos que en promover los valores democráticos (libertad de expresión, participación abierta, diversidad de voces, por ejemplo). O por qué los medios de comunicación masiva para regímenes soviéticos como la URSS o para regímenes comunistas como Cuba, son uno de los principales pilares de la socialización y la propagación del régimen.

Autoritarismo

"El tipo de medios de comunicación masiva que se desarrolló durante los primeros 250 años de la imprenta", escribe Schramm (1966: 209), "fue exactamente lo que podría esperarse en un contexto autoritario". Los Tudor en Inglaterra, el régimen Borbón en Francia, los Habsburgo en España, o prácticamente cualquier monarquía de los siglos XVI y XVII, mantuvo un control férreo sobre el desarrollo de la prensa (Siebert *et al.* 1956: 8; Schramm 1966; McQuail 1994: 195–213). Las imprentas solo podrían existir por decreto real. Es decir, solo aquellos que contaran con patentes o licencias reales podrían imprimir y circular publicaciones (libros, periódicos, panfletos o posters informativos). Esta práctica fue acompañada por estrictos mecanismos de vigilancia para asegurar que cualquier documento impreso de circulación masiva fuese revisado, censurado o, de ser el caso, penalizado por el Estado. Así, la "revolucionaria" (McQuail 1994: 21) imprenta que hizo público el conocimiento y cambió el rumbo de la historia, también sirvió como herramienta del poder político pues durante siglos estuvo bajo el control de gobernantes y políticos. Lejos de cuestionar o vigilar a las autoridades, su función era meramente informativa de los asuntos de interés para el régimen (Schramm 1966: 209). "La teoría autoritaria", escribe Siebert (1956: 11), "es un sistema bajo el cual las funciones y la operación la prensa como institución [y en general todos los medios de comunicación masiva] está controlada por la sociedad organizada a través de otra institución, el gobierno". En este modelo de comunicación, las élites políticas adquieren el poder y el control irrestricto e incuestionable de los medios de comunicación masiva para alcanzar sus objetivos políticos. Este poder irrestricto garantiza que el Estado (el gobierno) también ejerza un control irrestricto de la información a través de medios que funcionan como marionetas del poder (Gunther *et al.* 1995: 4).

Al comparar este control irrestricto sobre la imprenta que impusieron las monarquías durante siglos a través de la censura y del dominio sobre la prensa en década de 1950 cuando escriben su libro, Siebert y sus colegas identifican claros ejemplos de regímenes autoritarios en las dictaduras africanas o latinoamericanas. En aquella época, países como Egipto, Vietnam, Cuba, Brasil, Nicaragua o Argentina, por mencionar algunos, mantenían estrechos mecanismos de vigilancia y control de las casas editoriales y los periódicos o incluso, eran los dueños de las principales imprentas, diarios y años después, de las cadenas televisivas. Hoy día, un control totalitario sobre los medios de comunicación al estilo de las monarquías del siglo XVI o de las dictaduras de mediados del siglo XX es difícil de reconocer nítidamente. Sin embargo, restricciones gubernamentales a la adquisición de licencias para los canales de televisión (como en Venezuela, Hungría, Kenia, Afganistán, por ejemplo); al uso de plataformas digitales (como en China o Corea del Norte) o la vigilancia de la red (como en Rusia) e incluso el financiamiento discrecional a los medios que apoyan al gobierno en turno (como en México, Ecuador o Polonia), apuntan a los mecanismos de control que Siebert y sus colegas reconocieron en la teoría autoritaria hace décadas.

Liberalismo

El férreo control que las monarquías autoritarias mantuvieron sobre la prensa, por más de dos siglos, comenzó a desquebrajarse al arrancar siglo XVII. El liberalismo vislumbró en la presa un medio de comunicación al servicio del individuo y no del Estado; un foro abierto a la pluralidad de ideas y promotor del cambio. Desde esta perspectiva, los medios adquieren el derecho (y hasta la obligación) de vigilar el quehacer de sus gobernantes abriendo el debate político a diversas opiniones, intereses y fuerzas. Esto implica un verdadero mercado abierto a todo tipo de ideas; donde todos los individuos tienen acceso y todas las voces tienen (al menos en teoría) el mismo peso. Desde esta perspectiva, la prensa [los medios de comunicación masiva] es, entonces, un mecanismo para presentar evidencia y argumentos que cada individuo podrá utilizar —acorde a sus propias características e intereses— para evaluar la labor de los gobernantes.

"Al menos en teoría", explica Schramm (1966: 216): "[desde un enfoque liberal] los medios masivos de comunicación son empresas privadas que compiten en un mercado abierto". Esto es, a diferencia del enfoque autoritario, la teoría libertaria asume que cualquier individuo (y no únicamente el gobierno o el Estado) que tenga los recursos suficientes podrá fundar un medio de comunicación masiva (periódico, revista, cadena televisiva, plataforma digital, por ejemplo). Desde esta perspectiva, los medios son, sin duda, un foro para que todas las voces tengan un espacio de expresión, pero también son empresas en búsqueda de utilidad y ganancias. Así, la capacidad de decidir si un medio es útil y el poder de marcar las directrices de su funcionamiento no recaen ya en el Estado —como marca la teoría autoritaria—, sino en el consumidor quien decidirá con sus patrones de consumo y preferencias qué medios o qué contenidos funcionan y cuáles no.

La teoría libertaria de los medios de comunicación describe así, un modelo de medios de comunicación donde las leyes del mercado (consumo y demanda) marcan las directrices de su organización y funcionamiento. "Un periódico", argumenta Peterson (Siebert *et al.* 1956: 73) parafraseando al famoso editor del *Wall Street Journal*, William P. Hamilton, "es una empresa privada que no le debe nada al público [… esto es], que no persigue fines públicos; es enfáticamente una empresa propiedad de su dueño quien vende un producto manufacturado bajo su propio riesgo".

Así, para el enfoque liberal, el régimen político (democracia) tiene poca (si no es que nula) influencia en este proceso. Los medios comercializan productos y alguno de ellos (la información, por ejemplo) idealmente puede servir como contrapeso del poder político al vigilar el quehacer cotidiano de las élites políticas o brindar diversos puntos de vista que permitan al propio ciudadano generar opiniones sobre su gobierno y su sociedad. Sin embargo, los fines últimos de los medios de comunicación desde una perspectiva liberal son la ganancia y la utilidad. En la década de 1950, Siebert y sus colegas claramente están pensando los medios de comunicación en Estados Unidos. En ese momento, grandes conglomerados editoriales tienen el control de los diarios de circulación nacional y los consorcios radiofónicos estaban comenzando a incursionar en las cadenas televisivas. Es precisamente en esa época que los estudios cinematográficos y las disqueras también están sentando las bases de los grandes monopolios que hoy conocemos (CBS, Warner Brothers, Disney, Universal, por ejemplo).

Actualmente, quizá sea más útil pensar en la teoría libertaria usando como referencia a los medios de alcance global (Google, Facebook, Disney, Sony, Televisa, Globo, Netflx, Amazon, por ejemplo), más que haciendo referencia a un país específico. Para Siebert y sus colegas, el liberalismo trajo consigo la posibilidad de romper el monopolio que tenían las monarquías y los regímenes totalitarios sobre los medios de comunicación masiva. Sin embargo, el desarrollo de la democracia moderna ha demostrado que no en todos estos países (el mismo Estados Unidos como un ejemplo de democracia consolidada o Francia y Reino Unido) los medios tienen como objetivo la libre participación y la expresión de ideas. Al final, son las leyes del mercado las que marcan el funcionamiento y los contenidos de los medios.

Dos y dos: rumbo a cuatro teorías normativas de la prensa

Es precisamente la creciente influencia de los grandes consorcios mediáticos lo que lleva a Siebert y a sus colegas a extender la dicotomía que presentan entre autoritarismo y del liberalismo. Los avances tecnológicos y los procesos de industrialización de la última década del siglo XIX y la primera década del siglo XX aceleraron el desarrollo de nuevas tecnologías y con ello, de los medios electrónicos de comunicación masiva. Si bien al libro impreso le tomó siglos evolucionar de los primeros ejemplares de Gutenberg (siglo XV) al que hoy conocemos —de papel, encuadernado, ligero, de precio relativamente accesible y, por ende, de fácil circulación—, el telégrafo, la radio y posteriormente la televisión, alcanzaron un amplio desarrollo en cuestión de décadas (McQuail 1994: 43–76). Para mediados del siglo XX, la comercialización de los primeros aparatos de televisión hizo evidente que la revolución tecnológica sería el incansable motor de la comunicación de masas.

Así, al revisar con más detalle la estructura y el funcionamiento de los medios masivos de comunicación durante la primera mitad del siglo XX, Siebert y sus colegas identifican otros dos procesos históricos centrales: (1) la proliferación de medios afianzados a intereses políticos y económicos; (2) el auge de regímenes comunistas que controlan —tal como lo hacen los regímenes autoritarios—, pero también utilizan a los medios masivos de comunicación como herramientas para la consolidación y la propagación del comunismo.

Desde esta perspectiva, el funcionamiento cotidiano de los medios masivos de comunicación al arrancar la Guerra Fría era, sin duda, poco alentador: una parte del mundo —las democracias irónicamente "libres"— era(n) víctima(s) de la circulación masiva de productos mediáticos de baja calidad en respuesta a intereses económicos de los grandes consorcios; al tiempo que, detrás de la cortina de hierro, los regímenes comunistas utilizaban a los medios como una herramienta para afianzar el control sobre la sociedad y el poder político del partido comunista.

Responsabilidad social. Al analizar medios de comunicación masiva anclados a intereses específicos —manipulación y propaganda— y a fines económicos capitalistas —mercadotecnia, publicidad y entretenimiento, por ejemplo—, Siebert y sus colegas apuntan la necesidad de reconocer que la libertad —fundamento del quehacer cotidiano de los medios— viene acompañada de ciertas responsabilidades (de ahí la propuesta de la denominación "responsabilidad social" de los medios). Así, su modelo (o teoría) de responsabilidad social propone un sistema de medios sustentado en la libertad (como la teoría libertaria), pero también en la responsabilidad. Esta propuesta está basada en el diagnóstico y las recomendaciones que hiciera la Comisión Hutchins; una comisión especial formada por el Congreso de los Estados Unidos al arrancar la década de 1950 para evaluar el papel de los medios de comunicación masiva en la sociedad estadounidense.

Con el objetivo de repensar seriamente el papel que adquieren los medios en el "libre mercado de las ideas", la Comisión Hutchins detectó por lo menos tres aspectos altamente preocupantes: (1) restricciones de acceso a los medios: una proporción cada vez más reducida de la población con la capacidad de expresarse libremente; (2) la proliferación de productos mediáticos de baja calidad: los conglomerados mediáticos privilegian sus ganancias frente al beneficio social; y (3) una creciente manipulación por parte de las élites económicas y políticas: tanto los grandes consorcios mediáticos como las fuerzas políticas usan a los medios de comunicación como herramientas (de propaganda, por ejemplo) para alcanzar sus fines.

Ante este escenario, la propia Comisión identificó la necesidad de fundamentar el quehacer cotidiano de los medios en cinco principios básicos: (1) precisión, esto es, diferenciar claramente los hechos de las opiniones; (2) apertura a la crítica y a la diferencia de puntos de vista; (3) pluralidad, al garantizar el acceso a los medios de todos los sectores de la población; (4) responsabilidad, al representar cabalmente los valores y los intereses de la sociedad en su conjunto; (5) diversidad de información sobre los sucesos y asuntos que (pre)ocupan de nuevo, a diferentes sectores de la sociedad. Así, precisa Peterson, el quehacer cotidiano y la función social de los medios *debe* ceñirse a ciertos principios de libertad, pero también responsabilidad: "aquellos que todavía hablan de la libertad de prensa como si fuera un derecho individual están condenados a desaparecer en el aislamiento y la equivocación" (Peterson 1956: 103).

Si bien para Siebert y sus colegas la teoría de la responsabilidad social era solo una propuesta, en gran medida este modelo es un reflejo de las bases del modelo de televisión pública en países como Inglaterra (con su afamada BCC), España, Italia, Francia o en los países nórdicos (Suecia, Finlandia, Noruega), donde las grandes cadenas televisivas nacionales son un bien público: financiado y operado en parte por Estado y en parte por la sociedad, pero cuyo único dueño y beneficiario es el pueblo. Actualmente, aunque la noción de "responsabilidad social" es, por ejemplo, el principio rector del quehacer periodístico, los modelos de televisión pública —principalmente en Europa con algunos contados ejemplos en América Latina como Uruguay o

Chile— subsisten en un esquema "híbrido" que comparte espacios públicos regulados con las grandes cadenas de televisión comercial.

Totalitarismo. En el esfuerzo de evaluar la vigencia de los modelos tradicionales de comunicación (el autoritarismo y el liberalismo), Siebert y sus colegas también proponen una reconsideración de la teoría autoritaria. "Mientras la teoría liberal enfrenta sus propios problemas y busca su propio destino", explican los autores (1956: 5):

> un nuevo y dramático desarrollo de la teoría autoritaria representa un reto. Nos referimos, sin duda, a la teoría del *Comunismo Soviético*. Basada en el determinismo marxista y en la obstinada necesidad política de mantener en ascenso a un partido que representa menos de 10% de la población, la prensa soviética opera como una herramienta de las élites políticas, tal como propone el viejo autoritarismo. Pero a diferencia de este último, es el Estado y no el capital privado quien mantiene un monopolio sobre los medios. La utilidad económica ha sido removida, lo mismo que el concepto de libertad positiva ha sido sustituido por el de libertad negativa. Quizá ninguna prensa en la historia del mundo ha sido tan estrictamente perseguir 'la verdad'; una verdad definida por el propio Partido (énfasis en el original).

Aunque inevitablemente enfrascada en una concepción de un mundo bipolar en Guerra Fría (el mundo libre *vs* el opresor Partido Comunista), esta perspectiva pone énfasis en dos aspectos centrales que hacen distinta a la teoría autoritaria de la teoría del comunismo soviético. Primero, para el régimen soviético, la comunicación masiva es herramienta indispensable para el buen funcionamiento político y social. Por ello, el Partido Comunista mantuvo un control férreo sobre todos los canales de comunicación —tal como propone la teoría autoritaria— y no dejó espacios a la participación privada. Es decir, el régimen —el Partido— tenía el monopolio completo sobre la tecnología, el personal, los canales de distribución y los productos mediáticos. Como en cualquier otra empresa, en un régimen socialista, los medios de comunicación son un bien público en manos del Estado, al servicio de la comunidad.

Segundo, en esta capacidad (dueño, regulador, inversionista y productor) el régimen soviético adquirió también, la responsabilidad de velar por el bien común. Es decir, la comunicación masiva es una herramienta indispensable de control, pero también un dispositivo para la socialización, la educación y la formación política de la sociedad. Una sociedad consciente y convencida de la capacidad y de la legitimidad del partido en el poder no dudará en validar la autoridad y el control que ejerce el régimen sobre todos los aspectos de la sociedad: política, educación, salud, por ejemplo. En este proceso, el control irrestricto de los medios de comunicación juega un papel central.

Estúpida normatividad: *¿qué es y qué implica?*

La Tabla 4.1 (abajo) retoma la propuesta original Siebert, Schramm y Peterson en *Cuatro teorías de la prensa* (p. 6) para mostrar el contraste entre cuatro modelos de comunicación. Dos —los modelos originales: autoritarismo y liberalismo— o cuatro —sumando la propuesta de la responsabilidad social y el análisis a régimen totalitario impuesto por el comunismo. Según como se cuenten, las teorías propuestas por Siebert y sus colegas comprueban la hipótesis central del libro: los diferentes regímenes políticos (su ideología, periodo histórico, marco regulatorio y propósito principal, por ejemplo) moldean (o constriñen) la forma y el funcionamiento cotidiano de los medios de comunicación masiva. Así lo explican los propios autores (Siebert *et al*.: 2):

> [En este libro] hemos escrito cuatro ensayos [sobre el funcionamiento de los medios de comunicación masiva] pero hemos tratado de ser claros en que las dos últimas "teorías" son el desarrollo o representan modificaciones a los dos [modelos originales].

Teoría normativa: alcances y límites

"La mayor parte del tiempo", escribe Mancini (2000: 234) citando a McQuail (1983), "los estudios sobre los medios de comunicación no se limitan a describir e interpretar la realidad, sino que, en contraste, tratan de definir lo que, en teoría, debería ser el modelo ideal de referencia". Esto es, precisamente, lo que el famoso libro *Cuatro teorías de la prensa* provocó en el estudio de los medios masivos de comunicación: cuatro modelos "ideales" de cómo deberían ser los medios de comunicación dependiendo del sistema político en el que están inmersos. Así, desde que Siebert y sus colegas presentaron su hipótesis sobre el vínculo estrecho entre el régimen político y el tipo de medios (mediados de la década de 1950) mucho se ha escrito sobre tres aspectos centrales de su propuesta: (1) la posibilidad de llamar "teorías" a la descripción histórica que presentan, y, en consecuencia; (2) la validez de modelos estáticos que poco corresponden con la realidad; (3) los valores que sustentan el *deber ser* y el *hacer* de los medios de comunicación (ver abajo, Cuadro 4.2).

El primero representa un dilema sin solución. Para algunos autores (Nerone 1995; Servaes y Lie 1999; Christians *et al.* 2009) el término "teoría" es demasiado ambicioso para la mera descripción que Siebert y sus colegas hacen. Esta crítica apunta a que, en realidad, Siebert y sus colegas no acompañan su análisis con evidencia empírica sólida. En principio, es evidente que cuando los autores se refieren al comunismo soviético (a la teoría totalitaria) están describiendo al sistema de medios que impera en la URSS, pero ¿qué otros regímenes de la época cabrían en esta "categoría"? Lo mismo sucede

Tabla 4.1 *Cuatro Teorías de la Prensa*. Fuente: traducción propia con información de Siebert *et al.* 1956: 6.

Aspecto / Teoría	AUTORITARISMO	LIBERALISMO	RESPONSABILIDAD SOCIAL	TOTALITARISMO
Auge	Siglos XVI y XVII (monarquías europeas)	Siglo XVII (Europa sus colonias recientemente independizadas)	Segunda midad del siglo XX (Estados Unidos y algunos países europeos)	Segunda mitad del siglo XX (URSS y otros regímenes nazis, fascistas o comunistas)
Fundamentos teóricos y filosóficos	Poder absoluto del Estado: del monarca, su gobierno, o ambos	Racionalismo y derechos naturales: autores como Milton, Locke y Mill	Ética: algunos recursos como W.E Hacking, la Comisión Hutchins, códigos profesionales y de ética	Pensamiento marxista-leninista-estalinista: una mezcla de las ideas Hegel y del pensamiento ruso del siglo XIX
Principales funciones de los medios de comunicación	Respaldar al Estado y promover sus decretos y políticas	Vigilar al poder político; descubrir la verdad; informar, entretener, vender	Generar debate y discusión de diversas voces en la esfera pública; informar, entretener, vender	Contribuir al éxito y a la continuidad de la dictadura del partido y del sistema socialista-soviético
¿Quién tiene derecho a usar los medios?	Únicamente quien obtenga una patente real o un permiso similar	Cualquier persona con los medios económicos para hacerlo	Todos los que tienen algo que decir	Miembros leales y ortodoxos del partido
¿Cómo se controlan los medios?	Patentes gubernamentales, gremios, licencias, mecanismos de censura	Mediante el "proceso de autocomprobación de la verdad" en el "mercado libre de ideas" y algunas leyes	Ante las necesidades de la comunidad; la opinión y la acción del consumidor; códigos de ética profesional	Vigilancia y acción económica o política del partido

Aspecto / Teoría	AUTORITARISMO	LIBERALISMO	RESPONSABILIDAD SOCIAL	TOTALITARISMO
¿Qué está prohibido?	Criticar a la maquinaria política y a los funcionarios en el poder	Difamación, violencia	Grave invasión a derechos privados reconocidos e intereses sociales vitales	Crítica a los funcionarios, las políticas y objetivos del partido
¿Quiénes son los dueños de los medios?	Capital privado o público	Capital principalmente privado	Capital privado o público únicamente si se tiene que asegurar contenidos de calidad	Capital público
Diferencias esenciales con los otros modelos	Instrumento para llevar a cabo la política del gobierno, aunque no necesariamente de propiedad del gobierno	Instrumento para vigilar al gobierno y satisfacer otras necesidades de información y entretenimiento de la sociedad	Los medios asumen la obligación y la responsabilidad de asegurar contenidos de alta calidad	Los medios son de propiedad estatal, están estrictamente controlados y sirven particularmente como instrumento del estado

para las otras "teorías" que carecen de ejemplos o estudios de caso específicos que comprueben la validez (o debilidad) de sus hipótesis. De hecho, Nerone (1995: 85) argumenta que *Cuatro teorías de la prensa* en realidad solo presenta una teoría: "la estructura, la política y el comportamiento del sistema de comunicación es reflejo de la sociedad y de los principios filosóficos que categóricamente definen a esa sociedad". Desde esta perspectiva, lo que al final Siebert y sus colegas presentan son cuatro ejemplos de sistemas de comunicación (autoritario, liberal, de responsabilidad social y totalitario) basados en cuatro concepciones filosóficas distintas de la sociedad (autoritarismo, liberalismo, responsabilidad y social-comunismo).

Cuadro 4.2 Principales críticas a *Cuatro Teorías de la Prensa*. Fuente: elaboración propia

1. ¿Son los cuatro modelos de Siebert y sus colegas realmente "teorías"?
2. ¿Pueden estos "modelos" describir la relación cotidiana entre los medios de comunicación y sistema político? Y, de ser el caso, ¿es posible clasificar a todos los países en solo cuatro categorías?
3. ¿Son los "modelos de la prensa" representativos de la diversidad normativa y cultural; de los contextos políticos y de la relación histórica entre los medios de comunicación y los tan diferentes regímenes políticos en el mundo?

Si bien la discusión entre si es posible o no referir a los distintos tipos de sistemas de medios como "teorías", modelos, filosofías o concepciones sobre la función de los medios en la sociedad no está del todo resuelta, las cuatro "teorías" siguen siendo principios rectores en la enseñanza y la práctica de la comunicación (Benson 2008). Sin embargo, la labor resta en evaluar críticamente si estos cuatro modelos de la relación entre los medios y el poder político corresponden (o no) a lo que sucede en la práctica cotidiana. Por ejemplo, como se explicó anteriormente, Siebert y sus colegas presentan la teoría de responsabilidad social pensando en los medios de Estados Unidos, específicamente en respuesta a las conclusiones que presentara la Comisión Hutchins (1947) sobre los peligros de una industria mediática únicamente regida por las leyes del mercado. Sin embargo, los grandes consorcios mediáticos de hoy día (Warner, Universal, Disney/Fox, CBS, por mencionar algunos) surgen precisamente de esos medios ligados al consumo y a las ganancias desmedidas. ¿Qué pasó, entonces, con la supuesta "responsabilidad social"? ¿Es "la responsabilidad social" en realidad posible cuando se trata de grandes conglomerados mediáticos que se rigen por las leyes del mercado?

Estúpida normatividad: *¿qué es y qué implica?*

Este tipo de cuestionamientos es mucho más evidente en la investigación comparada que pone a prueba categorizaciones rígidas. Por ejemplo, en un estudio mucho más reciente, Voltmer (2012) discute qué tan viable es tratar de evaluar otros casos nacionales fuera del mundo occidental con modelos que, en principio, no fueron creados para estudiar otros países. Desde su perspectiva, algunas variables que no son consideras en los modelos originales requieren más atención. Tal es, por ejemplo, el caso de los evidentes procesos de globalización de las últimas décadas. Tendemos a pensar que la globalización es un proceso impulsado por las grandes economías mundiales (por ejemplo, Estados Unidos o Europa Occidental) con el objetivo de expandir sus mercados a las economías menos desarrolladas. Sin embargo, el enorme éxito de Bollywood, la industria cinematográfica hindú, rompe este esquema pues sus producciones se extienden por toda Asia —donde su influencia incluso equipara a la de Hollywood—, Europa y gran parte de América Latina. Un caso similar es Nollywood, la industria cinematográfica nigeriana de gran éxito en África. "Hoy", escribe Voltmer (2012: 231), "los mercados mediáticos son internacionales y locales al mismo tiempo. Y así, en lugar de dar como resultado una mezcla de ingredientes o una gama de diferentes sombras de grises, estos procesos representan nuevas prácticas y productos mediáticos originales".

Ante estas limitaciones, diversos autores han tratado de adecuar las "teorías" de Siebert y sus colegas (autoritarismo, totalitarismo, liberalismo y responsabilidad social) para dar respuesta a los cambios políticos de cada época. La Tabla 4.2 abajo presenta algunas de las principales propuestas. Como puede observarse, algunos cambios apuntan hacia nuevas categorizaciones (por ejemplo: paternalista, democrático, revolucionario, tercermundista) que intentan representar la diversidad de regímenes de cada época. Otros autores optan por añadir nuevas categorías, mientras que algunos más intentan explorar otras vías de análisis en especial tras la caída del régimen socialista, lo que hizo inevitable adecuar los conceptos de "autoritarismo" y "totalitarismo".

En el fondo, los modelos que presenta la Tabla 4.2 permanecen anclados a la hipótesis propuesta por Siebert y sus colegas hace más de 60 años: diferentes regímenes políticos producen distintos sistemas de medios; mientras las democracias procuran la libertad de expresión y el libre funcionamiento de los medios, los regímenes autoritarios y los totalitarios los someten a controles rigurosos y estrictos. Sin embargo, el principal dilema que impone el enfoque es que entre estos supuestos teóricos y el quehacer cotidiano en la relación entre los medios de comunicación y el poder político hay una gran divergencia. Es decir, lo que se debe esperar de un sistema liberal (libertad,

Tabla 4.2 Proliferación de modelos: diferentes propuestas con base en Cuatro Teorías de la Prensa. Fuente: autor

Autor(es)	Año	Título	Autoritario	Soviético Comunista	Responsabilidad Social	Libertario	Conceptos Adicionales
Siebert et al.	1956	Cuatro Teorías de la Prensa	Autoritario	Soviético Comunista	Responsabilidad Social	Libertario	
			Conceptos basados en las cuatro teorías originales				
			Tendencias autoritarias		Tendencias liberales		Tendencias Intermedias
Williams	1967	Communications	Autoritaria	Paternal	Comercial	Democrática	
Merrill and Lowenstein	1979	Media, messages, and men		Social-autoritaria	Social-centralista	Libertaria	
Hachten	1981	The World News Prism		Comunismo Soviético		Occidental	Revolucionaria
Martin and Chaudhary	1983	Comparative Mass Media Systems	Comunista	Tercer Mundo		Occidental	
McQuail	1983	Mass Communication Theory		Comunismo Soviético	Responsabilidad Social	Libertario	Democracia participativa / Comunicación para el Desarrollo
Altschull	1984	Agents of Power		Marxista o comunitario		Mercado u Occidental	En progreso o en desarrollo
Picard	1985	The Press and the decline of Democracy	Autoritario	Comunismo Soviético	Reponsabilidad Social	Libertario	Social Democracia / Revolucionario

Estúpida normatividad: ¿qué es y qué implica?

Autor	Año	Título	Modelos/Descripción	Conceptos Adicionales
Siebert et al.	1956	*Cuatro Teorías de la Prensa*	Autoritario · Soviético Comunista · Responsabilidad Social · Libertario	
Nerone	1995	*Last Rights*	Con la caída del muro de Berlín y el colapso del mundo comunista, los modelos que corresponden a los sistemas comunistas o soviético dejaron de ser útiles. Nuevos estudios trataron de colocar a las nuevas democracias en categorías pre-existentes. Sin embargo, la mayoría concluyen que la investigación del sistema de medios en regímenes políticos en transición requiere nuevos lentes analíticos para identificar las características particulares de estos sistemas mediáticos y sus divergencias con los modelos tradicionales*	Enfoques alternativos para estudiar los sistemas de medios en las democracias
				Cuestiona la capacidad de *Cuatro Teorías de la Prensa* para explicar la relación de los medios de comunicación con el poder político dado el énfasis del clásico en el modelo liberal y las claras limitaciones que impone al investigar el papel de los medios incluso en democracias más consolidadas
Servaes and Lie	1999	*Media and Politics in Transition*		Propone un enfoque hermenéutico-interpretativo para estudiar los procesos de comunicación, así como el cambio socio-cultural tomando en cuenta aspectos de poder, ideología y cultura
Hallin and Mancini	2004	*Comparing Media Systems*	Modelo Liberal · Modelo Democrático-corporativista · Modelo Pluralista-polarizado	
Christians et al.	2009	*Normative Theories of the Media*		Propone cuatro diferentes categorías de roles que pueden llegar a tener los medios de comunicación en democracias consolidadas: (1) monitor; (2) facilitador; (3) crítico radical; y (4) colaborador

* Ver por ejemplo: de Smaele 1999; Nordenstreng 1999; Ostini y Fung 2002; McKenzie 2005; Sparks 2008; Gunaratne 2010; Hallin y Mancini 2012; Voltmer 2013.

acceso, participación y crítica), por ejemplo, no necesariamente coincide con lo que sucede en las democracias modernas.

Retomando el punto de Voltmer (2012, ver también; 2006 y 2013), un claro ejemplo son las llamadas "democracias en transición o consolidación". A primera vista, es evidente que los sistemas de medios en estos países no coinciden con las categorías rígidas de modelos que no toman en cuenta —pues, para ser justos, no es su objetivo original— las características particulares (históricas, económicas y sociales) de estos sistemas de medios. Por ejemplo, ¿en qué modelo colocaríamos el sistema de medios mexicano? Intuitivamente, al pensar en los grandes consorcios mediáticos de alcance internacional como Televisa o TVAzteca, una reacción natural sería, utilizando las categorías originales de Siebert y sus colegas, inclinarse por el modelo liberal. Esto supondría un tipo de medios basados por las leyes del mercado (oferta y demanda), pero también críticos e independientes del poder político. Sin embargo, en sus análisis detallados sobre los medios mexicanos, Guerrero (2010, 2017) demuestra que los grandes periódicos y posteriormente, las grandes cadenas televisivas no solo nacieron con el apoyo directo del régimen político, sino que por décadas y por muy diversas razones, han mantenido un vínculo directo y cercano con las élites en el poder. ¿Deberíamos entonces, en pleno siglo XIX, categorizar al sistema de medios mexicano como totalitario? La respuesta, sin embargo, pareciera inclinarse hacia el no, pues el proceso de transición democrática en el país hace difícil pensar en un control irrestricto de las élites políticas sobre los medios de comunicación.

Este tipo de predicamentos abunda al analizar de cerca los casos de países cuyo régimen político no coincide claramente con los parámetros democráticos generales. En América Latina, pensemos por ejemplo en los casos de Venezuela, Bolivia y Ecuador: ¿en qué modelo podríamos categorizarlos? En su análisis de la relación entre los medios de comunicación y el poder político en el marco la revolución Bolivariana en Venezuela, Duffy y Everton (2008) evalúan la permanente tensión entre los grandes consorcios mediáticos y el régimen de Hugo Chávez. Desde esta perspectiva, la concepción de un periodismo crítico y vigilante esbozado en el modelo liberal se desdibuja en el marco de esta confrontación extrema, pues los medios tradicionales de comunicación en el país constituyen un actor político con fuertes intereses económicos y determinado a dominar la esfera política. Por su parte, el gobierno, primero de Chávez y después de Maduro, han impulsado proyectos mediáticos que se acercan, en la opinión de Duffy y Everton (2008: 118), a un socialismo del siglo XXI pues busca la redistribución y el impulso de medios públicos y comunitarios al servicio de la sociedad. Sin embargo, actualmente este proyecto se debate entre el control del régimen —con fuertes regulaciones (2010 y 2017) que prohíben la crítica y legalizan la censura— y la necesidad de un debate público más plural y abierto (Allsop 2019). ¿Qué modelo o categorías se asemejan a este caso? De la descripción anterior, tampoco pareciera haber una respuesta directa.

De manera similar, en su estudio sobre la relación entre los medios de comunicación y el régimen político en América Latina, Matos (2012) compara los sistemas de medios públicos europeos con los latinoamericanos para concluir que una vía a explorar en el proceso de consolidación democrática puede ser un sistema de medios públicos que se asemeja a la propuesta de responsabilidad social que Siebert y sus colegas hicieran hace más de medio siglo, pero que también demanda considerar la magnitud e influencia de los grandes conglomerados mediáticos transnacionales y globales. El ejemplo de Brasil es útil para evaluar esta propuesta. Los principales medios de comunicación surgen en ese país bajo el auspicio de los regímenes totalitarios de la primera mitad del siglo XX. Con la transición democrática, el modelo comercial se convierte en la base para los grandes conglomerados mediáticos como Grupo Globo. Sin embargo, el vínculo con el poder político no se desaparece del todo y las élites mediáticas siguen siendo atractivos aliados para las élites políticas. Esta relación se complica cuando se sopesa el poder que pueden llegar a tener estos medios de alcance transnacional. Ante este escenario, un marco regulatorio más eficiente, así como políticas públicas encaminadas a la diversidad, la pluralidad de contenido y las garantías de acceso cimentadas en los sistemas de medios públicos europeos podrían contribuir al proceso de democratización.

La investigación comparada también ha hecho posible identificar diferencias cruciales en los países poscomunistas. Por ejemplo, la compilación de Zielonka (2015) pone en evidencia que la relación entre el poder político y los medios de comunicación en las nuevas democracias europeas es un complejo caleidoscopio de modelos híbridos (Mancini 2015) —que combinan el cambio y la continuidad; con regulaciones débiles que confrontan prácticas y usos clientelares o monopólicos; mercados emergentes que responden a dinámicas nacionales, regionales y globales; procesos políticos inestables y volátiles, por mencionar algunas características. Frente a este laberinto, las *Cuatro Teorías de la Prensa* de Siebert y sus colegas sirven como un mapa para identificar las principales divergencias entre los modelos ideales y lo que sucede en la práctica cotidiana. Si bien ninguno de los casos nacionales mencionados (de Europa central, pero también de África, América Latina y el sudeste asiático) cabría exactamente en ninguno de los modelos que escuetamente resume la Tabla 4.2, las categorías originales —ver Tabla 4.1— son un buen inicio para análisis más detallados.

De hecho, gran parte de los estudios sobre los sistemas mediáticos comienza por un breve recuento histórico sobre el auge, las características principales de los medios de comunicación y del sistema político. ¿Qué resta entonces? El conocer bien los alcances y los límites de las teorías normativas permite hacer análisis más precisos. Por un lado, el enfoque normativo permite identificar en primera instancia, ciertas categorías (desarrollo histórico, sistema político, fundamentos ideológicos, regulaciones, financiamiento y funcionamiento de los medios de comunicación) que arrojará una clasificación tentativa. Por ejemplo, si analizáramos de cerca el caso de China (ver, por ejemplo: Meng y Rantanen 2015; Sparks 2010), el enfoque normativo nos permitiría identificar las características principales del sistema mediático chino: medios financiados y controlados por el Partido Comunista chino como herramientas del poder político y de control social. Un sistema que nace y se desarrolla a imagen y semejanza del sistema totalitario propuesto por Siebert y sus colegas.

Por otro lado, sin embargo, hay que reconocer que los modelos normativos (autoritarismo, totalitario, en desarrollo) son construcciones teóricas estáticas que difícilmente corresponden a condiciones y momentos diferentes a los que fueron creados. Esto abre la posibilidad a cuestionar qué tanto difiere la relación medios-política en la China actual del modelo totalitario, especialmente cuando, la categoría "totalitaria" cayó prácticamente en desuso con la caída del bloque socialista. Por ejemplo, las grandes televisoras chinas han sabido adecuar sus modelos de negocio a tal grado que su principal fuente de financiamiento ha dejado de ser el Estado y ahora es la publicidad. Algo similar ocurre en la prensa donde los contenidos políticos partidistas han dado paso a nuevos géneros periodísticos que resultan más atractivos a los lectores. Estos cambios contrastan fuertemente con los cuerpos directivos que en general, siguen siendo las mismas cúpulas partidistas ancladas a lógicas clientelares y redes tradicionales de poder (Sparks 2010).

Conclusión

Las cuatro teorías de la prensa propuestas por Siebert y sus colegas (autoritaria, libertaria, responsabilidad social y comunismo soviético) corresponden a etapas históricas en el desarrollo de los medios masivos de comunicación. Este proceso, sin embargo, no es del todo evolutivo. El autoritarismo que imperó durante los primeros siglos de la prensa (siglos XVI y XVII) sentó las bases para los regímenes autoritarios del siglo XX. El liberalismo de finales del siglo XVII sin duda imprimió ciertos valores y principios que perduran en las democracias consolidadas de hoy día (primeras décadas del siglo XXI).

Así, los dos procesos (autoritarismo y liberalismo) históricos que Siebert y sus colegas identifican al revisar cuatro siglos en la historia de los medios están presentes y, por ende, condicionan la forma y la actuación de los medios masivos de comunicación al arrancar el siglo XX.

Por otra parte, el desarrollo tecnológico de los medios, así como la evolución política y social de las sociedades modernas demandó reconocer cómo el quehacer cotidiano de los medios también está ligado a intereses económicos y políticos específicos. El desarrollo de la teoría de la responsabilidad social y el auge del comunismo soviético sirven a Siebert y sus colegas para describir el complejo escenario en el que estaban inmersos los medios de comunicación a mediados del siglo XX. Los rápidos cambios políticos, económicos y tecnológicos de las últimas décadas de ese siglo, obligaron a los estudiosos de la comunicación y de los medios a replantear los modelos (teorías) propuestos por Siebert y sus colegas. En respuesta, nuevos modelos emergen, otros cambian de nombre y algunos —como el modelo soviético— simplemente desaparecen. Sin embargo, la hipótesis propuesta por Siebert y sus colegas hace más de 60 años persiste: diferentes regímenes políticos producen distintos sistemas de medios; mientras las democracias procuran la libertad de expresión y el libre funcionamiento de los medios, los regímenes autoritarios y los totalitarios los someten a controles rigurosos y estrictos. Frente a este enfoque normativo, la labor de las comunicólogas y los comunicólogos no es simplemente encasillar a distintos países o sistemas de medios en categorías estáticas. El análisis sobre la función y el quehacer cotidiano de los medios de comunicación requiere una cuidadosa evaluación de: (1) el contexto histórico en el que surgen y se desarrollan; (2) los objetivos para los que han sido creados; y (3) las inevitables disparidades que existen entre el "deber ser" (los supuestos normativos) que rige(n) el comportamiento de los medios de comunicación masiva y la práctica cotidiana.

Referencias y lecturas adicionales

Allsop, J. 2019. "Venezuela's war on the press", *The Media Today: Columbia Journalism Review*. https://www.cjr.org/the_media_today/venezuela_crisis_maduro_trump.php [última consulta: 24 junio 2020].

Benson, Rodney. 2008."Journalism, Normative Theories" en Wolfgang, D. *International Encyclopedia of Communication*, Oxford, RU: Blackwell Publishers.

Christians, C., Glasser, T., McQuail, D., Nordenstreng, K. y White.R., 2009. *Normative theories of the media: journalism in democratic societies*. Urbana. ILL: University of Illinois Press.

de Smaele, H. 1999. "The applicability of Western media models on the Russian media system". *European Journal of Communication*, 14(2): 173–189.

Duffy, R. y Everton R. 2008. "Media, democracy and the State in Venezuela's 'Bolivarian Revolution'" en Chakravartty, P. y Zhao Yuezhi (eds.), *Global Communications. Toward a Transcultural Political Economy*. Lanham, ML: Rowman & Littlefield Publishing, 113–42.

Guerrero, Manuel A. 2017. "Por qué definir como "liberal capturado" el modelo de sistemas mediáticos en América Latina", *Infoamérica*, 11: 97–128.

———. 2010. "Los medios de comunicación y el régimen político" en Ordorica, M. y François Prud'homme, J.F. (eds). *Los grandes problemas de México*, México: El Colegio de México, 232–300.

Gunaratne, Shelton A. 2010. "De-Westernizing communication". *Media, Culture and Society* 32(3): 473–500.

Gunther, R., Hans-Jürgen, P., y Diamandouros, N. (eds.). 1995. *The politics of democratic consolidation: southern Europe in comparative perspective*. Baltimore, ML: The Johns Hopkins University Press.

Hallin, D. y Mancini, P. (eds). 2012. *Comparing media systems beyond the Western world*. Cambridge: Cambridge University Press.

———. 2004. *Comparing media systems: three models of media and politics*. Cambridge: Cambridge University Press.

Hanitzsch, T. 2007. "Deconstructing journalism culture: toward a universal theory". *Communication Theory*, 17(4): 367–385.

Lazarsfeld, P. y Merton, R. 1948/1986. "Comunicación de masas, gustos populares y acción social organizada" en de Moragas, M. *Sociología de la comunicación de masas, Vol. II. Estructura, función y efectos*. Barcelona: Gustavo Gili, 22–49.

Lawson, C. y Hughes. S, 2005. "The barriers to media openning in Latin America". *Political Communication*, 22(1): 9–25.

Lippmann, W. 1922. *Public Opinion*. New York: Harcourt, Brace.

Mancini, P. "The News media between volatility and hybridization". en Zielonka, J. (ed.), *Media and politics in new democracies. Europe in a comparative perspective*. Oxford: Oxford University Press, 25–37.

———. 2008. "Comparing Media Systems". Palabras en el marco del coloquio *Normative Theories of the Media*, Tampere, Finlandia, julio 26.

Matos, C. 2012. *Media politics in Latin America: globalization, democracy and identity*. London: Bloomsbury.

McKenzie, R. 2005, *Comparing media from around the world*. Londres: Pearson.

McQuail, D. 1994. *Introducción a la teoría de la comunicación de masas*. 3ra ed. Barcelona: Paidós.

———. 1983. *Mass communication theory: an introduction*. Londres: Sage.

Meng, B. y Rantanen, T. 2015. "A change of lens a call to compare media in China and Russia". *Critical Studies in Media Communication*, 32(1): 1–15.

Nerone, J. 2012. "The historical roots of the normative model of journalism". *Journalism*, 14(4): 446–458.

———. (ed). 1995. *Last rights. Revisiting Four theories of the press*. Urbana: University of Illinois Press.

Nordenstreng, K. 1999. "Beyond the Four theories of the press" en Servaes, J. y Lie, R. (eds.). *Media and politics in transition. Cultural identity in the age of globalization*. Leuven: Acco, 97–109.

Ostini, J. y Fung, A. 2002. "Beyond the Four theories of the press: a new model of national media systems". *Mass Communication and Society*, 5(1): 41–56.

Schramm, W. 1966. "Two concepts of mass communication" en Berelson B. y Morris J. (eds.), *Reader in Public Opinion and Communication*, NYC, NY: The Free Press.

Servaes, J. y Lie, R. (eds.). 1999. *Media and politics in transition. Cultural identity in the age of globalization*. Leuven: Acco.

Siebert, F. 1952. *Freedom of the Press in England: The Rise and Decline of Government Controls*. Urbana: University of Illinois Press.

Siebert, F., Peterson, T. y Schramm, W. 1956. *Four Theories of the Press*. Urbana, IL: University of Illinois Press.

Sparks, C. 2010. "China's media in comparative perspective", *International Journal of Communication*, 4(1): 552–66.

———. 2008. "Media systems in transition: Poland, Russia, China". *Chinese Journal of Communication*, 1(1): 7–24.

Vaca, M. 2018. *Four Theories of the Press: 60 years and counting*. Routledge: London.

Voltmer, K. 2013. *The media in transitional democracies*. Cambridge, RU: Polity.

———. 2012. "How far can media systems travel? Applying Hallin and Mancini's comparative framework outside the Western World" en Hallin D. y Mancini, P., *Comparing media systems beyond the Western world*, Cambridge, RU: Cambridge University Press: 224–245.

———. 2006. *Mass media and the dynamic of political communication in the process of communication*. Londres: Routledge.

Zielonka, J. (ed). 2015. *Media and politics in new democracies. Europe in a comparative perspective*. Oxford: Oxford University Press.

Enfoque cultural, sentido común y comunicadores: lo casi ordinario, lo interdisciplinario y lo específico

DAVID MORLEY*

Este capítulo revisa las diversas formas en las que los estudios culturales han transformado el estudio de la comunicación en los últimos 30 años. Se centra en la naturaleza interdisciplinaria de los estudios culturales y ofrece una crítica a intentos actuales por reemplazar el tipo de teoría fundamentada (*grounded theory*) que impulsó el Centro de Estudios Culturales Contemporáneos (CCCS) de Birmingham desde una perspectiva sociológica abstracta ante un universo "globalizado" e indiferenciado. Desde esta perspectiva, las siguientes páginas son una crítica a las tendencias hacia el determinismo tecnológico, hacia los estudios centrados en los medios desde una perspectiva europeo-americana, así como a la abrumadora preocupación que tiene el campo de estudio de la comunicación por el hoy y el ahora.

Este capítulo tiene, así, su origen en una ponencia que realicé en el marco de una conferencia sobre la "huella" que los estudios culturales han dejado en el estudio de la comunicación. Pero una parte importante de esa "huella" es invisible ya que apunta más a la transformación de ciertas premisas sobre las que descansa el campo y no tanto al contenido manifiesto, los métodos explícitos y los procedimientos observables de los medios de comunicación. El sentido común cotidiano, aquello que "no hace falta decir" en un contexto

---

* Un sentido agradecimiento al Profesor David Morley quien accedió gustosamente a esta traducción de su artículo: "Cultural Studies, Common Sense and Communications. The infra-ordinary, the interdisciplinary and the particular", *Cultural Studies*, 29(1): 23–31. Copyright 2015. http://dx.doi.org/10.1080/09502386.2014.917230 Reimpreso con el permiso de Routledge, Taylor & Francis Co. Todos los derechos reservados. Traducción: Pamela Azpeitia. Revisión editorial y técnica: Maira Vaca.

cultural dado, es a menudo, el objeto de atención de los estudios culturales, a pesar de lo difícil que esto ya es en sí mismo (*cf.* Perec 1999; Morley 2007 sobre lo "infra-ordinario"). Así, la importancia del enfoque cultural radica en que, aunque el sentido común es invisible cuando los aspectos culturales se dan por sentado, es precisamente este sentido común lo que nos ayuda a definir los límites de un paradigma específico.

Cuando surgieron los estudios culturales, al menos en el Reino Unido, el acuerdo tácito respecto al estudio de los medios y la comunicación era que el objetivo central del análisis debía ser la estructura de poder y de control de los medios de comunicación (para un análisis completo del papel que ha jugado el análisis de las estructuras en el campo de los medios y la comunicación véase el capítulo 2 en este volumen de Rod Benson). Una vez que eso era claro, se podría, entonces, predecir la naturaleza de gran parte de los contenidos mediáticos y al añadir la presunción sobre la ubicuidad de su poder, además de poder predecir los probables efectos de estos contenidos mediáticos en sus audiencias. La influencia del enfoque cultural en el estudio de los medios de comunicación es quizá hoy evidente al tratar de descifrar estos supuestos.

Hoy en día, es evidente que hay muchos más asuntos relacionados con el estudio de los medios que las cuestiones económicas; que los aspectos culturales, representación y de significado son igualmente importantes; que debemos prestar atención no solo a los aspectos de clase sino también a la "raza", género y sexo; que los medios dedicados a la ficción generalmente considerados de menor importancia pueden desempeñar un papel político tan importante como las noticias de alto perfil o los programas de televisión sobre temas de actualidad; que el campo de lo político debe ampliarse para incluir también sus formas "populares" y vernáculas; y que las audiencias evidentemente no son incautos pasivos o zombies. Sin embargo, si todo esto nos parece ahora obvio y parte de un mero sentido común, esto es, como dije antes, porque a lo largo de las últimas décadas los estudios culturales han hecho posible que así sea (*cf.* Morley 1998). En el Reino Unido, por ejemplo, una agenda de investigación que tomara en cuenta estos aspectos tuvo que imponerse aún en contra de las críticas y una férrea reticencia de aquellos académicos afines a campos de estudio más convencionales.

Así, el enfoque cultural no solo cambió la percepción del sentido común al pensar en los medios, sino que también fue útil para reescribir algunos de los supuestos en otras disciplinas, entre ellas la sociología. Stuart Hall solía decir que uno de los aportes de los estudios culturales fue hacer a la sociología aún mejor de lo que los sociólogos positivistas lo habían hecho. De hecho, cuando Lévi-Strauss dio su conferencia inaugural en el Colegio de Francia, argumentó que el análisis social debería enfocarse al "estudio de los signos vitales de la vida social" y defendió arduamente esta labor como parte del esfuerzo por reanudar el programa Durkheim–Mauss (Hall 1977). Y es precisamente esta la tradición que el enfoque cultural han buscado revivir —especialmente al redefinir los mundos cotidianos y banales de las culturas mediadas a través de un lenguaje de análisis sistemático que permite comprender mejor cómo los medios construyen, vigilan y reconstruyen los límites de nuestro "entendimiento de lo público".

Así, el reformular las principales preguntas que guiaban el estudio de la comunicación implicó poner, desde las humanidades, énfasis en el estudio detallado de la producción de significados. De hecho, en el Reino Unido de los 1970, el estudio de la comunicación estaba anclado al modelo de transmisión, el cual, tal como en una maquinaria, implica la transmisión mecánica de contenidos mediáticos, prestando poca atención a las preguntas planteadas por la semiología sobre el poder y su influencia en el complejo proceso de construcción de significados. Fue el compromiso del enfoque cultural con el estudio de la producción literaria, de la semiología y de la antropología cultural, lo que condujo a cuidados análisis de textos, así como a una ruptura definitiva con ese modelo de comunicación mecánica y vacía de significados.

En el ámbito académico, los estudios culturales han, evidentemente, tenido un gran impacto: como resultado de su desarrollo, en los últimos años la mayoría de las disciplinas afines en el Reino Unido han pasado por un pronunciado "giro cultural" —de ahí el auge de estudios en historia cultural, geografía cultural, sociología cultural, etc.— lo cual pareciera indicar que, en este punto, la emulación es la forma más sincera de reconocimiento. Sin embargo, en el ámbito institucional, los estudios culturales, por lo menos en el Reino Unido, han afrontado grandes retos, en parte dadas las restricciones presupuestales (impuestas en gran medida, a través del marco evaluador de la "Investigación de Excelencia") que progresivamente apuntan hacia disciplinas convencionales más respetadas y a las revistas de más tradición donde los académicos del campo se sienten obligados a publicar. Así, la presión ha sido también a trabajar en áreas de los medios reconocidas convencionalmente, que se ajustan más fácilmente a una definición tradicional de lo político e "importante". Como resultado de estas presiones, recientemente, el campo ha retomado su énfasis más tradicional en temas políticos convencionales, así como en géneros "serios" de la televisión como las noticias y los temas de actualidad, dentro de un marco establecido por una definición de la esfera pública cargada de estereotipos (exclusiva del género masculino, por ejemplo) —incluso hoy día cuando el énfasis sobre el supuesto papel democratizador de las nuevas plataformas y los medios digitales le da un giro de "modernidad" para, de alguna manera, hacernos ver más democráticos.

Los estudios culturales como interdisciplinariedad

Pasemos ahora a lo que considero que es otra de las características fundamentales y definitorias de los estudios culturales: su compromiso con la interdisciplinariedad.

Algunas veces he escuchado a los antropólogos decir que "la antropología es etnografía o no es nada". Aunque guardo un profundo respeto por los modos etnográficos de estudio, no creo que ellos o ninguna otra disciplina o técnica metodológica tenga el monopolio sobre la verdad. De hecho, si transpongo los términos de ese *cri de coeur* antropológico, diría que "los estudios culturales son interdisciplinariedad, o no son nada". Al respecto, hace mucho tiempo Graham Murdock afirmó que el proyecto original de los estudios culturales era precisamente ignorar las divisiones formales entre disciplinas en "una celebración a la invasión y otras violaciones, en aras de construir un análisis más completo de la cultura" (Murdock 1995: 91).

Hoy, sin embargo, gran parte del trabajo que se describe a sí mismo como estudios culturales no tiene ese tinte interdisciplinario y más bien, es una versión renovada de los primeros acercamientos de la sociología convencional a la cultura. De hecho, de cuando en cuando, parece que vemos la misma intervención intelectual, donde un grupo de sociólogos tiene la idea de que ya es hora de abandonar todas las formas "anticuadas", libertarias, desordenadas e interdisciplinarias de los estudios culturales y reorganizar las cosas en torno a una sociología de la cultura debidamente codificada y sistemáticamente teorizada (*cf.* Frith 1991; Alexander y Smith 1993, Smith 2011).

Para mí, ese enfoque representaría la muerte —y no ningún tipo de "renovación"— de lo que creo deberían ser los estudios culturales. En el mejor de los casos, esta perspectiva sirve para alcanzar una especie especulación teórica-filosófica abstracta y descontextualizada de la cultura (sobre temas importantes como la globalización, las sociedades en riesgo, los nuevos medios, etc.). En el peor de los casos, da como resultado una especie de sociología abstracta de lo posmoderno, en la cual hay un "nosotros" que no se cuestiona y que vive en un mundo global no diferenciado. Además, a menudo, el supuesto dicta que los efectos de los "nuevos medios" —que, a su vez, se considera, ameritan un análisis mediante una especie de McLuhanismo reconfigurado— determinan cada vez más este "nosotros". Desde esta perspectiva, la principal preocupación es identificar la "esencia" de cualquier medio y a partir de ello, establecer mediante un proceso de deducción filosófica sus "efectos" culturales.

La teoría fundamentada y los (ab)usos de la abstracción

Sin duda, en muchos contextos y por largo tiempo la teoría ha funcionado como una especie "As bajo la manga", en el sentido de que se considera una posición muy por encima de cualquier otra basada meramente en la observación empírica. De hecho, desde ese punto de vista, los estudios culturales de Birmingham solo podrían haber aspirado a ser considerados, en el mejor de los casos, como un "arte de fácil acceso". Sin embargo, para mí, las formas de teoría superior que actualmente dominan algunas partes del campo de los estudios culturales tienen poco que ver en sí con el tipo de trabajo que me interesa. Mi tipo de estudios culturales está anclado a la propuesta de que, si bien la teoría y la abstracción son herramientas analíticas muy poderosas sin las cuales no podríamos organizar en patrones significativos la vasta cantidad de hechos que ocurren en el mundo, no son solo útiles —como una "sierra eléctrica"—, sino también potencialmente peligrosas, ya que si no se manejan con cuidado pueden fácilmente causar más mal que bien.

Para Stuart Hall, esta posición se deriva de su lectura a la introducción de los manuscritos *Grundrisse* de 1857, donde Marx explica cómo para producir conceptos que nos permitan analizar mejor lo que realmente está sucediendo en el mundo debemos comenzar por lo concreto y hacer abstracciones analíticas y teóricas detalladas (Hall 1973). Sin embargo, Stuart Hall insiste en que, después de haberlo hecho, en lugar de permanecer en el ámbito de la teoría, debemos volver a lo concreto, para ver cuán útiles son estas abstracciones teóricas al permitirnos comprender cualquier coyuntura en particular. Este compromiso con la utilidad de la teoría (más que con su valor *per se*) es, en mi opinión, una de los puntos clave que distingue a los estudios culturales de cualquier otro enfoque. También se podría argumentar que otro elemento clave de los estudios culturales de Birmingham fue un compromiso con una tradición intelectual específicamente británica. De hecho, hace años, Dick Hebdige escribió en el prefacio de su libro *Escondiéndose en la luz* una cita de William Blake que dicta: "particularizar es la única distinción digna de mérito", mientras que los "conocimientos generales" son, como irrespetuosamente Blake los llama, simplemente "conocimientos de idiotas" (Hebdige 1986).

Sin embargo, no hay nada específicamente "británico" en esto: la posición de Hall encuentra un eco muy fuerte en el trabajo de Michel Serres (Serres y Latour 1995). Como Hall, Serres es muy crítico ante modos de análisis que intentan usar una sola "llave de acceso" para abrir todas las puertas (ya sea psicoanalítica, marxista, semiótica o deconstruccionista). Serres se opone ferozmente al reduccionismo de este tipo de metalenguaje universal que, afirma el autor, es demasiado "cómodo y apático". Para él, el método analítico no consiste en "reunir soluciones prefabricadas por un método en particular". Dada la importancia que le atribuye a las singularidades y a los detalles particulares, Serres argumenta que siempre necesitamos un método "personalizado", adaptado al problema en cuestión —de modo que "cada vez que se intente abrir una cerradura diferente, se tenga que forjar una llave específica y adaptada para ese fin". Tampoco se trata de algún tipo de posición "anti-teórica" —de hecho, la ambición de Serres es lograr la "elegancia teórica"—, que define como "hacer el máximo de deducciones viables con el mínimo de supuestos" (Serres y Latour 1995: 91-2, 96).

Evidentemente, la misma reserva debe también aplicarse al caso de los estudios culturales: no deben tratarse como otra "llave de acceso" universal. Así, ni los estudios culturales en sí mismos, ni el proceso contemporáneo de globalización que es en gran medida el objeto de estudio en los esfuerzos teóricos actuales, pueden entenderse de manera útil abstractamente. Tenemos que admitir que los estudios culturales británicos son un aparato conceptual muy específico cuyo objetivo particular es comprender la dinámica de la cultura británica en los años 1960 y 1970. Aquí, evidentemente, debemos considerar las formas en que esa versión de los estudios culturales necesita adecuaciones y "traducciones". En pocas palabras, la pregunta aquí es ¿cuánto (o qué tan poco) de lo que Richard Hoggart y Raymond Williams escriben sobre la vida cotidiana de los hombres adultos blancos de clase trabajadora en Inglaterra, en el período de posguerra, puede aplicarse a otras personas en otras partes del mundo contemporáneo? Aunque en con el tiempo, la tradición de los estudios culturales británicos ha llegado a otras partes del mundo, sus mejores exponentes siempre han reconocido que debe tratarse como un conjunto particular de proposiciones teóricas que, dados sus orígenes y preocupaciones locales muy concretas, en el caso de utilizarse para analizar otras culturas en otros lugares necesitan traducción y adaptación radicales.

Del mismo modo, el objeto teórico de la globalización en sí mismo rara vez se beneficia de consideraciones en abstracto y se aborda mucho mejor como un conjunto complejo de procesos situados, inmersos en dinámicas contradictorias que se desarrollan de manera muy diferente en entornos culturales específicos —de ahí el argumento a continuación a favor de reconfigurar la ya anticuada perspectiva de los "estudios de área".

Preguntas, problemas y futuros

De manera muy breve identificaría tres problemas clave que enfrenta hoy día el estudio de la comunicación: primero, una tendencia hacia el enfoque centrado en los medios (*media centrism*) —sustrayendo a los medios de los contextos culturales en los que operan—; segundo, una continua tendencia a universalizar un modelo de modernidad centrado en Europa y Estados Unidos (*EurAmcentric*); y finalmente el problema del "presentismo cultural" (*cultural presentism*) —en contraposición a la necesidad de contar con perspectiva histórica más sólida sobre nuestras preocupaciones actuales.

El enfoque centrado en los medios, tecno-determinismo y contexto cultural

En el campo de la comunicación hay un peligro particular al restringir el estudio de la nueva tecnología como la causa principal de la transformación irreversible e irresistible en nuestras vidas. En este punto, es curioso evaluar con qué frecuencia las perspectivas teóricas sofisticadas sobre la nueva tecnología retoman el ampliamente desacreditado modelo de efectos hipodérmicos, en el que se presume que estas tecnologías tienen efectos bastante simples y directos y, por lo tanto, producen preguntas que son banales y que no tienen respuesta, como "¿Es Facebook el causante de los acontecimientos de la Primavera Árabe"?

Un problema adicional con ese tipo de enfoque, desde mi punto de vista, no es simplemente su determinismo tecnológico, sino también su lamentable enfoque centrado en los medios (*media-centrism*): la tendencia a asumir que los medios pueden entenderse independientemente de los contextos culturales en los que operan (Morley 2009, 2012). El estar en contra de este tipo de enfoque centrado en los medios no implica negar la importancia de los procesos de la comunicación y los medios sino, más bien, es insistir en que solo podemos lograr un entendimiento más completo sobre sus implicaciones cuando consideramos su contexto más amplio.

El enfoque centrado en Europa y Estados Unidos (EurAmcentrism): estudios de área y teoría global

Al evitar un enfoque meramente centrado en Europa y Estados Unidos (*EurAmcentrism*), la disciplina de la antropología, que en los últimos años se ha volcado al estudio de los medios de comunicación, tiene mucho que ofrecer (Askew y Wilk 2002; Ginsburg *et al.* 2002; Coman y Rothenbuhler 2005). La antropología de los medios nos ha demostrado la gran cantidad de los estudios en comunicación que aún funcionan con modelos basados en experiencias específicas de un pequeño número de países que no son representativos a nivel global —lo que Jared Diamond (2012) ha llamado las sociedades "raras", por sus siglas en inglés: *WIERD societies*; es decir, *Western* —sociedades occidentales—, *Educated* — educadas—, *Industrialized* —industrializadas—,

Rich —ricas— y *Democratic* —democráticas—: WIERD (véase también: Downing 1996, Curran y Park 2002).

Volviendo a lo que dije antes sobre el sentido común y los límites del pensamiento, el objetivo no es simplemente agregar un conjunto de ejemplos exóticos del sur global (*Global South*) al convencional recuento basado en el estudio de occidente. Por el contrario, como plantea Brian Larkin (2008), la pregunta es cómo explorar las formas de lo que para muchos de nosotros podría ser el sentido "poco común" *(un-common sense)* que opera en contextos no occidentales para descentralizar y desconocer los supuestos del "mundo raro" —*WIERD world*.

En este punto, permítanme volver ahora a mis comentarios anteriores sobre las deficiencias de la "Gran Teoría Global": sobre este punto un enfoque alternativo sería una versión antropológicamente informada y adecuadamente renovada de los estudios de área o estudios focalizados. Evidentemente, al tomar una perspectiva "regional", uno debe tener cuidado de no enfrascarse en lo que Rey Chow (2002) llama "*a simpleminded antitheoreticism*": un enfoque limitado que rechaza la teoría y que aboga por formas retrógradas de empirismo local. Podríamos, con justa razón, querer evitar modelos que conllevan a la abstracción global, pero entonces, la pregunta clave es ¿en qué formas nuestra "unidad de análisis" ("área geográfica", por ejemplo) persiste en nuestro mundo supuestamente "post-geográfico"? Evidentemente, hay serios problemas teóricos al poner en práctica esa perspectiva sin volver a caer en el esencialismo geográfico. Como resultado de patrones de migración y de flujos mediáticos, las culturas ciertamente no están ancladas a lugares geográficos específicos como solían estarlo. Como Arjun Appadurai (2000) propone, no debemos confundir las áreas con hechos geográficos permanentes, basados en cualquier fundamento de coherencia natural o relacionada con la "civilización". Sin embargo, a pesar de estos peligros, este tipo de enfoque insiste en la especificidad de la experiencia en coyunturas particulares, así como en los límites de aplicar marcos teóricos abstractos a casos particulares.

Presentismo cultural: el presente como fenómeno histórico

En relación con los peligros de estar enfocados solo en el presente: "presentismo", Lynn Spigel (2004) argumenta que cuanto más nos ocupamos del futurismo, más necesitamos una perspectiva histórica, ya que la "novedad" es, sobre todo, una constante histórica (Marvin 1988; Murdock y Pickering 2008). Al contrastar el mundo de los viejos medios con las nuevas tecnologías es fácil exagerar (y particularmente, entre las audiencias supuestamente zombificadas en un sillón ante el televisior (*slouchback media*) y los "prosumidores" hiperactivos de hoy día). De hecho, a nuestro alrededor vemos muchas formas de simbiosis y remediación que surgen entre las tecnologías en sus orígenes y en sus diferentes épocas.

A menudo asumimos que el nuestro es un mundo virtual, en el que la geografía material es irrelevante o incluso, está muerta. Más bien, sugeriría que la pregunta es precisamente cómo las geografías virtuales y materiales ahora están entrelazadas de diferentes maneras, en una variedad de entornos culturales. El ciberespacio en sí tiene una geografía perfectamente identificable, al igual que la industria del internet y muchas de sus redes aún dependen de infraestructuras materiales construidas hace mucho tiempo. Además, el lugar donde estamos (en el espacio material y social) tiene un efecto determinante en nuestro acceso al mundo virtual, de la misma manera que nuestra "conexión" virtual tiene profundas consecuencias sociales y materiales. El nuestro puede ser un mundo cada vez más móvil, pero, como Peter Adey (2006) ha señalado "si la movilidad lo es todo, entonces no es nada", y debemos prestar atención a lo que Doreen Massey (1994) llama la geometría de potencia de estas conexiones —y desconexiones— tanto en el ámbito virtual como en el material.

También existen problemas con respecto al sentido de "direccionalidad" que a menudo se incorpora a nuestras suposiciones sobre la velocidad del cambio tecnológico contemporáneo: en términos comparativos, se puede argumentar que el aumento de las tasas de movilidad y el cambio tecnológico, a fines del siglo XIX, fue mucho mayor al de nuestra propia era (Kern 1983; Edgerton 2006). El camino a seguir no es sencillo ni unidireccional: las viejas tecnologías reaparecen continuamente con nuevas formas (por ejemplo, la radio por internet atrae a un gran número de jóvenes a un medio supuestamente "desactualizado" o la bicicleta plegable como la respuesta a los problemas de tráfico de las ciudades ricas contemporáneas) y en nuestra "era de la velocidad", los portacontenedores en el corazón del comercio mundial ahora se están construyendo para ir cada vez más despacio, con el fin de ahorrar en costos de combustible (y los astilleros de más alta tecnología, ahora diseñados en un modo híbrido, para operar parcialmente con energía eólica).

Además, si bien las tecnologías que son hoy nuevas, por definición, serán mañana "obvias", y quizás sea cuando estén completamente "naturalizadas" y por lo tanto sean invisibles, cuando lleguen a ser más poderosas. En el mundo occidental acaudalado, damos por sentado un suministro de electricidad constante y confiable, tal como la premisa invisible sobre las tecnologías de comunicación que utilizamos: una premisa de la que simplemente no se puede partir en ningún otro lado del mundo. En cualquier caso, la historia tecnológica no es una vía de un solo sentido: la llegada de la luz eléctrica a las ciudades occidentales en el siglo XIX fue, como lo demostró Schivelbusch (1995), un evento histórico, pero en muchas ciudades del Reino Unido la crisis financiera mundial está obligando a las autoridades locales a apagar las luminarias en la noche para ahorrar dinero.

En conclusión, si estamos buscando un modelo para estudiar el desarrollo de los medios y las comunicaciones en el futuro, quizá deberíamos concentrarnos más en las condiciones de las megaciudades del mañana —en lugares como Lagos o Mumbai (Koolhaas *et al.* 2005; Davis 2006), en lugar de Londres, Nueva York o Tokio. Entonces quizá podamos inclinarnos a reconfigurar nuestro "sentido común" sobre las precondiciones tecnológicas de las comunicaciones para que correspondan mejor a condiciones que no aplican más allá de las grandes ciudades del mundo occidental, si lo que deseamos es hacer aportaciones relevantes más allá de los privilegios que todavía aplican únicamente para (al menos partes de) esas áreas socio-geográficas específicas.

Referencias y lecturas adicionales

Adey, P. 2006. "If mobility is everything then it is nothing: towards a relational politics of (im) mobilities". *Mobilities,* 1(1): 75–94.

Alexander, J. y Smith, P. 1993. "The discourse of American civil society: a new proposal for cultural studies", *Theory and Society,* 22 (2): 151–207.

Appadurai, A. 2000. "Grassroots globalisation and the research imagination", *Public Culture,* 12(1): 1–19.

Askew, K. y Wilk, R. (eds.). 2002. *The Anthropology of Media,* Oxford: Blackwell.

Chow, R. 2002. "Theory area studies, cultural studies", en Miyoshi, M. y Harrootunian, H. D. (eds.). *Learning Places,* Durham, NC: Duke University Press, pp. 103–18.

Coman, M. y Rothenbuhler, E. (eds.). 2005. *Media Anthropology,* Londres: Sage.

Curran, J. y Park, M. J. 2002. *De-westernising Media Studies,* Londres: Routledge.

Davis, M. 2006. *Planet of Slums,* Londres, Verso.

Diamond, J. 2012. *The World until Yesterday,* NYC, NY: Penguin Books.

Downing, J. 1996. *Internationalising Media Theory,* Londres: Sage.

Edgerton, D. 2006. *The Shock of the Old,* Londres: Profile Books.

Frith, S. 1991. "The good, the bad, and the indifferent", *Diacritics,* 21(4): 101–115.

Ginsburg, F., Abu-Lughod, J. y Larkin, B. (eds.). 2002. *Media Worlds: Anthropology on New Terrain.* Berkeley, CA: University of California Press.

Hall, S. 1973. "A Reading of Marx's 1857 Notes to the Grundrisse", Ensayos, Birmingham, Centre for Contemporary Cultural Studies, Universidad de Birmingham.

Hall, S. 1977. "The Hinterland of Science", *Working Papers in Cultural Studies* No. 10, Birmingham: Universidad de Birmingham.

Hebdige, D. 1986. *Hiding in the Light,* Londres: Comedia/Routledge.

Kern, S. 1983. *The Culture of Time and Space.* Cambridge, MA: Harvard University Press.

Koolhaas, R., Boeri, S. y Kwinter, S. 2005. *Mutations*, Bordeaux: Actar Press.
Larkin, B..2008. *Signal and Noise: Media, Infrastructure, and Urban Culture in Nigeria*, Durham, NC: Duke University Press.
Marvin, C. 1988. *When Old Technologies Were New*, Oxford: Oxford University Press.
Massey, D. 1994. *Space, Place and Gender*, Cambridge: Polity Press.
Morley, D. 1998. "So-called cultural studies: dead ends and reinvented wheels", *Cultural Studies*, 12(4): 476–97.
---------. 2007. *Media, Modernity and Technology: The Geography of the New*, Londres: Routledge.
---------. 2009. "For a materialist, non-media-centric media studies", *Television and New Media*, 10(1): 114–116.
---------. 2012. "Television, technology and culture: a contextualist approach", *The Communications Review*, 15(2): 79–106.
Murdock, G. 1995. "Across the great divide: Cultural analysis and the condition of democracy" *Critical Studies in Mass Communications*, 12(1): 89–95.
Murdock, G. y Pickering, M. 2008, "The birth of distance: communication and changing conceptions of elsewhere", Bailey, M. (ed.) en *Narrating Media Histories*, Londres: Routledge, 171–78.
Perec, G. 1999. *Approaches to what? In his Species of Spaces*, Harmondsworth: Penguin.
Schivelbusch, W. 1995. *Dis-enchanted Night: The Industrialisation of Light in the 19th Century*. Berkeley, CA: University of California Press.
Serres, M. y Latour, B. 1995. *Conversations on Science and Culture and Time*. Ann Arbor: University of Michigan Press.
Smith, P. (ed.) 2011. *The Renewal of Cultural Studies*, Philadelphia, PA: Temple University Press.
Spigel, L. 2004. "Introduction" en Spigel L.y Olsson Raleigh J. (eds.) *Television after TV*, Durham, NC: Duke University Press.

Comunicación y desarrollo: contribución y relectura de los aportes de Wilbur Schramm

Eduardo Portas Ruiz

Para el estadounidense Wilbur Lang Schramm (1908–1987), los medios cumplen una función social y son fundamentales para entender el desarrollo y para hacer avanzar a las sociedades. Desde esta perspectiva, fue un decidido impulsor de la comunicación como herramienta para el desarrollo. Su propuesta es que la comunicación es un complejo proceso social de efectos centrales en las personas a través de la información enviada, consumida y procesada por los medios masivos. Hoy día, en el arranque de la segunda década del siglo XXI, las aportaciones de Schramm son cruciales para analizar la importancia que las nuevas ramas de la comunicación dan a los segmentos específicos (*targets*). En efecto, desde 1954, Schramm ya hablaba de este concepto para lograr un proceso efectivo de comunicación cuando se quieren lograr avances macrosociales. En su opinión, los "campos de experiencia" son obligatorios para desarrollar "factores de atracción" entre el medio y la persona que recibe cierta información del emisor, la cual tendrá mucho mayor posibilidad de ser aprovechada por el receptor si los encuentra socialmente relevantes: documentos que enfatizan la importancia de la televisión en las sociedades en vías de industrialización.

En este capítulo reviso las principales aportaciones de Schramm a la ciencia de la comunicación, basándome en los principales escritos del autor: el ensayo "The Nature of Communication Between Humans" (1954); el libro *Mass Media and National Development. The Role of Information in the Developing World* (1964), entre otros documentos. Finalmente, elaborando en el capítulo 4 de Maira Vaca en este volumen, en la última parte del texto resumo las *Cuatro Teorías de la Prensa*, según Schramm y presento algunas de las principales críticas a la obra del autor.

Wilbur Lang Schramm: hoy y ayer

Hacia finales del 2017, el diario *The New York Times* publicó un largo reportaje firmado por Azam Ahmed, su corresponsal en México, donde se estimó en unos 2 mil millones de dólares el gasto del gobierno federal en propaganda oficial para un periodo de cinco años que prácticamente cubría todo el sexenio del presidente mexicano, Enrique Peña Nieto (2012-2020) (Ahmed 2017). El texto causó alboroto en los medios mexicanos, pues según uno de los diarios más prestigiados del mundo (*The New York Times*), serían precisamente ellos quienes fuesen los principales beneficiarios del dispendio gubernamental, convirtiéndoles así, en mansos repetidores de información oficial. Lo que el reportaje omitió escribir, sin embargo, es que buena parte de los medios mexicanos —en especial los electrónicos, mucho menos los escritos y los puramente digitales— han trabajado de la mano del Estado durante décadas, asumiéndose uno como indispensable para el otro, en una particular simbiosis difícil de entender para cualquiera que la analiza desde fuera. Tampoco se dijo que el Estado mexicano está obligado constitucionalmente a difundir la cultura y promover sus acciones a todos los habitantes de este país mediante los principios de máxima publicidad en los medios electrónicos, radiales y televisivos (Artículos 2°, 4°, 6°); un principio que la Carta Magna también otorga a los partidos políticos y a los candidatos independientes (Artículo 116).

De hecho, en México, el Estado tiene la obligación de garantizar a las y los ciudadanos el derecho de acceso a la información y a la comunicación, así como a los servicios de radiodifusión, telecomunicaciones, e internet, según diversos artículos transitorios de nuestra constitución. Queda claro entonces, que la particular naturaleza de los medios mexicanos se encuentra atada a la promoción legal que el Estado hace de sus propias acciones. Más recientemente, ya en el gobierno de Andrés Manuel López Obrador (2018–2024), el Estado devolvió miles de minutos de tiempos oficiales a las estaciones de radio y televisoras, lo que fue interpretado como un "regalazo" para que los medios electrónicos pudieran comercializar nuevamente estos espacios a su placer, lo cual habían dejado de hacer por decreto en el sexenio Vicente Fox (2000-2006) (Fierro 2020). El objetivo original de Fox había sido el de delimitar los tiempos oficiales del Estado en los medios electrónicos mexicanos para aumentar la exposición de sus acciones gubernamentales. Pero eso cambió con la llegada del gobierno de la "Cuarta Transformación", en donde el presidente López Obrador todos los días desde muy temprano tiene presencia en los medios electrónicos gracias a sus conferencias en Palacio Nacional transmitidas por diversos canales y radiodifusoras con alcance nacional, además de los canales oficiales de internet de la Presidencia. Aún así, la dependencia de los medios mexicanos con el gobierno en turno es obvia. "La industria de la radio y la TV está pasando por un mal momento porque han bajado sus ingresos en general", recogió un portal de noticias cuando el presidente anunció el cambio en los tiempos oficiales (Animal Político 2020).

Ese entramado legal se encuentra en la Constitución Mexicana, como se dijo arriba, pero también en diversas leyes federales vigentes, incluyendo la Ley Federal de Telecomunicaciones y Radiodifusión (2014), derivada de la primera Ley Federal de Telecomunicaciones (1995). Anteriormente, era la Ley Federal de Radio y Televisión (1960), la que delineaba los derechos del Estado sobre el espectro radioeléctrico. El texto fue abrogado apenas en el 2014. Es innegable que el desarrollo posrevolucionario de la primera mitad del siglo XX estableció las bases del poderío del Estado sobre los medios electrónicos mexicanos, y, en menor medida, de los impresos.

Wilbur Schramm (1907–1987) analizó estas prácticas e ideas centralizantes. El autor, como se puede ver más detalladamente en el capítulo 4 de este volúmen, es uno de los padres estadounidenses de la ciencia de la comunicación y el principal impulsor de los medios como herramientas para el desarrollo durante la posguerra y las décadas inmediatas posteriores a la segunda mitad del siglo XX. La legislación y gran parte de la práctica en la de los medios masivos de comunicación en México aún guarda una enorme influencia de los principales postulados de este autor, pues ha tomado a corazón su principal fundamento ideológico e intelectual: comunicación y desarrollo son indivisibles. Es decir, para que una sociedad manifieste desarrollo, debe desarrollar sus medios y sus vías de comunicación.

Así, para Schramm —quien trabajó como académico en las universidades de Iowa, Illinois en Urbana-Champaign, Stanford y en el *East-West Center's Communication Institute* de Honolulu— la comunicación es un proceso que se basa en relaciones. Es decir, para que los medios puedan sobrevivir deben "entrar en sintonía" con las audiencias distantes físicamente. Desde esta perspectiva, afirma este sociopsicólogo, los medios logran entablar relaciones con sus audiencias a través de mensajes que provienen de ideas. Es decir, el reto último de los medios se plantea en el cómo convencer a la gente para que haga el cambio y acepte la innovación, puesto que esta es inevitable. El problema, según Schramm, es que todo cambio produce tensión, la cual solo se resuelve cuando se alcanza el cambio en su última instancia. Estos postulados "desarrollistas", no sin efectos secundarios, pretenden encaminar al "tercer mundo" hacia la modernización. Para lograr dicho objetivo, mantiene Schramm, es indispensable una prensa libre que promueva ideas de vanguardia, pero al mismo tiempo —y tal vez paradójicamente para el caso mexicano— un Estado fuerte.

La naturaleza de la comunicación humana

En sus planteamientos fundamentales, Wilbur Schramm retoma el esquema tradicional de la comunicación como un proceso de transmisión impulsado por la escuela norteamericana: emisor-mensaje-receptor. Sin embargo, en este proceso, el autor centra la atención en uno de los objetivos centrales de la comunicación: la búsqueda de la mayor eficiencia posible para que ciertas audiencias específicas reciban los mensajes y actúen a partir de ello.

Así, en su ensayo "*The Nature of Communication Between Humans*" ["La naturaleza de la comunicación humana"], publicado originalmente en 1954, Schramm llamó "campos de experiencia" a estos requisitos de eficiencia en los procesos comunicativos. En esencia, este concepto apunta a los *factores de atracción* entre el medio y la persona; entre quien recibe cierta información y quien la emite. El supuesto básico es que la información transmitida tendrá mucho mayor posibilidad de ser aprovechada por el receptor si la encuentra socialmente relevante. Es decir, si esos "campos de experiencia" no tienen relación con la vida del receptor, la información tendrá poca posibilidad de ser utilizada o tan siquiera tomada en cuenta. Asimismo, según Schramm, estos mensajes deben tener distintos niveles de significado semiótico para que cuando lleguen al público adecuado puedan comprenderse y, en el mejor de los casos, tomar acción. Su *framing* debe ser adecuado, explica. En este sentido, *framing* o encuadre se entiende como el conjunto de elementos informativos que aportan al receptor una idea de la realidad a partir de la recepción de un mensaje. En esencia, la idea de "campos de referencia" corresponde al concepto que los publicistas y los expertos en mercadotecnia conocen como "target". Pero en el caso de Schramm, el objetivo último del proceso comunicativo no es simplemente vender un producto, sino lograr que las ideas de desarrollo social penetren en los grupos expuestos a ideas modernizadoras.

Desde esta perspectiva, vemos entonces que la comunicación no sigue un proceso mecanicista, sino que, afirma Schramm, es un proceso de relaciones; un acto que implica compartir, y no una acción en donde alguien impone algo a un tercero, pues las audiencias son selectivas, altamente activas y capaces de manipular el mensaje que reciben, al contrario de lo que tradicionalmente se ha pensado (Schramm 1954: 8, traducción propia, así como todas las demás). Es decir, contrario al supuesto generalizado de la época, Schramm siguiere que no existe la aguja hipodérmica o "bala mágica" que implica que la comunicación transfiere ideas automáticamente de una menta a otra. En pocas palabras, su perspectiva asume que la audiencia no actúa como un "blanco" inamovible, como sugerían muchas otras investigaciones desde mediados del siglo XX. Resume el autor (Schramm 1954: 7–8):

> La égida social bajo la cual viene el mensaje, la relación social entre el receptor y el emisor, la percepción de consecuencias sociales de aceptar y actuar a partir de él, deben ser unificadas con la comprensión simbólica y naturaleza estructural del mensaje, las condiciones bajo las cuáles se recibe, las habilidades del receptor y sus capacidades innatas y respuestas aprendidas, antes de poder predecir con cualquier seguridad las consecuencias de un acto de comunicación.

Es importante resaltar que, para Schramm, los grupos de personas con los cuales un individuo se reúne cobran un lugar relevante en el análisis de sus hábitos comunicativos, tomando en cuenta que el ser parte de estos grupos hace posible que los individuos seleccionen y reaccionen a los mensajes para defender las normas comunes valoradas por el mismo grupo. "Así entonces, la comunicación se basa en relaciones" (Schramm 1954: 13) y para que los medios pueden sobrevivir deben "estar en sintonía" con las audiencias distantes físicamente (Schramm 1954: 14).

De esta forma, "los mensajes rara vez tienen un único propósito, y frecuentemente el contenido manifiesto no es contenido importante en sí [...] gran parte de su contenido potencial se encuentra más allá de la palabra" (Schramm 1954: 19). Schramm, quien también trabajó como reportero en *The Boston Herald* y después como funcionario de la Oficina de Información de Guerra de Estados Unidos (*Office of War Information*) durante la Segunda Guerra Mundial, incluye a la tipografía, el orden y el arreglo de la información, longitud de los textos y encabezados como algunos de los referentes que contribuyen a la comprensión de significado, tanto de forma verbal como no verbal: "un mensaje", según Schramm (1954: 32), "tiene dimensiones y espacio; tiene estructura dentro de situaciones sociales y relaciones, en donde dentro de ellas están los marcos de referencia de cada individuo".

Ahora bien, puesto que las personas no son jarrones vacíos que esperan ser llenados, "las personas acuden a los medios sabiendo lo que quieren, no lo que los medios pretenden darles", opina Schramm (*op. cit.*: 51). Desde esta perspectiva, para los receptores existen muchos medios; tienen opciones, mantienen "sus defensas en alto" y defienden fuertemente sus creencias, agrega el autor. Así, para terminar su fundacional ensayo, el connotado investigador estadounidense opina que en general, en una sociedad democrática, los medios tratarán de mantener el *statu quo*, y a menor posibilidad de control mediático, será más probable que no se les pueda imponer un solo patrón de creencia o conducta a las audiencias. Por eso, a la larga, la comunicación produce cambios graduales, casi imperceptibles, en la sociedad. En específico, los cambios a largo plazo provocados por los medios son como una estalagmita que acumula residuos calcáreos durante cientos de años (*op. cit.*: 52).

La televisión y el desarrollo para la modernización

A finales de la década de 1960, la mayoría de los estadounidenses tenían una televisión, misma que, para Schramm, era la principal fuente de información durante los procesos electorales (Schramm y Wade 1969). Sin embargo, apuntó el autor, aunque los individuos comprendían la información televisiva que recibían a nivel superficial y temático, en este caso sobre el lanzamiento del satélite Sputnik, no lograban descifrar las implicaciones científicas complejas del mismo. Pero, precisó Schramm, sí lograron entender las implicaciones políticas de ese hecho y lo que significaría para los Estados Unidos que Rusia se adelantara en la carrera espacial. La información pertinente a la salud pública y la ciencia, sin embargo, provenía de fuentes impresas y, en general, las personas con mayor nivel de instrucción obtenían su información de más de una fuente. Así, según el propio autor (Schramm y Wade 1969: 206):

> El nivel educativo es un fuerte indicador del uso de los medios masivos [...] A medida que el individuo tiene más educación, es más probable que utilice a los medios impresos como su fuente principal de noticias e información [...] Es más probable que la elección de los medios impresos como la fuente principal de información traiga mayor conocimiento y mayor profundidad del mismo [...].

De esta forma, el investigador determinó que la televisión sirve para moldear la opinión pública a través de la difusión de asuntos públicos que son empaquetados como "actos" (*events*) que "tienden a capitalizar el momento presente" y los medios impresos, mientras tanto, dan información que amplía la perspectiva de aquel que los consulta (*op. cit.*: 209). En pocas palabras, y pensando en las posibles adaptaciones de este modelo a la comunicación para el desarrollo de países tercermundistas, el autor apunta (*ibid):*

> Salimos de la escuela con un mapa cognitivo, con espacio de vida organizado, y con ciertas habilidades de aprendizaje y hábitos. Una mayor educación significa más habilidades y una mayor gama de intereses —en pocas palabras, un mapa más complejo. A través de los medios, principalmente, llenamos este mapa. A través del desfile de eventos televisivos, que es más vívido y dramático portador de eventos, tendemos a completar hechos y hallazgos, pero para añadir conceptos y entendimiento tenderemos a elegir los medios impresos que son más lentos, los cuales pueden, con mayor facilidad, ofrecer perspectiva e interpretación.

Schramm observó que los países en vías de modernización carecían de los elementos estructurales de una prensa escrita como la que ya existía en los

Estados Unidos. Aunque un porcentaje pequeño la población de los países en vías de desarrollo siempre profundizaría las consecuencias de un hecho a través de los medios impresos, la enorme mayoría permanecería afuera de ese círculo de conocimiento. En la década 1960, sin embargo, Schramm sugirió que la televisión sería el instrumento más adecuado para modernizar a las sociedades en vías de desarrollo y que su avance en Latinoamérica, en particular, rebasaría rápidamente los esfuerzos que las autoridades habían hecho para alfabetizar a sus ciudadanos. Este nuevo aparato sería el gran instrumento para unificar y cimentar una fuerte identidad nacional, así como empujar ideas modernizadoras entre las masas.

Con esta idea en mente, Schramm obtuvo el apoyo de la UNESCO para publicar (1964) tal vez su obra más importante: *Mass Media and National Development. The Role of Information in the Developing World* [Los medios de comunicación y el desarrollo nacional. El papel de la información en el mundo en desarrollo]. En este texto (p. 21), el estadounidense afirma que la "esencia del desarrollo económico es un rápido crecimiento en la economía productiva de una sociedad, la cual busca ahorrar e invertir en acciones productivas". De esa forma, el reto de los medios es *cómo* convencer a la gente para que haga cambiar y aceptar la innovación, puesto que el cambio es inevitable. Para ese esfuerzo, tanto los gobiernos como las empresas y los intelectuales, requieren el apoyo de los medios, pues el flujo de información que suscita una nación que intenta modernizarse proporciona un ambiente de desarrollo nacional y posibilita la aparición de conocimiento especializado en los sitios en donde se necesita, además de abrir foros de discusión, liderazgo y toma de decisiones (*op. cit.*: 43-4). En palabras de Schramm, el trabajo de los medios "ayuda elevar el nivel general de aspiraciones". Pero el cambio no es automático, advierte. No se dará de forma tersa o eficientemente a menos que la gente quiera cambiar (*ibid*):

> Generalmente, el incremento en el flujo de información coloca las semillas del cambio [...] Al hacer consciente a una parte del país de otras partes del mismo, de su gente, arte, costumbres y política; al permitir que los líderes nacionales hablen con la gente, y que la gente hable con los líderes y entre ellos mismos; al hacer posible un diálogo a nivel general sobre las políticas nacionales; al mantener los objetivos nacionales y los logros siempre ante el público. Así, la comunicación moderna, utilizada sabiamente, puede ayudar a unir comunidad aisladas, subculturas dispares, individuos centrados en ellos mismos y sus grupos, así como avances aislados en un verdadero desarrollo nacional.

Así, para Schramm, es absolutamente esencial que los medios participen en la construcción nacional para lograr un verdadero esfuerzo colectivo que lleve a buen puerto un plan de desarrollo elegido. Eso implica inversiones considerables del Estado y de los privados, dice el autor, para desarrollar los siguientes campos: radio, periódicos locales, una agencia nacional de noticias, películas y, sobre todo, la televisión.

Como se mencionó anteriormente, la televisión ocupa un lugar privilegiado en el desarrollo social de la segunda mitad del siglo XX. Para comenzar a utilizar este medio de lleno, apunta Schramm, el problema más importante a resolver de un país en desarrollo es presupuestal. Es decir, en estos países es necesario implementar políticas públicas para comprar transmisores, estudios y equipo de estudio; producir programas, establecer antenas y equipo de transmisión y recepción; entrenar técnicos, así como darle mantenimiento a las instalaciones y a los aparatos. Esto obliga a la planeación. Pero, además, el país que decide utilizar a la televisión como su medio privilegiado de comunicación debe decidir si acepta o no publicidad en sus transmisiones. Sin embargo, para el autor no hay problemas en dicho esquema, ya sea en bajo un diseño de televisión pública o privada. Para él (Schramm 1964: 45):

> No existe razón aparente por la que un nuevo Estado, si así lo desea, no apoye a su televisión en todo cuanto pueda a partir de los ingresos que recibe a través de la publicidad y, aun así, controlar el contenido de sus transmisiones a su gusto y necesidades.

Más allá de esa decisión, la raíz del problema, para este autor, reside en la naturaleza de la televisión que querrá desarrollar una nación. Schramm reconoce que los programas de entretenimiento como los "westerns" [programas del oeste], misterios criminales, comedias, shows de variedad y eventos deportivos han adquirido enorme popularidad en los países desarrollados y que, en esencia, se alejan del objetivo de promocionar el desarrollo económico de un país. A pesar de eso, afirma, puede ser "altamente atractivo" ofrecer este tipo de programas para cumplir una función "relajadora" entre las masas, siendo tal vez, la mezcla de estos programas junto con noticiarios, programas instruccionales y programas de asuntos públicos suficiente para justificar el gasto en desarrollo televisivo (Schramm 1964: 45). Ante todo, la visualización del aparato televisor puede justificarse porque muy probablemente se hará en espacios públicos como escuelas, centros de adultos mayores. En ese caso, la programación debe tender hacia programas instruccionales "serios", opina Schramm, siendo la programación de la televisión dividida por secciones, dependiendo del grupo específico al que va dirigida: por la mañana y el día a los niños, por la tarde y la víspera de la noche a los adultos que desean educarse de esta forma, incluyendo transmisiones para zonas rurales. Hacia la tarde-noche se podrían mezclar programas de entretenimiento con la programación educativa-instruccional dirigida a los adultos. Schramm plantea aquí un mundo de posibilidades para aquellas naciones que decidan entrar frontalmente a este esquema modernizante con ayuda del aparato televisor. Schramm reflexiona (*op. cit*.: 45-6):

> La televisión nunca ha sido utilizada a su máxima capacidad en apoyo al desarrollo económico. Tal vez sea financieramente imposible hacer uso de ella de esta forma. Aun así, la posibilidad es altamente atractiva: ¿Qué pasaría si el poder completo y la vivacidad de la educación televisiva fuese utilizada para ayudar a las escuelas a desarrollar nuevos patrones educativos? ¿Qué pasaría si se utiliza en su poderío total persuasivo e instruccional para apoyar el desarrollo de una comunidad y modernizar su agricultura?

A pesar de eso, el autor mantiene que la televisión tiene un apetito feroz de nueva programación. Esto crea nuevos retos para aquellos países que la colocan como herramienta para su desarrollo, pues esto implica que dicha nación, de entrada, pueda producir sus propios programas. Dado que esto es casi imposible al inicio del proceso modernizante, ese país, afirma Schramm, deberá intercambiar, rentar o comprar los programas de otro, lo que crea nuevos retos para la sociedad en vías de desarrollo. Para subsanar los altos costos de este reto, se deben planificar y coordinar acciones entre los organismos de educación e información, cuando menos. La burocracia de ambas ramas del gobierno, opina el estadounidense, debe ponerse de acuerdo para comenzar a trabajar en pro del desarrollo, creando, por ejemplo, talleres que enseñen oficios o formen técnicos en lugares en donde no exista el personal suficiente o se carezca de tiempo para entrenar a nuevos trabajadores. Hacerlo de otra forma es un "desperdicio" (Schramm, *op.cit*.: 46).

Hay buenas perspectivas para aquellos países en vías de desarrollo que buscan modernizarse, establece Schramm. Esto sucede porque ya existe, de hecho, una multiplicidad de recursos informativos. Este "multiplicador", como lo define el estadounidense, ya ha mostrado su potencial en movimientos nacionales y sociales anteriores. Al respecto el autor apunta:

> Debemos recordar que el poder entero de la comunicación masiva nunca ha sido utilizado en ningún país en vías de desarrollo para empujar hacia el frente el desarrollo económico y social. Ahí reside la pregunta que es realmente emocionante: ¿cuánto podríamos aumentar el presente ritmo de avance del desarrollo, ¿cuánto podríamos subsanar de las dificultades del "terrible ascenso", ¿cuándo podríamos hacer que nuestros recursos sirvieran para más, cuánto más podríamos contribuir al crecimiento de ciudadanos informados y participativos en las nuevas naciones, si colocaremos hábilmente los recursos de la comunicación moderna en apoyo al desarrollo económico y social? (Schramm 1964: 47).

En otro de sus textos, (1969, *El desarrollo de las comunicaciones y el proceso de desarrollo*) el autor mantiene que aquello que distingue a los seres humanos es su capacidad para crear sociedades comunicadoras y que la complejidad de la sociedad es equiparable a la complejidad de su sistema comunicativo. "La estructura de las comunicaciones sociales refleja, así, la estructura y el desarrollo la sociedad", dice Schramm (p. 4). Ahí se agregan el volumen de la actividad de las comunicaciones, el cual "refleja el crecimiento económico de una sociedad". Otros vectores de análisis son, según el mismo autor: la propiedad de las instalaciones y los servicios de comunicación; el uso intencional de las comunicaciones; los controles de las comunicaciones; el contenido de las comunicaciones (el cual "revela la pauta de valor de una sociedad"), y finalmente, los tipos de redes de comunicaciones que "determinan por dónde circulan las informaciones" (p. 4).

Es decir, "en el cambio social que denominamos desarrollo 'económico', el desarrollo en una línea nunca puede adelantarse mucho al desarrollo en las demás" (p. 5). Cuando esto sucede, se crea un sistema más activo, dice el investigador, y las relaciones "adormecidas" se despiertan, y la productividad aumenta. Pero esto también trae un aumento de tensión (*ibid*):

> A fin de crear las condiciones para el desarrollo nacional debe existir un gran enaltecimiento de los objetivos nacionales. Si éstos discrepan en forma notable de la conducta nacional existente, el resultado será una penosa dosis de tensión [...] La tensión debe ser lo suficientemente penosa como para alentar la actividad, pero no tanto como para desalentarla. Por consiguiente, se debe crear la tensión, atenuarla mediante la actividad nacional, relajarla temporalmente como recompensa y luego crearla nuevamente.

De acuerdo con el autor, la comunicación contribuye a sentar las "precondiciones" necesarias para el desarrollo económico de una sociedad, según las definen, desde sus respectivos campos, Daniel Lerner y Walt W. Rostow. El propio Schramm enumera algunas de las funciones básicas que la comunicación debe realizar para lograr dicho crecimiento económico. Desde esta perspectiva (Schramm, 1969: 5-9), las comunicaciones deben:

(1) utilizarse para contribuir al sentido de nacionalidad;
(2) usarse como portavoz del planeamiento nacional;
(3) usarse para transmitir los conocimientos necesarios;
(4) usarse para expandir el mercado efectivo;
(5) a medida que se desarrolla el plan, las comunicaciones deben contribuir a preparar a la gente para el nuevo papel que le tocará cumplir y, finalmente;
(6) deben usarse para preparar a la gente a desempeñar su papel como nación entre otras naciones.

Para Schramm, estos usos son esencialmente obligatorios en los países tercermundistas, pues han llegado tarde a la modernización. En los países industrializados, por distintas razones sociohistóricas, se avanzó de forma diferente. Es decir, no existen "culpables" para medir el nivel de avance de las sociedades, simplemente vanguardias y retaguardias, pues todas las sociedades modernas, quieran o no, dependen en mayor o menor grado de la tecnología y de los usos que sus ciudadanos dan a esas tecnologías. La penetración de cada una de ellas variará en cada grupo de personas, afirma el autor.

En ese punto, la educación juega un papel esencial en los países en desarrollo y en este proceso, los medios se vuelven "multiplicadores" del trabajo que realizan los maestros, carentes en número y condiciones ideales para la enseñanza. Así, los medios masivos "llevan la carga principal de informar y enseñar al público durante largo tiempo antes que un sistema escolar adecuado pueda cumplir su parte", pues "en un país en evolución, el uso de los medios de masa como multiplicadores de los maestros cobra una importancia de la que carece un país adelantado" (Schramm, 1969:14).

Las Cuatro Teorías de la Prensa

Si bien en este trabajo se han tocado las principales ideas de teórico Wilbur Schramm, se han dejado algunos temas de lado que se considera, aunque sea de forma pasajera, mencionar en este apartado. Como detalla el capítulo cuatro de este volumen, junto con Fred Siebert y Theodore Peterson, Schramm fue un asiduo analista de la prensa escrita. Su teoría más popular sobre los medios impresos noticiosos afirma que existen, en esencia, cuatro teorías de la prensa: (1) autoritaria, la cual se desarrolló a finales del Renacimiento en la idea de que la verdad es producto de un puñado de hombres sabios; (2) la liberal, que surgió con los trabajos de Milton, Locke, Mill y Jefferson; (3) la de responsabilidad social, que asume el avance democrático cuando se da igualdad de oportunidades a los candidatos a puestos políticos y los medios asumen su intrínseca obligación como actores sociales, y finalmente; (4) la comunista soviética, una reforzada versión de la teoría de la prensa autoritaria (*Four Theories of the Press*, 1963; publicado por vez primera en 1956). El libro analiza la relación entre cada tipo de prensa y el sistema en el cual opera, enfatizando la responsabilidad de los reporteros en el mismo. El libro adquirió relevancia porque se publicó en uno de los momentos más álgidos de la Guerra Fría y porque fue uno de los primeros en visualizar el poder ideológico que pueden llegar a tener los medios, independientemente del sistema en el cual realizan su trabajo. Durante décadas fue un *bestseller* en las facultades de comunicación y periodismo del mundo occidental.

Críticas al modelo comunicativo desarrollista

La idea de que los medios deben ser usados por las élites para que los países en desarrollo se monten al tren del progreso ha sido criticada por diversos frentes. Las ideas plasmadas en las obras iniciales de Schramm coincidieron con aquellas emanadas de la Escuela de Frankfurt, un movimiento que tuvo un gran impacto en las ciencias sociales incluso décadas después de su exposición inicial. En su obra *Dialéctica de la Ilustración* (publicada originalmente en Alemania en 1947), Max Horkheimer (1895–1973) y Theodor Adorno (1903–1969) cuestionaron severamente a las industrias culturales, las cuales fueron catapultadas por los avances tecnológicos de ambas Guerras Mundiales. "La cultura marca hoy todo con un sesgo de semejanza. Cine, radio y revistas constituyen un sistema. Cada sector está armonizado en sí mismo y todos entre ellos" (Horkheimer y Adorno 1998: 165). Diversos autores retomaron los escritos iniciales de estos dos grandes autores de la Escuela de Frankfurt para llamar la atención sobre las aspiraciones homogeneizantes del modelo desarrollista de Schramm, lo que se combinó con la crítica al imperialismo derivado de la Ilustración señalada por los europeos. En pocas palabras, para los teóricos de la Teoría Crítica, como también se le conoce a la corriente de pensamiento salida del Instituto de Investigaciones Sociales de esa ciudad alemana, un modelo de progreso en donde los países industrializados ofrecen a los tercermundistas un plan a seguir para superar su propio subdesarrollo conlleva una trampa innata: para que los rezagados puedan avanzar deben usar las tecnologías del primer mundo y difundir sus ideas de progreso, de ahí la importancia de los medios electrónicos.

Marshall McLuhan (1911–1980), el autor más conocido de la escuela del *Media Ecology* [Ecología Mediática], fue otro crítico de Schramm. Al concentrarse en los contenidos televisivos, argumentó, que los teóricos de la comunicación como Schramm olvidan el impacto del aparato en sí (Meyrowitz 2001).

Otro de los críticos de Schramm fue James W. Carey (1934–2006), un investigador de la comunicación estadounidense ligado a la escuela de Estudios Críticos Culturales. Carey asistió a la misma universidad de Illinois en Urbana-Champaign en donde Schramm asentó las bases de los estudios de la comunicación después de la Segunda Guerra Mundial. Carey criticó que los primeros teóricos de la Comunicación, en donde incluye a Schramm, ven al proceso comunicativo bajo un "sesgo atomista-mecanicista", con elementos discretos y subdivididos, en lugar de entenderlo como un "proceso social" más amplio en donde "la cultura misma es comunicación" (Carey en Pooley 2016; 13–14, 17).

Recientemente, otros investigadores han continuado con los cuestionamientos Schramm, ya sea porque su modelo de las cuatro teorías de la prensa se encuentra desfasado (Huang 2003); por las contradicciones entre un modelo de comunicación que busca centralización y poder pero propone una serie de ideas progresistas del primer mundo como la capacidad del individuo para acceder la información, por ejemplo, cuando el modelo desarrollista privilegia el control de la misma (Mathew 2010); o bien porque la idea misma de "desarrollo" establecida originalmente por Schramm era una entelequia difícil de asir para los países pobres, de ahí que los mejores modelos de comunicación para el desarrollo sean aquellos que nacen de manera autóctona (Ilu y Olawale 2014).

Conclusión

Si bien las ideas de Wilbur Schramm sobre el potencial de la televisión para impulsar el desarrollo datan de más de medio siglo, mantienen su relevancia en prácticamente todas las áreas de evolución mediática en Latinoamérica y, en particular, en México.

Esto se hizo más claro aún a partir de la coyuntura COVID-19, en donde el Estado tomó un papel protagónico en los medios electrónicos de comunicación. No pasa una hora en la que cientos de mensajes de distintas agencias del Estado, órganos descentralizados, políticos o privados utilicen los medios para reforzar la idea unificadora de lo hoy llamamos "México". Esa entelequia se refuerza todos los días en los medios electrónicos y privados. Nuestros gobiernos, sin importar su inclinación ideológica, han retomado los postulados fundamentales de Schramm (aunque probablemente nunca hayan escuchado de él), para empujar lo que ellos consideran desarrollo. Han entendido, sin duda, que las conexiones entre mensajes y ciudadanos se logran con la creación de "campos de experiencia" semánticos, los cuales van mucho más allá de la palabra escrita, como descubrió Schramm. Asimismo, han comprendido que el contexto social en el cual se desenvuelven las ideas comunicadas es igual o más importante que el valor denotativo del mensaje, pues el encuadre de las informaciones siempre está inserto en ese macrocontexto para lograr la sobrevivencia del mismo, lo que recalca la importancia del *framing*. Las relaciones entre público y medio se construyen en esos "campos de experiencia" simbólicos en donde ambos comparten un mismo entendimiento y, de esa forma, se efectúa la comunicación.

Estas ideas que hoy parecen elementales fueron elaboradas por Schramm en una época en que se desconocían, casi por completo, los alcances y efectos de los medios electrónicos. En la actualidad, para un país en desarrollo, carecer de dicho conocimiento puede parecer un error crítico. La línea a seguir, sin embargo, fue trazada por este pensador estadounidense. A mayor o menor medida, le debemos a él algunas de las herramientas para analizar el panorama mediático vigente en México.

Como se explicó arriba, sus conceptos y teorías sobre la naturaleza de la comunicación humana, el poder de la televisión, la importancia de los medios para los países en desarrollo y la relevancia de la prensa como actor ideológico que refleja el sistema en el cual opera, son básicos para el estudio de nuestra disciplina. Su relevancia es tal que sus ideas se han vuelto "invisibles" para todos aquellos que laboran en algún área de la comunicación pública. Algunas de sus raíces, sin embargo, se pueden trazar a Schramm y los demás teóricos desarrollistas.

Hacia el final de su vida, Schramm reflexionó sobre el futuro de los estudios de la comunicación. Atinadamente, opinó que esta ciencia combinaría cada vez más y variados acercamientos de estudios del ser humano y de la sociedad. Las facultades en donde se estudia comunicación serían cada vez más interdisciplinarias, pero la tendencia general del campo entero de esta disciplina sería hacia la unificación de las ciencias sociales. Tal vez hacia la creación de una nueva ciencia que englobase a la comunicación, pero también a la psicología social, sociología, antropología, ciencia política y otras (*The Beginnings of Communication in the United States*, 1980). El acelerado avance de las nuevas tecnologías, aunque pueda parecer fragmentado, subraya los pensamientos de Schramm: sin importar la disciplina elegida, la comunicación atraviesa todas las áreas de conocimiento humano. Su aprovechamiento como la ciencia de ciencias implica un trabajo perpetuo e interdisciplinario en cada una de nuestras micro especialidades comunicativas.

Referencias y lecturas adicionales

Ahmed, A. 2017, 25 diciembre. "Using Billions in Government Cash, Mexico Controls News Media". *New York Times*. https://www.nytimes.com/2017/12/25/world/americas/mexico-pressgovernmentadvertising.html?rref=collection%2Fsectioncollection%2Famericas&action=click&contentCollection=americas&region=stream&module=stream_unit&version=latest&contentPlacement=2&pgtype=sectionfront [última consulta: 10 marzo 2019].

Animal Político. 2020, 03 abril. " 'Nuestro gobierno no los necesita': AMLO devolverá tiempos oficiales a televisoras y estaciones de radio". *Animal Político*. https://www.animalpolitico.com/2020/04/amlo-devolvera-tiempos-oficiales-televisoras-radio/] [última consulta:12 mayo 2020].

Fierro, J.O. (14 de abril del 2020). "El 'Decretazo' de AMLO, Inconstitucional Condonación Fiscal". *Proceso.* https://www.proceso.com.mx/625698/el-decretazo-de-amlo-inconstitucional-condonacion-fiscal [última consulta:12 mayo 2020].

Horkheimer, M. y Adorno, T. 1998. *Dialéctica de la Ilustración. Fragmentos Filosóficos.* (Introducción y traducción de Sánchez, J.J.). Valladolid: Editorial Trotta.

Huang, C. 2003. "Transitional Media vs. Normative Theories: Schramm, Altschull, and China". *Journal of Communication,* 53(3), 444–459.

Ilu, Y. y Olawale, F. 2014. "The Cogency of Melkote's 'Another Development' for Development Communication in the Third World". *Procedia - Social and Behavioral Sciences,* 155 (2014), 242–247.

Mathew, A.F. 2010. "The Case of Development Communication: Perspectives, Issues and Trends". *Palabra Clave,* 13 (1): 31–45.

Meyerowitz, J. 2001. "Morphing McLuhan: Medium Theory for a New Millennium. Keynote Address Delivered at the Second Annual Convention of the Media Ecology Association. New York University- June 15–16, 2001". *Proceedings of the Media Ecology Association,* 2, 8–21.

Pooley, J. 2016. *James W. Carey and Communication Research. Reputation at the University's Margins.* NYC, NY: Peter Lang.

Schramm, W. y Wade, S. 1969. "The Mass Media as Sources of Public Affairs, Science, and Health Knowledge". *Public Opinion Quarterly,* 33(2): 197–209.

Schramm, W. 1977/ 1954. "The Nature of Communication Between Humans", en Schramm, W. & Roberts, D. *The Process and Effects of Mass Communication* (ed. rev.). Urbana, ILL: University of Illinois Press, 3–53.

------------. *Television in the lives of our children.* 1961. (junto con Jack Lyle y Edwin B. Parker).: Stanford, CA: Stanford University Press.

------------. 1964. *Mass Media and National Development: the Role of Information in the Developing Countries.* 1964. Stanford, CA: Stanford University Press-UNESCO.

------------. 1964. *Mass Media and National Development. The Role of Information in the Developing World.* Stanford, CA: Stanford University Press-UNESCO.

------------. (ed.). 1966. *La Ciencia de la Comunicación Humana: Nuevas Orientaciones y Nuevos Descubrimientos en la Investigación de la Comunicación.* 1966. Quito: CIESPAL.

------------. 1969. "El Desarrollo de las Comunicaciones y el Proceso de Desarrollo", en Lucian W. (comp.) *Evolución Política y Comunicación de Masas.* Buenos Aires: Editorial Troquel. https://www.infoamerica.org/documentos_pdf/schramm_01.pdf [última consulta: 10 marzo 2019]

------------. 1969. *Proceso y Efectos de la Comunicación Colectiva.* Ecuador: CIESPAL.

------------. 1971. *Notes on Instructional Cross-Media Comparisons.* Estados Unidos: Information Center on Instructional Technology, Academy for Educational Development.

------------. 1971. *The Process and Effects of Mass Communication.* 1971. Urbana, IL: University of Illinois Press.

———. (ed). 1972. *What Research Says. Quality in Instructional Television*. Hawaí, HI: University of Hawaii Press.

———. 1973. *Men, Messages, and Media: A Look at Human Communication*. NYC, NY: Harper & Row.

———. 1976. *Communication and Change: The Last Ten Years and the Next* (editado junto con Daniel Lerner). Hawaí, HI: University of Hawaii Press.

———. 1977. *Big Media, Little Media: Tools and Technologies for Instruction*. NYC, NY: Sage.

———. 1977. *The People Look at Educational Television: A Report of Nine Representative ETV Stations*. NYC, NY: Praeger.

———. 1980. "The Beginnings of Communication in the United States". *Communication*, 9(2), 1–7.

———. 1982. *La Ciencia de la Comunicación Humana*. Quito: CIESPAL.

Siebert, F., Peterson, T. y Schramm, W. 1963. *Four Theories of the Press*. Estados Unidos: University of Illinois Press.

El giro afectivo y sus desafíos metodológicos: nuevos horizontes teóricos y metodológicos en comunicación en el siglo XXI

Victoria Isabela Corduneanu

¿Por qué llamamos a un programa, película, o hasta noticiero "aburrido"? De acuerdo con Barlett y Gentile (2011: 61), esto ocurre porque los mensajes no han tenido un impacto en los estados emocionales de las audiencias. Los medios están diseñados para influir en las emociones y, de hecho, las audiencias sí quieren que los mensajes muevan sus emociones (Zillmann 2011).

Este capítulo está dedicado al análisis del giro afectivo en las ciencias sociales, que le sigue al giro cultural y al giro lingüístico, y a su influencia en los estudios de comunicación, así como a los desafíos metodológicos que este giro supone. Si los primeros dos giros enriquecieron a los estudios de comunicación con las perspectivas de los estudios culturales, de la antropología cultural del consumo, de la semiótica, del análisis del discurso, de la semiótica visual, del interaccionismo simbólico, por nombrar solo algunas, el actual giro afectivo brinda a este crisol de influencias, unas más: las de la psicología y de la sociología de las emociones, adaptando varias de sus teorías a contextos comunicativos, tanto de medios de comunicación masivos, como contextos interpersonales o de nuevas tecnologías (redes sociales y medios interactivos).

En un primer apartado, se hace un breve recuento del giro afectivo en las ciencias sociales y las humanidades, así como de sus principales planteamientos. Posteriormente, describiremos las principales vetas teóricas del giro afectivo en las ciencias sociales y particularmente en la sociología de las emociones, para luego, enfocarnos en los estudios de comunicación, detallar las nuevas temáticas y los planteamientos teóricos que el giro afectivo ha generado en el campo. Finalmente, se consideran los desafíos metodológicos que el estudio de las emociones supone, dado que, con el regreso de las emociones a las ciencias sociales, se da también un "regreso del sujeto" en las ciencias sociales, y con él, la necesidad de revisar las bases ontológicas y epistémicas de las metodologías de investigación.

El giro afectivo - emocional en las ciencias sociales y las humanidades

Las emociones han llamado la atención de los sociólogos desde el siglo XVIII, por ejemplo, en Adam Smith *The Theory of Moral Sentiments* [*Teoría de los Sentimientos Morales*], publicado en 1759, o en Adam Ferguson *Essay of Civil Society* [*Ensayo de la Sociedad Civil*], publicado en 1767, en cuya primera parte discute sobre las disposiciones emocionales que se asocian con las relaciones y la organización política y social. De la misma manera, otros sociólogos trataron el valor explicativo de las categorías emocionales como Alexis de Tocqueville, Gustave Le Bon, Emile Durkheim, Vilfredo Pareto, Ferdinand Tönnies, Georg Simmel, en la sociología europea, y Albion Small, William Graham Summer, Lester Frank Ward, Edward Ross, Charles Horton Cooley en Estados Unidos (Barbalet 1998: 12).

Después de Max Weber, en la sociología se populariza el punto de vista de que el aumento de la racionalización del mundo implica el decrecimiento de la importancia de las emociones en la vida humana. Pero entre los 1970 y mediados de los 1980, hay un renacimiento del interés en la sociología de las emociones, con Randall Collins (1975) y su manual *Conflict Sociology* [*Sociología en conflicto*]; empieza una nueva era de la sociología en la cual las categorías emocionales aparecen como factores clave, con Denzin (1984), *On Understanding Emotions* [*Entendiendo las emociones*] y Kemper (1978) *A Social Interactional Theory of Emotions* [*Una teoría social interactiva de las emociones*] (Barbalet 1998: 12-20).

A esta "nueva era" en la sociología, Patricia Clough le llama "giro afectivo", entendiendo por esto el enganche teórico con las emociones y la afectividad que estudian las ciencias sociales y las humanidades a partir de la segunda mitad de los 1990(Athanasiou, Hantzaroula y Yannakopoulos 2009: 5). A su vez, Arfuch (2016: 248) define el giro afectivo como "la creciente atención a las emociones como fuente privilegiada de verdad sobre el sujeto" y lo ve como una reacción al giro textual o lingüístico, el cual abogaba por la primacía del discurso y un olvido del cuerpo y de las emociones, debido a la influencia del psicoanálisis y del posestructuralismo. Esto hizo posible "una perspectiva transdisciplinaria donde el análisis del discurso, la semiótica, la teoría literaria, y la crítica cultural se articularon con enfoques filosóficos, sociólogos, psicoanalíticos, en una verdadera 'conjura' estética, ética y también política" (Arfuch 2016: 247).

Sin embargo, este giro refleja también, un cambio paulatino a nivel de la vida cotidiana, con la emergencia de una "sociedad afectiva", visible sobre todo, en los medios de comunicación con la explosión de los *"reality shows"*; con la exhibición de la vida íntima de varios "personajes públicos" (o "socialités") como entretenimiento; con las confesiones públicas en las redes sociales; con el éxito de lo (auto)biográfico en la literatura y las ciencias sociales; con el éxito de aproximaciones como la historia oral y la historia de vida, o con la publicación de diarios personales. Pero también a nivel de mercadotecnia, con la creación de marcas a través de la persuasión y las emociones como técnicas de posicionamiento y de venta; hasta en la política se posiciona el "marketing emocional", un ejemplo siendo los líderes carismáticos cuya vida privada se hace pública (solo pensemos en el ejemplo de Obama y su familia), pero también campañas electorales más basadas en emociones que en racionalidad, así como el comportamiento electoral mismo. Tenemos entonces, un giro emocional a nivel global, macrosocial, tanto que, en palabras de Arfuch (2016: 245): "en vez de ideología parece que tenemos emocionología". O, como menciona Pantti (2011), estamos viendo la emergencia de una "cultura de la terapia", y con ella, la creación de nuevos espacios públicos que se dedican a revelar y escudriñar emociones.

El giro afectivo tiene como raíces las teorías de la subjetividad y de la subjetivación de origen psicoanalítico, teorías de la corporalidad, teorías feministas y posfeministas de corte posestructuralista, el diálogo de la teoría lacaniana, del psicoanálisis con la teoría política y el análisis crítico, y también las teorías "queer" de la melancolía y el trauma. Desde la filosofía, el giro afectivo se apropia de Deleuze, Guattari y Spinoza. Mientras que desde la antropología, se relaciona con las teorías que sostienen que las emociones no son estados psicológicos individuales de naturaleza presocial, preideológica y prediscursiva, sino que son prácticas socio-culturales (Athanasiou, Hantzaroula e Yannakopoulos 2009: 5).

Llegamos así, a un primer planteamiento importante del giro afectivo: las emociones no son (solo) estados psicológicos, sino prácticas sociales y culturales. Esto es, las emociones no suponen una autoexpresión que se vuelca hacia afuera (*in/out*: de adentro del sujeto hacia fuera, a la sociedad), sino más bien se asumen desde el cuerpo social (*outside/in*: de afuera hacia adentro), en tanto que las emociones son las que brindan cohesión a este cuerpo social. (Ahmed 2014: 9). Las emociones se expresan y se usan en discursos públicos que generan emociones sociales (colectivas): la pena, el odio, el miedo, el disgusto, la vergüenza, el amor (Ahmed 2004 en Arfuch 2016). Además, las emociones son constitutivas de nuestra propia subjetividad: la memoria y la identidad, como formas de subjetividad, no existirían sin sus componentes y tintes emocionales (Passerini 2009: 121).

Otra contribución importante del giro afectivo es la reconsideración misma de las emociones: en el pensamiento racional de la Ilustración, las emociones eran señal de debilidad, de ser "femenino". Ser emocional era sinónimo de tener un mal juicio: significaba ser reactivo mas no activo; ser dependiente pero no autónomo. Así, las emociones se asocian con las mujeres, a las cuales se les representa como "más cercanas" a la naturaleza, dominadas por el apetito, y menos capaces de trascender la corporalidad a través de pensamiento, voluntad y razonamiento (Ahmed 2014: 3). Esta transición se debe a una transición teórica del evolucionismo darwiniano que consideraba que las emociones tienen un papel en nuestra evolución y preservación como especie, a las teorías cognitivas sobre las emociones.

Emociones y abordajes teóricos

Hay consenso en la literatura sobre dos grandes tipos de teorías sobre las emociones. Primero, están las teorías que vinculan a las emociones con las sensaciones corporales: sentir emociones es producto de una reacción fisiológica que no implica procesos de pensamiento, ni de cognición. Los representantes de esta corriente son Descartes (que afirma explícitamente la separación entre emociones y cogniciones), David Hume y William James. También esta corriente se vincula más con el pensamiento sicologista y también con la corriente evolucionista (Darwin atribuía a las emociones un papel en la evolución y la adaptación de la especie). Otros autores contemporáneos discuten, desde la perspectiva sicologista, las diferencias entre las emociones básicas y las compuestas. Desde esta perspectica se identifican entre cinco (Ekman y Damasio, citados en Arfuch, 2016: 252) y hasta 22 emociones básicas (Bindú *et al.* citados en Arfuch 2016: 252). También se discuten la combinación de estas emociones para resultar emociones secundarias y terciarias (Plutchik, 2003). Esta corriente también se conoce como la posición anti-intencional o prediscursiva (Arfuch 2016: 252). Es importante también, reconocer el papel de la neurolingüística en el estudio clínico de las emociones, así como en la relación de los afectos con las decisiones (Ahmed 2014: 5; Fernández Leost 2017: 337; Hoggett y Simpson 2012: 2).

Una segunda corriente es la que asocia a las emociones con las cogniciones, empezando con Aristóteles, pasando por Sartre y concluyendo con Nussbaum. Sartre (1962: 9, citado por Ahmed 2014: 5) afirmaba que las emociones implican juicios, actitudes, evaluaciones o "una manera específica de aprehender el mundo" que no se puede reducir a sensaciones corporales. Solomon (1995, citado por Ahmed 2014: 15) mantiene que las emociones son juicios; Spelman (1989, citado por Ahmed 2014: 15) afirma que las emociones implican juicios, por ejemplo, la emoción "enojo" implica el juicio de que algo está mal. Damasio (1994), desde la neurobiología y la neurolingüística, tiende un puente entre las dos corrientes y relaciona la razón, las emociones y el proceso de toma de decisiones: sin emociones no hay decisiones.

Emociones, afectos, sentimientos: la complejidad teórica

La "teoría de la evaluación" define a las emociones como compuestas de cogniciones y sentimientos, así como componentes motivacionales, fisiológicos o motores (Moors 2009, Frijda 2007, citados en Döveling y von Scheve 2011: 4). La premisa de la teoría de la evaluación es que el surgimiento de las emociones es el resultado de la evaluación de estímulos externos e internos que además se vinculan con la motivación, la preocupación o la capacidad de enfrentamiento del sujeto. De manera similar, Kleinginna y Kleinginna (1981, citados por Wirth y Schramm 2005: 4), consideran a las emociones como entidades complejas conformadas por cuatro dimensiones: afectiva, cognitiva, conativa, y fisiológica. La parte afectiva incluye la experiencia subjetiva de las situaciones, que se conecta con sensaciones de excitación, placer, o disgusto; la parte cognitiva se refiere a la percepción y la evaluación de las situaciones que son relevantes para las emociones; la parte conativa se refiere al comportamiento expresivo (incluyendo la expresión facial, paralenguaje, expresión vocal; y la parte fisiológica se refiere a las reacciones corporales ritmo cardiaco, dilatación de pupilas, etc.).

Otros autores hacen una distinción entre afecto, emociones y sentimientos. Siguiendo a Spinoza, Deleuze y Bergson, Brian Massumi define el afecto como fuerzas e intensidades, "privilegiando el cuerpo como lugar de efectuación de esa potencia, la cualidad de afectar y ser afectado" (Massumi 2015, citado por Arfuch 2016: 249). Para este autor, los afectos no son conscientes y suponen una experiencia de intensidad que no se puede realizar plenamente en el lenguaje. Los sentimientos los considera como personales y biográficos, mientras que a las emociones las define como sociales (Arfuch 2016: 249). Con base en el planteamiento de Massumi, Arfuch (2016) propone un modelo tripartito: emociones de fondo —energía, entusiasmo, excitación—, emociones primarias o básica —miedo, ira, sorpresa, alegría, tristeza, felicidad — y emociones sociales —simpatía, turbación, vergüenza, culpa, orgullo, celos, envidia, admiración. Lo interesante del modelo de Arfuch es la recuperación de la dimensión social de las emociones, que intervienen en los procesos de relación entre los actores sociales.

A su vez, Hoggett y Simpson (2012: 3) proponen la distinción entre "emoción (afecto)", a la cual la consideran biológica y corporal, y "sentimiento", el cual tiene una construcción discursiva. La emoción (afecto), por ser menos enraizada en el discurso, es más inestable y fluida, y, por lo tanto, más susceptible a ser transmitida entre personas, aunque estén a distancia, a través de lo que Freud llamó "contagio" y en la sociología de hoy se llaman "redes afectivas". Los sentimientos tienen una dimensión emocional, lo que los hace impredecibles y carentes de reglas; por esto, en la vida pública, sentimientos como enojo, ansiedad, pánico, furia, cuando ganan fuerza, son difíciles de controlar.

Desde las teorías de la cultura, Peterson (2006: 115) recupera las definiciones de Gordon (1981, citado por Peterson 2006) y Thoits (1996, citado por Peterson 2006), que consideran cuatro componentes de la experiencia emocional: sensaciones corpóreas (fisiológicas); las expresiones corporales (kinésica, proxémica); situaciones y relaciones sociales, y la cultura emocional de la sociedad. En esta perspectiva, nos parece importante salvaguardar la dimensión colectiva de la "cultura emocional"; pues es la que se plasma y se transmite a través de los discursos privados y públicos, a través de las interacciones interpersonales, y a través de los medios masivos y los medios interactivos (redes sociales). De acuerdo con la autora (Peterson 2011: 120), la cultura emocional de la sociedad se manifiesta tanto en emociones específicas como en relaciones específicas entre sus miembros, y podríamos decir, en los procesos comunicativos interpersonales estos miembros pero también, en cómo los medios representan estos procesos comunicativos (pensemos, por ejemplo, en cómo las telenovelas representan las relaciones de noviazgo y las emociones involucradas en las mismas).

Jasper (2013: 50) propone otra tipología de los sentimientos con base en su duración y dependiendo de cómo se perciben por el sujeto. Primero, son las "pulsaciones": "fuertes impulsos corporales difíciles de ignorar: el deseo, adicción a sustancias, sueño, evacuación corporal; más que emociones, son sentimientos y pueden incidir en una acción coordinada de protesta, por lo cual se deben controlar". Segundo, "las emociones reflejas" que define como reacciones al entorno físico y social inmediato. Son inmediatas y se acompañan de expresiones y cambios corporales. Retomando a Ekman, plantea cinco emociones reflejas (Ekman les llama "básicas o universales"): miedo, ira, alegría, sorpresa, disgusto, conmoción. En tercer lugar, vienen "los estados de ánimo", que perduran en el tiempo y se diferencian de las emociones por carecer de un objeto directo. Lo importante de esta duración en el tiempo es que hace posible que se trasladen de un entorno al otro; que se vuelvan sociales y socialiazadas. En cuarto lugar, Jasper diferencia a las "lealtades u orientaciones afectivas" que son apegos o aversiones: amor, simpatía, respeto, confianza, admiración, y sus equivalentes negativos. Estas están vinculadas a valoraciones cognitivas. Y finalmente menciona a las "emociones morales", a las cuales define como sentimientos de aprobación o rechazo, basados en intuiciones o en principios morales. Se les vincula con "lo correcto" o "incorrecto" de nuestras acciones, actitudes o sentimientos.

Otra corriente de autores considera que los sentimientos, los estados de ánimo y las emociones son diferentes entre sí; siendo los sentimientos la categoría más completa, de larga duración y sin una causa clara, que puede englobar varios estados de ánimo y varias emociones; mientras que las emociones son de corta duración, enfocadas a algo y con una causa o causante claro. Así, un sentimiento negativo englobaría varias emociones, como tristeza, miedo, hostilidad y varios estados de ánimo como estar estresado, o en depresión (Barlett y Gentile 2011: 60).

Lo que tienen en común estos planteamientos, independientemente de los conceptos que usan, es que no podemos hablar sencillamente solo de "emociones"; sino que tenemos que tomar en cuenta otros aspectos para formar una tipología: la duración, la causa, los efectos sobre las personas, la transmisión de estas a nivel social, y la propiedad que tienen para traducirse en comportamientos, acción social, y actitudes, esto es, adquiriendo una dimensión social o colectiva, lo que nos lleva al concepto de "comunidades afectivas".

Comunidades afectivas

Williams (1977, citado por Hoggett y Simpson 2012: 4) habla de "estructuras de sentimiento" (o del sentir), que pueden caracterizar una entera sociedad o varios grupos de sociedades en un periodo particular en la historia. Mientras que Barbara Rosenwein habla de "comunidades emocionales" útiles para estudiar los sistemas de sentimientos que gobiernan las comunidades, a través de estilos de expresión; los vínculos afectivos que la gente reconoce, prácticas de sociabilidad y sensibilidad de la comunidad, pero también las diferencias entre la expresión, la forma y las constricciones de las emociones en cada comunidad: lo que nos permite observar la performatividad de las emociones (*performance of emotions*; Athanasiou *et al.* 2009: 8).

Una reciente perspectiva teórica también nos habla de "comunidades afectivas", tanto en la teoría poscolonial (Gandhi 2006) como en las relaciones internacionales (Hutchinson 2016). Las comunidades afectivas son un tipo de comunidades que se construyen por tener en común ciertas formas de sentimientos y emociones, a las cuales también entienden de la misma manera: las emociones circulan al interior de las comunidades y ayudan a darle coherencia

(Fierke 2012: 90–95; Ross 2014 en Hutchinson 2016). Ahmed (2014) también enfatiza la propiedad de la circulación de las emociones como lo que les da fuerza, desde una perspectiva de una economía afectiva, como ya lo hemos mencionado.

Las comunidades afectivas suponen una vinculación entre emociones, representaciones y discursos sociales que permite a sus integrantes tener un sentido del mundo (Hutchinson 2016). Hace más de una década, desde la tradición de la crítica literaria, se hablaba de "comunidades de interpretación". Hoy día, pasado el giro lingüístico, les sumamos a estas "comunidades de interpretación" el valor de las emociones (como traductores de los discursos) para llegar así, a definir el concepto de "comunidades afectivas". La interrogante es si estas "comunidades afectivas" se pueden aplicar a segmentos de audiencias aficionadas a varios tipos de programas o géneros mediáticos, usando varias teorías de las emociones y los medios, como se detallará a continuación.

El giro afectivo y los estudios de comunicación

En las primeras etapas de la investigación de la comunicación de masas, las emociones se concebían como "ruido", mientras que la atención se centraba en los aspectos cognitivos, como recordación, aprendizajes, pensamiento y creencias (actitudes) (Konijn y ten Holt 2011: 37). Los estudios de investigación sobre de los medios de comunicación se han enfocado en aspectos cognitivos (recordación, aprendizajes, pensamientos, teorías del cultivo) y solo recientemente, incorporan a las emociones como un área principal de estudio (Döveling, von Scheve y Konijn 2011: 4). Aun así, desde principios del siglo XX, hay trabajos que se ocupan del papel de las emociones en la recepción mediáticas, particularmente en la investigación de la recepción radiofónica de Allport, Cantril, Gaudet y Herzog. Sobre la recepción televisiva, predominan los abordajes, desde los años 1960, bajo la óptica de la psicología de los medios, con la elaboración de las teorías de Zilmann, la teoría del transfer de la excitación y la teoría del manejo de humor, o la de Scherer: la teoría de la evaluación cognitiva (Wirth y Schramm 2005: 4).

Las teorías de las emociones son complementarias a las teorías clásicas de la comunicación, pues ofrecen un nuevo punto de vista a áreas temáticas y orientaciones epistemológicas ya establecidas, y, así como ha pasado con el giro cultural y el giro lingüístico, ofrecen la posibilidad de enriquecer aún más el carácter transdisciplinario de la comunicación, abonando perspectivas desde la psicología y la sociología de las emociones.

En cuanto a áreas temáticas en los estudios de comunicación y emociones, se considera que actualmente se pueden vislumbrar cinco: emociones y medios masivos de comunicación; emociones, medios y entretenimiento; medios noticiosos, política y mensajes persuasivos; características de los mensajes y su efectividad, y nuevas tecnologías y emociones (Döveling, von Scheve y Konijn 2011: 7).

Desde el punto de vista epistemológico, hay dos principales orientaciones en el estudio de las emociones en la comunicación. En primer lugar, están los estudios que consideran a las emociones como efectos de los medios. Esto es, las emociones de las audiencias se ven influidas por el consumo mediático. Estos estudios miden las emociones de los participantes, después de exponerlos a varios mensajes y concluyen que uno de los efectos de los medios son los cambios en las emociones de la audiencia (Barlett y Gentile 2011: 60). En esta corriente se inscribe también la teoría del cultivo de Gerbner, cuyo planteamiento considera que el consumo mediático influye en la percepción de la realidad, mas que ofrecer un canal para liberar las emociones (positivas o negativas). En otras palabras, la audiencia ajusta su percepción de la realidad a los mensajes mediáticos consumidos (Konijn y ten Holt 2011).

Entre las teorías de los efectos emocionales de los medios se debe mencionar la Teoría de la Disposición Afectiva elaborada por Zillmann para narrativas visuales (1991 y 1996, citado por Wirth y Schramm 2005: 9), que explica que el efecto de la excitación al observar un programa viene de las esperanzas o miedos que los espectadores sienten para la suerte del protagonista y del antagonista, después de que cada personaje (en función de sus actos, carácter, expresiones, etc.) pasa por un proceso de escrutinio y de aprobación o desaprobación por parte de la audiencia, con base en sus principios y valores.

La segunda orientación considera que la gente busca y selecciona los mensajes o programas que ven para responder a, cambiar o intensificar cierto estado emocional; de aquí se desprenden los estudios que afirman que las emociones no son solo una reacción, sino que son funcionales, se usan para comunicarse y para cambiar el estado de ánimo propio y de otros: lo que se conoce como "la Teoría del Manejo del Humor" elaborada por Zillmann (Barlett y Gentile 2011: 60 y Konijn y ten Holt 2011: 38–39), cuyo antecedente es la teoría de los usos y gratificaciones. Esta orientación se aplica a áreas temáticas como emociones y entretenimiento o en el tema de las características de los mensajes su efectividad, y también el tema de medios noticiosos y persuasión.

Adicionalmente, una tercera corriente considera el efecto mediador de las emociones en la recepción de los mensajes, esto es, que el estado de ánimo influye en las habilidades para procesar la información. Así, Konijn *et al.* (2009, citado en Konijn y ten Holt 2011: 49) encuentran que las personas expuestas a mensajes que les despertaron emociones, les atribuyan a estos mensajes mayores niveles de realismo y mayor valor informativo: "si lo siento, entonces es real". En consecuencia: más emotivo un mensaje, más alta la percepción sobre su realismo, credibilidad y valor informativo. Esto pueden explicar, por ejemplo, por qué los bulos (*fake news*) ganan rápidamente credibilidad, sin que los receptores hagan la verificación de la información. Esta aproximación tiene varias vertientes teóricas en el campo de medios, política y persuasión.

En el área temática del entretenimiento, en el caso de los programas de entretenimiento con contenidos positivos y alegres, la motivación hedonística es la gratificación principal para verlos. Pero desde la perspectiva de las emociones, una contribución teórica importante es la teoría de las emociones multinivel, esto es, un mismo mensaje o programa, puede tener varios efectos emocionales a la vez, lo que se ha llamado el proceso simultaneo de emociones multinivel (Konijn y ten Holt, 2011: 39), como en el caso de los programas que tienen personajes malos y buenos, o actos dramáticos y trágicos (un ejemplo son las telenovelas en América Latina). Por otro lado, Oliver y Woolley (2011) detallan que los programas con contenido triste o trágico tienen popularidad por varias razones: pueden tener un final feliz o que el personaje positivo al final salga bien; pueden tener una función catártica o terapéutica; pero también, que este tipo de programas ofrecen otro tipo de gratificación: autocontemplación, motivaciones de autodesarrollo personal —lo que llaman motivaciones eudaimonias en contraste a las hedonísticas o la búsqueda de significados (Oliver y Woolley 2011: 144).

Un área muy fértil para estudiar el papel de las emociones en la cognición, recepción de mensajes y acción social ha sido desde la comunicación política y las teorías de participación. La teoría de la elección racional (*rational choice theory*) ha sido cuestionada en las últimas décadas desde la perspectiva del enganche emocional en la política: los individuos participan porque les importa, les preocupa o sienten pasión (emoción) sobre un tema o un problema (Wahl-Jorgensen 2016: 16). En las palabras de Redlawsk, Tolbert y Franko (2010: 876): "las emociones deben ser vistas como una parte integral del proceso de toma de decisiones políticas". El primer estudio sobre las emociones políticas es el de Abelson, Kinder, Peters, y Fiske (1982) con datos del *American National Election Study*. Los autores encontraron que las emociones positivas y las negativas se separaban en dos dimensiones bien delimitadas, y estas dimensiones predecían fuertemente las preferencias sobre los candidatos, aun después de controlar la variable sobre opiniones sobre la personalidad de los candidatos (Groenendyk 2011: 460).

Por otro lado, usando modelos psicológicos del afecto, G.E. Marcus (1988) encuentra que las respuestas emocionales positivas a un candidato (tomando en cuenta las reacciones a las características personales de un candidato y su trabajo), es dos veces más importante que las respuestas negativas para poder predecir el voto. El estudio concluye que las respuestas emocionales determinan la implicación de los individuos en la política y las emociones, más que subjetivas, se constituyen en conocimientos estratégicos (p. 755).

Brader (2011: 342) cataloga las teorías sobre las emociones en la comunicación política en dos grandes grupos. Por un lado, son las teorías que consideran los efectos directos o causales de las emociones sobre las actitudes y los comportamientos políticos, como: la teoría de la "Cognición Cálida" elaborada por Lodge y Taber. Otro grupo de teorías que discuten el efecto directo de las emociones sobre el comportamiento son la Teoría de la Evaluación Cognitiva, o el Modelo de la Infusión del Afecto. Estas teorías postulan que los individuos toman decisiones para enfrentar a sus emociones, y las personas usan a sus emociones como una fuente de información sobre el mundo, para tomar decisiones y para actuar (Valentino *et al.* 2011: 159).

Inicialmente conocido como "el modelo dual del razonamiento motivado", este modelo tenía como hipótesis central la "cognición cálida", la cual postula que todos los conceptos sociopolíticos tienen una carga afectiva. Todos los líderes políticos, grupos, problemáticas, símbolos e ideas que se evaluaron en el pasado, tienen una carga afectiva (sea positiva o negativa); esta carga afectiva se adhiere al concepto (por ejemplo, el voto) y se deposita en la memoria de larga duración. Este registro se recuerda de manera automática cuando se está expuesto al objeto político al cual está asociado: en presencia del estímulo, lo que se recuerda es la asociación afectiva junto con la asociación cognitiva. Así, las emociones vinculadas a un concepto, se transforman en información (Lodge y Taber 2005: 456). En un estudio posterior, Taber y Lodge (2006) ponen a prueba los sesgos de no-confirmación (se acepta información congruente con las actitudes y se contraargumentan los hechos o datos contrarios con ellas) y de confirmación (cuando se busca activamente información que puede confirmar actitudes preexistentes). En este estudio encuentran nuevamente que las actitudes o creencias preexistentes sesgan el procesamiento de nueva información sobre líderes políticos, grupos sociales o políticos y temáticas sociales y políticas, a través de un escepticismo motivado por actitudes y creencias preexistentes (lo que los transforma en un sesgo) hacia información que no es congruente con estas dos dimensiones. Posteriormente, los autores desarrollan un modelo más completo, denominado "John Q. Public", cuya premisa fundamental es que las reacciones cognitivas y afectivas a eventos externos e internos se detonan de manera inconsciente, y son seguidas de una difusión de activación a través de líneas de asociaciones que vinculan pensamientos con sentimientos con intenciones y con comportamientos, de tal manera que los primeros eventos, aun los que son inconscientes, establecen la modalidad de procesar todos los eventos que les sigue (Taber y Lodge 2016: 63).

La Teoría de la Inteligencia Afectiva está relacionada a este modelo; y postula que las emociones de una persona influyen en sus actitudes y comportamiento político de dos maneras: en ausencia de afectos negativos, se propicia una confianza en las decisiones políticas habituales; en presencia de afectos negativos, se propicia atención, búsqueda y valoración sobre nueva información política. Marcus, MacKuen y Neuman (2011: 323), a través de análisis de datos de *American National Election Survey* (ANES), descubren que, cuando los ciudadanos sienten ansiedad sobre el candidato de su partido, construyen su decisión de voto no solo con base en la cercanía partidista, sino que además, consideran la personalidad y las propuestas del candidato. En otras palabras, en vez de una decisión automática, los ciudadanos empiezan una búsqueda activa de información y un proceso de racionalización de su decisión, más allá de la dimensión afectiva de la identidad partidista.

La Teoría de la Inteligencia Afectiva estipula que las emociones de los ciudadanos influyen en la atención que estos ponen en la política. Se considera que hay dos sistemas emocionales distintos. Un "sistema disposicional", que incluye las emociones y los sentimientos normales, y un "sistema de vigilancia" que se encarga de poner atención en las cosas. Las disposiciones tienen dos dimensiones afectivas: el entusiasmo (o la felicidad) y la aversión (otros autores le llaman enojo, o furia), y cada emoción es detonada por circunstancias diferentes: recompensa y, respectivamente, castigo. El "sistema de vigilancia" depende de emociones neurológicamente distintas, sobre todo, ansiedad, miedo o incertidumbre; estas emociones señalan que algo está fuera de la rutina, y que es necesaria una atención consciente (buscar información, valorar, juzgar), más allá de los hábitos —o las acciones automáticas o sobrentendidas, como votar por el candidato del partido por el cual se siente identificación (Marcus, MacKuen y Neuman 2011: 324).

De esta manera, la Teoría de la Inteligencia Afectiva profundiza en el vínculo entre emociones, actitudes políticas y comportamientos, analizando emociones, como la ansiedad, y comportamientos políticos específicos, como búsqueda de información para votar (en vez de confiar en "hábitos", como votar por el candidato del partido con el cual el elector se identifica más). También, la Inteligencia Afectiva matiza las conclusiones del modelo de la Cognición Cálida, introduciendo en la ecuación el papel del "sistema de vigilancia" que hace que los sujetos no actúen de acuerdo solo a hábitos influidos por emociones preexistentes.

Ladd y Lenz (2008 y 2011), en un artículo en el cual critican el modelo de la Inteligencia Afectiva, proponen otras dos alternativas explicativas: la Teoría del Transfer Afectivo y la Teoría del Afecto Endógeno. La Teoría del Transfer Afectivo postula que las reacciones emocionales positivas y negativas a los candidatos políticos transfieren directamente evaluaciones positivas y negativas a los candidatos, basada en la intuición de que, si alguien te hace sentir ansioso, te va a gustar menos, y si te hace sentir feliz, te va a gustar más. Mientras que la Teoría del Afecto Endógeno revierte la relación causal que propone la Inteligencia Afectiva y estipula que las evaluaciones preexistentes de los candidatos determinan reacciones emocionales. Los candidatos que no gustan, crean ansiedad, mientras que los candidatos que gustan, crean entusiasmo; así, muchas actitudes y creencias, reflejan o racionalizan las preferencias hacia candidatos y partidos (Ladd y Lenz 2008: 276–277). El Transfer Afectivo y el Afecto Endógeno también pueden explicar la interacción positiva entre la ansiedad, por un lado, y la evaluación de las propuestas y de las calidades de un candidato. Desde el Afecto Endógeno, se puede inferir que un tema político es de vital importancia para los electores, pero estos no están de acuerdo con la posición del candidato de su partido sobre el tema; eso los lleva a que no les guste el candidato y, por efecto de Afecto Endógeno, reportan sentir ansiedad sobre el candidato. Mientras que, desde la perspectiva del Transfer Afectivo, las acciones o cualidades de un candidato lleva a los electores a sentir ansiedad (o enojados o miedosos o las dos) y por lo tanto, votarán en contra de este candidato. En los dos casos, esto llevaría a los electores ansiosos a votar de acuerdo a sus preferencias o identificación partidista (Ladd y Lenz 2008: 285).

Tomando en cuenta las orientaciones teóricas revisadas hasta ahora, en la siguiente tabla sintetizamos los principales objetos de estudio de la comunicación, las teorías de comunicación clásicas que los han acompañado y las teorías complementarias de las emociones de las cuales se han desarrollado.

Tabla 7.1 Objetos de estudio y teorías de las emociones. Fuente: elaboración propia tomando como base a Igartua Perosanz 2006: 24–40.

Objeto de estudio	Teorías de la comunicación	Teorías complementarias de las emociones
El emisor	Sociología de la producción de mensajes	Sin correspondencia
El mensaje	Teorías del encuadre (*framing*) Análisis del contenido	Sin correspondencia
Audiencias y recepción	Usos y gratificaciones	Teoría del manejo del humor (Zillmann 1983 y Knobloch-Westerwick y Alter 2006).
	Usos y gratificaciones y "*expectancy-values*"	Teoría de la Disposición Afectiva (Zillmann 1991).
	Usos y efectos mediáticos	Teoría de las metaemociones y procesamientos simultáneo de emociones (Konijn y Jelte 2011)
	Estudios culturales (procesos de recepción)	La teoría de poder y estatus de las emociones (Kemper 2011)
Procesos y efectos mediáticos	Estudio de la propaganda (*Mass Communication Research*)	Modelo de transporte narrativo Modelo de Infusión Afectiva (Forgas 1995)
	Efectos directos, efectos limitados	Afecto como Modelo de Información (Schwarz y Clore 1988)
	Modelo de probabilidad de elaboración (persuasión)	Modelo Cognitivo Funcional (Nabi 1999)
	Medios y Mediaciones (múltiples)	El efecto mediador de las emociones en el procesamiento de la información (Konijn, van der Molen y van Nes 2009)
	Teorías de participación política (OSROR; teoría de la elección racional)	Teoría de la Inteligencia Afectiva (Marcus, MacKuen y Neuman 2011) Teoría de la Cognición Cálida, o el modelo dual del razonamiento motivado (Lodge y Taber 2005; Taber y Lodge 2006; Taber y Lodge 2016) Teoría de la evaluación cognitiva (Scherer 1984) Teoría del transfer afectivo (Ladd y Lenz 2008 y 2011) Teoría del afecto endógeno (Ladd y Lenz 2008 y 2011)
	Teoría del cultivo	Teoría del cultivo (Gerbner) y el proceso mediador de las emociones en la percepción de la realidad

Tabla 7.1 continúa

Agenda Setting	Sin correspondencia
Teoría del encuadre	-Teoría del manejo del terror (Pyszczynski et al. 2003)
Espiral del silencio	Sin correspondencia

Si bien en ciertos rubros hay ya varias elaboraciones teóricas, tomando en cuenta los cinco objetos de estudios clásicos de la comunicación, se observa que la mayor parte de estas teorías se encuentran en los procesos de recepción y efectos de los mensajes. Desde la perspectiva de las teorías culturales y las emociones, Peterson (2006) observa que falta todavía mucha investigación para el contenido de la cultura emocional. Si consideramos que los medios, los emisores, las audiencias y todo el proceso de recepción se da en un contexto cultural en el cual circulan las emociones (y se juntan con los valores y las actitudes, formando así las "emociones morales", como les llama Jasper, 2013), entonces es importante subrayar el vacío que aún existe en la investigación en la comunicación, en específico en la parte relacionada con los estudios culturales (en procesos de recepción), pero también con el contenido de los mensajes y las condiciones (el contexto) de producción de los mismos. Sin embargo, en un paisaje tan complejo, ¿cómo podemos investigar a las emociones? ¿Qué desafíos metodológicos nos esperan?

Desafíos metodológicos

El principal desafío metodológico al investigar las emociones emana de la complejidad teórica inmersa en la definición de las emociones. Como hemos visto, varios autores y varias corrientes teóricas o bien consideran cuatro componentes de las emociones; hacen la diferencia entre emociones, afectos, y sentimientos; o plantean diferencias por valencia (emociones positivas o negativas), acorde a la intensidad (fuertes, o débiles) o a la duración de las emociones.

Por ejemplo, la ira es una emoción de valencia negativa, de intensidad fuerte, pero de corta duración, a diferencia del enojo que si bien es negativa, la intensidad es menos fuerte que la ira, pero de mayor duración en el tiempo. La importancia de estas tres dimensiones se ve cuando tratamos el potencial movilizador de las emociones, sobre todo en movimientos sociales con actores colectivos. La ira puede llevar a movilizaciones fuertes y destructivas (saqueos, destrucciones, como fue el caso recientemente con las movilizaciones feministas en México en 2020), pero de menor duración que el enojo (que lleva movilizaciones de mayor duración, como fue el caso en México con Ayotzinapa, así como hemos detallado en otros estudios, ver Corduneanu 2019).

Por lo tanto, ante tal diversidad teórica, tenemos un mayor desafío metodológico. Como ya revisamos anteriormente, las emociones no son solo expresiones fisiológicas, por lo que una metodología para investigarlas, y más desde la perspectiva de los estudios de comunicación, tiene que considerar su naturaleza compuesta y multifacética. Para la parte fisiológica de las emociones, la neurociencia ya ha desarrollado varios métodos de medición de parámetros corporales ante la presencia de un estímulo. Es el caso del ya famoso estudio de Sturm (1984, citado por Wirth y Schramm 2005: 3) sobre la faltante mitad de segundo: la gente se tarda medio segundo más en procesar información de los medios que en procesar información que no recibe de los medios. En la década de 1980, este grupo de investigación alrededor de Sturm y Vitouch desarrolló varios parámetros fisiológicos (como el ritmo cardiaco) para estudiar el impacto emocional de los mensajes mediáticos (Wirth y Schramm 2005: 3). Últimamente, la neurociencia ha ofrecido varios métodos para estudiar la actividad cerebral vinculada a las emociones, como tomografías, electroencefalografías o resonancias magnéticas; el último método logró finalmente localizar las actividades emocionales en el cerebro (Wirth y Schramm 2005: 7).

Sin embargo, esta metodología responde solo al componente fisiológico de las emociones. Para la parte conativa (expresiones), se han elaborado sistemas de codificación de las expresiones faciales, el más conocido siendo el de Ekman, "el sistema de codificación de la acción facial" (*Facial Action Coding System*, FACS), con su teoría de las microexpresiones (Ekman 2007).

Para la parte afectiva de las emociones (lo que las teorías de las evaluaciones consideran como la experiencia subjetiva), también se han desarrollado varios métodos basados en experimentos, en los cuales se usan estímulos para inducir la condición que evoca las emociones, con cuestionarios cuantitativos. Como lo mencionan Wirth y Schramm (2005), es una metodología para medir las emociones producidas por uno o varios estímulos (si el estudio es comparativo), en condiciones de laboratorio, con o sin medidas de respuestas fisiológica, pero con instrumentos basadas en escalas, como: "la escala de diferencial emocional" de Izard; "el cuestionario de las ocho emociones" de Curran y Cattell; o instrumentos que miden estados emocionales subjetivos y momentáneos, como "la lista de verificación de adjetivos de activación-desactivación" de Thayer, o el "Programa Afecto Positivo-Afecto Negativo" de Watson, Clark y Tellegen. También, hay instrumentos que se enfocan solo a una emoción, pero de manera detallada, como el "Inventario de la ansiedad" de Laux, Glanzmann, Schaffner y Spielberger.

Para la parte cognitiva, Scherer desarrolló el "chequeo de evaluación de estímulos", que evalúa la novedad, el placer, la relación entre meta y necesidad y la compatibilidad de la situación emocional con las normas (Wirth y Schramm 2005: 3). Lang y Ewoldsen (2011) ofrecen una clasificación muy completa de las diferentes escalas, en función de las dimensiones de las emociones que midan cada una de ellas.

Hay que señalar tres limitaciones principales de los métodos experimentales cuantitativos para el estudio de las emociones. En primer lugar, se enfocan solo en un aspecto de las emociones (fisiológico, neurológico, comportamental, subjetivo, o cognitivo). Esto es, no desarrollan una perspectiva plural y multifacética, mientras que las teorías consideran a las emociones como multicapa. En segundo lugar, los cuestionarios y las escalas están reportando las descripciones proporcionadas por los entrevistados. Es decir, sus percepciones sobre las emociones que experimentan, más no una observación directa y objetiva de las emociones vividas. Y, en tercer lugar, los métodos experimentales individuales solo dan cuenta de emociones individuales, o personales mas no de las emociones colectivas, sociales y socializadas.

Consideramos, entonces, que hay dos desafíos metodológicos principales en el estudio de las emociones y más, en el estudio de las emociones en comunicación. El primero es el desafío de poder capturar todas las facetas de las emociones (fisiológicas, cognitivas, conativas, evaluativas), o bien, de estudiar el complejo entramando de emociones-afectos-sentimientos, al tomar en cuenta que las emociones no tienen solo un valor fisiológico y evolutivo (como lo considera el planteamiento darwinista), sino también valencias culturales y sociales. El segundo desafío metodológico, es capturar no solo las emociones individuales; las emociones circulan en el tejido social, se contagian, se transmiten y, tanto los medios tradicionales como las redes sociales o los medios interactivos, son plataformas para formación, crecimiento, enriquecimiento y circulación de las emociones. Las emociones se vuelven colectivas, se socializan y pueden llevar a acciones sociales (como movilizaciones, protestas, voto); pueden influir en las actitudes y los comportamientos de otros actores sociales. Las redes sociales, actualmente, son un medio predilecto para transmitir, contagiar y hacer colectivas las emociones, en particular las negativas, que se pueden traducir en linchamientos con graves consecuencias (Olabuenaga 2019). Grath (2011: 370) considera que las emociones humanas son, de manera inherente, relacionales y dinámicas, y tienen un papel fundamental en el intercambio social, el cual es la base de nuestra sobrevivencia. Entonces, el segundo desafío metodológico es considerar la investigación de las emociones colectivas y de sus procesos de transmisión, viralización y socialización como un *proceso comunicativo*; es en donde el concepto de "comunidades afectivas" puede ser de gran utilidad, como lo hemos mencionados en párrafos anteriores.

De acuerdo a su posición teórica sobre las tipologías de las emociones Jasper (2013: 61) afirma que "casi cualquier técnica utilizada para explicar significados cognitivos puede adaptarse al estudio de las emociones": interpretación de textos, de rituales, de edificios; observación de interacciones y registro de audio y video; entrevistas y encuestas; observación participante (en las cuales usamos también la introspección para entender las emociones complejas diario de los sujetos, grupos focales para observar la interacción).

En el nuevo giro cultural y afectivo, Cefaï (2007, citado por Jasper 2012: 30) propone como certidumbre metodológica la etnografía "como el camino más seguro para entender las situaciones en las que los humanos trabajan y retrabajan la concepción del mundo que los rodea (...) nuestro punto de partida deberían ser las cosas pequeñas, la interacciones donde empiezan los significados y las intenciones".

Por otro lado, Ekman (2007: 4) afirma que todos los seres humanos experimentamos las mismas emociones, pero lo hacemos de manera diferente, de acuerdo a los contextos culturales particulares. Dar crédito de estos diferenciales individuales es también un desafío metodológico que nos pone en el centro de la investigación al sujeto único. Y para complicar más el panorama, el mismo Ekman plantea que, además de las emociones, lo importante es el recuerdo de estas emociones (Ekman 2007: 20), lo que nos abre un interesante panorama metodológico: ¿qué tenemos que preguntar? ¿Qué tenemos que escuchar en lo que nos dice el sujeto? ¿Podemos abrir un nuevo capítulo en la investigación sobre memoria individual, pública y colectiva en el cual consideremos el papel de las emociones tal y cómo se les recuerda?

Actualmente, en la metodología cualitativa hay un vacío en cuanto a la investigación de las emociones, del afecto, de los sentimientos. Si bien se desarrollan nuevos abordajes que abogan las corporalidades, la autoetnografía, las sonoridades, las visualidades, teorías críticas desde las perspectivas feministas, de construcción de subjetividades, metodologías indígenas, etnografías y *perfomance,* perspectivas de la justicia social, de la resistencia social, y, por supuesto, desde el mundo digital, por nombrar solo algunas de las nuevas técnicas, y orientaciones epistemológicas de la metodología cualitativa (Denzin y Lincoln 2018). Sin embargo, no hay una técnica, o metodología que se ocupe de manera puntual de las emociones y de su complejo papel en la vida y la acción social.

Una mención especial se merece a Q-metodología (Stephenson 2014); una metodología mixta que se desarrolla desde la década de 1930 en la academia norteamericana, con una salida analítica cuantitativa (análisis factorial). Considerada hasta ahora como la única metodología mixta que investiga las subjetividades (o, en las palabras de su fundador, "las subjetividades operantes"), la Q-metodología reúne la veta cualitativa de recopilación de discursos (o de universos semánticos sobre un tema específico) con la veta cuantitativa de las escalas y escalogramas. Recientemente, la Q-metodología se empieza a considerar en las investigaciones sobre recepción y audiencias (Davis y Michelle 2011), aunque es todavía marginal en los estudios de comunicación. Sin embargo, lo que falta aún es el puente teórico entre las subjetividades operantes y las emociones, los afectos, los sentimientos, tanto los individuales como los colectivos, los sociales y socializados.

Abogamos entonces, por una metodología mixta que pueda reunir los métodos experimentales y los cuestionarios cuantitativos (que estudian aspectos individuales de las emociones o solo una faceta de las mismas), con métodos cualitativos, que pueden sorprender las emociones tanto en el momento de su producción, como en el proceso de transmisión, de contagio del cuerpo social, así como los efectos de las mismas sobre las actitudes y los comportamientos de los actores sociales, incluyendo los consumos mediáticos o los comportamientos mediáticos interactivos (redes sociales).

Conclusiones

El objetivo de este capítulo ha sido dar cuenta de un (relativamente) nuevo giro en las ciencias sociales: el giro afectivo y la necesidad de considerarlo en la investigación en la comunicación. Una primera conclusión se refiere a la necesidad teórica de considerar a las emociones como multifacéticas, no solo como reacciones fisiológicas o expresiones conativas. De acuerdo a varios autores que hemos revisado, a la expresión fisiológica se le añade la cognitiva, la evaluativa, la subjetiva, etc. O bien, podemos hablar de emociones básicas y complejas, que se combinan en afectos y sentimientos.

Una segunda conclusión toca el tema de las emociones individuales *versus* las emociones colectivas, sociales y socializadas, así como de la formación de las "comunidades afectivas". Los estudios de comunicación tienen que tomar en cuenta esta transmisión, contagio y combinación de las emociones individuales en emociones colectivas, que dan lugar tanto a "comunidades afectivas" (por ejemplo, en los procesos de recepción), pero también a acciones sociales. Es necesario, por lo tanto, entender a los procesos de comunicación también desde una perspectiva emocional, en la comunicación interpersonal, y ver a los medios y a los mensajes desde el ángulo de formación y transmisión de emociones, tanto a nivel individual como a nivel colectivo.

En tercer lugar, a nivel teórico hemos encontrado que, si bien hay varias teorías que cubren los procesos de recepción o de efectos de los medios, otros objetos de estudio de la comunicación, como los procesos de producción de los mensajes, o el análisis del contenido de los mensajes, no tienen correspondencias teóricas desde la perspectiva de las emociones.

Y finalmente, en cuarto lugar, hemos detallado los desafíos metodológicos de las emociones en la comunicación. Si bien hay una veta cuantitativa que se dedica a estudiar los efectos de los mensajes, esta veta se enfoca a las emociones individuales, sin tocar el proceso de socialización de las emociones y tampoco su transformación en emociones colectivas. Por esto, proponemos un abordaje metodológico mixto, tomando en cuenta los planteamientos recientemente adaptados a los estudios de la recepción de la Q-metodología, pero también las ventajas de métodos más tradicionales, como la etnografía y la etnografía visual.

Referencias y lecturas adicionales

Abelson, R., Kinder, D., Peters, M y Fiske, S. 1982. "Affective and Semantic Components in Political Person Perception". *Journal of Personality and Social Psychology*, 42: 619-30.

Ahmed, S. 2014. *The Cultural Politics of Emotions* (2ª edición), Edinburg: Edinburgh University Press.

Arfuch, L. 2016. "El giro afectivo". Emociones, subjetividad y política. *Emociones en la nueva esfera pública*. *Designis*, 24 (enero-junio): 245-54.

Athanasiou, A., Hantzaroula, P. y Yannakopoulos, K. 2009. Towards a New Epistemology: The "Affective Turn". *Historein*, 8: 5-16. DOI:http://dx.doi.org/10.12681/historein.33

Barbalet, J.M. 1998. *Emotions, Social Theory and Social Structure. A Macrosociological Approach*. Cambridge, RU: Cambridge University Press.

Barlett, C. y Gentile, D.A. 2011. "Affective and emotional consequences of mass media" en Döveling, K. von Scheve, C. y. Konijn, E.A (eds.). *The Routledge Handbook of Emotions and Mass Media*. Londres y Nueva York: Routledge, 60-78.

Brader, T. 2011. "The Political Relevance of Emotions: "Reassesing" Revisited". *Political Psychology*, 32(2): 337-46, doi: 10.1111/j.1467-9221.2010.00803.x.

Cefaï, D. 2007. *Pourqoui se Mobilise-t-on? Les Théories de lAction Collective*, París: La Découverte.

Corduneanu, V.I. 2019. "El papel de las emociones sociales y personales en la participación política". *Revista Mexicana de Opinión Pública*, (26), 14: 71-96. DOI 10.22201/fcpys.24484911e.2019.26.66903

Damasio, A. R. 1994. *Descartes' error: Emotion, reason, and the human brain*. NYC, NY: G.P. Putnam.
Davis, C.H. y Michelle, C. 2011. "Q Methodology in Audience Research: Bridging the Qualitative/Quantitative ´Divide´?" *Participations. Journal of Audience and Reception Studies*, 8(2): 559–93.
Denzin. N.K. 1984. "On Understanding Emotion: The interpretive-cultural agenda" en Kemper, T. (ed.). *Research Agendas in the Sociology of Emotions*. Albany NY: State University of New York Press, 85–110.
Denzin, N.K. y Lincoln, Y.S. 2018. *The SAGE Handbook of Qualitative Research*. Los Angeles, Londres: SAGE.
Ekman, P. 2007. *Emotions Revealed. Recognizing Faces and Feelings to Improve Communication and Emotional Life*. NYC, NY: Saint Martin´s Griffin.
Fernández-Leost, J.A. 2017. "La revancha política de las emociones: ¿Amenaza fantasma?". *Nómadas. Critical Journal of Social and Juridical Sciences*, (51) 2: 333–45. DOI: http://dx.doi.org/10.5209/NOMA.54910
Fierke, K. M. 2012. *Political self-sacrifice: agency, body and emotion in international relations*. Cambridge, RU: Cambridge University Press.
Forgas, J. P. 1995. "Mood and judgment: The affect infusion model (AIM)". *Psychological Bulletin*, 1(117): 39–66.
Gandhi, L. 2006. *Affective Communities, Anticolonial Thought, Fin-de-Siécle, Radicalism and the Politics of Friendship*. Durham, NC y Londres: Duke University Press.
Gordon, S.L. 1981. "The sociology of sentiments and emotion" en Rosenberg, M. y Turner, R. H. (eds.). *Social psychology: Sociological perspectives*, NYC, NY: Basic Books, 562–592.
Grath, J. 2011. "Emotionally reasonant media. Advances in sensing, understanding and influencing human emotions through interactive media" en Döveling, K, von Scheve, C. y Konijn, E.A. (eds.) *The Routledge Handbook of Emotions and Mass Media*. Londres: Routledge, 70–87.
Groenendyk, E. 2011. "Current Emotion Research in Political Science: How Emotions Help Democracy Overcome its Collective Action Problem". *Emotion Review*, 3(4): 455–463, DOI: 10.1177/1754073911410746.
Hoggett, P. y Simpson, S. 2012. "Introduction" en Hoggett, P. y Simpson, S. (eds.). *Politics and Emotions. The affective turn in contemporary political studies*. NYC, NY: Continuum.
Hutchinson, E. 2016. *Affective communities in world politics: collective emotions after trauma*. Cambridge, RU: Cambridge University Press.
Igartua Perosanz, J.J. 2006. *Métodos cuantitativos de investigación en comunicación*. Barcelona: Bosch.
Jasper, J.M. 2012. "¿De la estructura a la acción? La teoría de los movimientos sociales después de los grandes paradigmas". *Sociológica*, 27(75): 7–48.
Jasper, J.M. 2013. "Las emociones y los movimientos sociales: veinte años de teoría e investigación". *Revista Latinoamericana de Estudios sobre Cuerpos, Emociones y Sociedad*, 4(10): 48–68.

Kemper, T.D. 2011. "Power and Status and the Power-Status Theory of Emotions" en Stets, J.E. y Turner, J. H. (eds), *Handbook of the Sociology of Emotions*, NYC, NY: Springer, 87-113.
----------, 1978. *A Social Interactional Theory of Emotions*. NYC, NY: Wiley.
Knobloch-Westerwick, S. y Alter, S. 2006. "Mood adjustment to social situations through mass media use: How men ruminate and women dissipate angry moods", *Human Communication Research*, 32: 58-73.
Konijn, E.A., van der Molen, J.H.W. and van Nes, S. 2009. "Emotions bias perceptions of realism in audiovisual media: why we may take fiction for real". *Discourse Processes*, 46: 1-32.
Konijn, E.A. y ten Holt, J.M. 2011. "From Noise to Nucleus: Emotions as key construct in processing media messages" en Döveling, K., von Scheve, C. y Konijn, E.A., (eds.). *The Routledge Handbook of Emotions and Mass Media* London y Nueva York: Routledge, 37-59.
Ladd, J. M. y Lenz, G.S. 2008. "Reassesing the Role of Anxiety in Vote Choice". *Political Psychology*, 29(2): 275-96.
Ladd, J.M. y Lenz, G.S. 2011. "Does Anxiety Improve Voter's Decision Making?" *Political Psychology*, 32(2): 347-61. DOI: 10.1111/j.1467-9221.2010.00805.x.
Lang, A. y Ewoldsen, D.R. 2011. "The measurement of positive and negative affect in media research" en K. Döveling, C. von Scheve, y E.A. Konijn, (eds.). *The Routledge Handbook of Emotions and Mass Media,* Londres y NYC, NY: Routledge, 79-98.
Lodge, M. y Taber, C.S. 2005. "The Automaticity of Affect for Political Leaders, Groups and Issues: An Experimental Test of the Hot Cognition Hypothesis". *Political Psychology*, 26(3): 455- 81.
Marcus, G.E. 1988. "The Structure of Emotional Response: 1984 Presidential Candidates", *American Political Science Review*, 83(3): 737-61. DOI: 10.2307/1962488.
Marcus, G.E, MacKuen, M. y Neuman, W.R. 2011. 'Parsimony and Complexity: Developing and Testing Theories of Affective Intelligence'. *Political Psychology*, 32(2): 323-36. DOI: 10.1111/j.1467-9221.2010.00806.x
Nabi, R. L. 1999. "A cognitive-functional model for the effects of discrete negative emotions on information processing, attitude change, and recall". *Communication Theory*, 3(9): 292-320.
Olabuenaga, A. M. 2019. *Linchamientos digitales*. México: Paidós.
Oliver, M.B. y Woolley, J.K. 2011. "Tragic and poignant entertainment. The gratifications of meaningfulness as emotional response" en K. Döveling, C. von Scheve, y E.A. Konijn. (eds.). *The Routledge Handbook of Emotions and Mass Media*, Londres y NYC, NY: Routledge: 134-47.
Pantti, M. 2011. "Disaster News and Public Emotions" en K. Döveling, C. von Scheve, y E.A. Konijn. (eds.). *The Routledge Handbook of Emotions and Mass Media*, Londres y NYC, NY: Routledge: 221-236.

Passerini, L. 2009. "Connecting Emotions. Contributions from Cultural History". *Historein*, Vol. 8: 117-127. DOI: http://dx.doi.org/10.12681/historein.44
Peterson, G. 2006. "Cultural Theory and Emotions" en Stets, J.E. y Turner, J. (eds), *Handbook of the Sociology of Emotions*, NYC, NY: Springer, 114-134.
Plutchik, R. 2003. *Emotions and Life: Perspectives from Psychology, Biology and Evolution*. American Psychological Association.
Pyszczynski, T., Solomon, S. y Greenberg, J. 2003. "In the wake of 9/11: the psychology of terror". *American Journal of Psychiatry*, 160: 1019.
Randall, C. 1975. *Conflict Sociology: Toward an explanatory science*. NYC, NY: Academic Press.
Redlawsk, D.P., Tolbert, C.J. y Franko, W. 2010. Voters, "Emotions and Race in 2008: Obama as the First Black President". *Political Research Quarterly*, 63(4): 875-889.
Robinson, D. T, y Vaughn A. D. 1999. "Predicting Everyday Emotions: A Comparison of Affect Control Theory and Social Interactional Theory". Artículo presentado en la conferencia anual de la *American Sociological Association in Chicago*.
Ross, A. 2014. *Mixed emotions: Beyond fear and hatred in international conflict*. Chicago, IL: Chicago University Press
Scherer, K. R. 1984. "On the nature and function of emotion: A component process approach" en K. R. Scherer & P. Ekman (eds.), *Approaches to emotion*, Hillsdale, NJ: Lawrence Erlbaum Associates, 293-318.
Schwarz, N., y Clore, G. L. 1988. "How do I feel about it? The informative function of affective states" en Fiedler, K. y Forgas, J.P. (eds.). *Affect, cognition and social behavior—New evidence and integrative attempts* Göttingen, Germany: Hogrefe. Forgas, 44-62.
Solomon, R. 1995. *A passion for justice. Emotions and the origins of the social contract*. NYC: NY, Rowan & Littlefield.
Spelman, E. 1989. "Anger and insubordination" en Garry, A. y Pearsall, M. (eds.), *Women, Knowledge, and Reality*. Winchester, MASS: Unwin Hyman, 263-273.
Stephenson, W. 2014. "General Theory of Communication". *Operant Subjectivity. The International Journal of Q Methodology*, vol. 37(3): 38-56. DOI: 10.15133/j.os.2014.011.
Taber, C.S. y Lodge, M. 2006. "Motivated Skepticism in the Evaluation of Political Beliefs". *American Journal of Political Science*, 50(3): 755-769.
Taber, C.S. y Lodge, M. 2016. "The Illusion of Choice in Democratic Politics: The Unconscious Impact of Motivated Political Reasoning". *Advances in Political Psychology*, vol. 37(1): 61- 85. DOI: 10.1111/pops.12321.
Thoits, P. A. 1996. "Managing the emotions of others". *Symbolic Interaction*, 19(2): 85-109.
Wahl-Jorgensen, K. 2016. 'The Emotional Politics of the EU Referendum: Bregrexit and Beyond' en Jackson, D. E. Thorsen, E. y Wring, D. (eds.). *EU Referendum Analysis 2016: Media, Voters and the Campaign. Early Reflections from leading UK*

Academics (p. 116). Center for the Study of Journalism, Culture and Community, Bournemouth University, Center for Politics and Media Research (Bournemouth University), The Center for Research in Communication and Culture (Loughborough University), PSA The Media and Politics Group, Loughborough University, recuperado de https://www.referendumanalysis.eu/ [última consulta: 20 diciembre 2018].

Williams, R. 1977. *Marxism and Literature*. Oxford, RU: Oxford University Press.

Wirth, W. y Schramm, H. 2005. "Media and Emotions". *Communication Research Trends*, 24 (3): 3–39.

Zillmann, D. 2011. "Mechanism of emotional reactivity to media entertainments" en K. Döveling, K., von Scheve, C. y Konijn, E. A. (eds.). *The Routledge Handbook of Emotions and Mass Media*, Londres y NYC, NY: Routledge, 101–115.

———. 1983. "Transfer of excitation in emotional behavior" en Cacioppo J.T y Petty R.E. (eds.) *Social Psychology: A Sourcebook*, NYC, NY: Guilford, 215–40.

———. 1991. "Empathy: Affect from bearing witness to the emotions of others" en Bryant, J. y Zillmann, D. (eds.), *Responding to the screen: Reception and reaction processes*, Hillsdale, NJ: Lawrence Erlbaum Associates, 135–168.

———. 1996. "The psychology of suspense in dramatic exposition" en Vorderer, P., J. Wulff, J. y Friedrichsen, M. (eds.). *Suspense: Conceptualizations, theoretical analyses, and empirical explorations*, Mahwah, NJ: Lawrence Erlbaum Associates, 199–231.

Entre lo comunicativo, lo social y lo cultural: una explicación no ortodoxa

VIVIAN ROMEU

En este texto se reflexiona sobre la relación entre comunicación, sociedad y cultura desde una perspectiva distinta a la que hasta ahora ha predominado. La diferencia que establece la mirada aquí expuesta respecto a los abordajes que han tratado con anterioridad el tema radica esencialmente en la manera diferente de concebir al fenómeno comunicativo, posición desde la cual le otorgamos un papel preponderante en la configuración histórica de los procesos socioculturales. La clásica definición de la comunicación que vertebra la articulación entre emisor, mensaje y receptor (más sus adyacentes) será subvertida en este trabajo a favor de una definición menos mecánica y más realista de lo que sucede cuando nos comunicamos.

Para llevar a buen puerto esta subversión, la elección teórica de partida atraviesa las fronteras disciplinares y se instala en la necesaria, aunque presunta y poco asumida, interdisciplinariedad. Estos enfoques teórico-epistemológicos tienen raíces en la biología evolutiva, la biosemiótica, la fenomenología y las nuevas ciencias cognitivas. Desde ellos se propone la caracterización del fenómeno comunicativo como un fenómeno anclado en la vida, no solo humana, sino en la vida en general; aunque en este texto —por sus particularidades y objetivos— se hablará solamente de la comunicación humana. Así, la ruta reflexiva que en este trabajo se desarrolla parte del análisis del fenómeno comunicativo, entendiéndolo como base de lo social y lo cultural. En un primer apartado, se desarrolla sintéticamente la definición de fenómeno comunicativo como acto expresivo de los seres humanos, para luego, centrar la reflexión en el concepto de interacción comunicativa que es el que resulta relevante en este trabajo.

En un segundo apartado, se propone a la comunicación como una dimensión a tener en cuenta en el origen de lo social, a través del concepto de interacción comunicativa del que partimos para con ello, dar paso a un tercer apartado donde se replica el mismo ejercicio reflexivo pero a propósito del concepto de cultura. La tesis fundamental que se defiende es, por una parte, que hay en lo social una dimensión expresiva que guarda relación con la construcción de la cultura, y por la otra, que dicha dimensión emerge de la interacción comunicativa entre los individuos y grupos sociales, aún y cuando es siempre situada, es decir, anclada en los condicionamientos estructurales de la sociedad vinculados al ejercicio del poder, lo que participa en el origen de los significados, los valores, las costumbres y las tradiciones que conforman el universo de la cultura, con sus núcleos hegemónicos y sus núcleos de resistencia.

En las conclusiones de este trabajo, se sintetizan los principales planteos que aquí se hacen, respondiendo a la pregunta ¿es la comunicación base o resultado de lo social-cultural? Esta pregunta será respondida vinculando la tesis de que la comunicación, por medio de la interacción comunicativa, constituye una dimensión base de lo social-cultural atada a los condicionantes sociales y de poder. A manera de cierre se postulan algunas reflexiones en torno a cómo entender la comunicación desde un punto de vista ontológico y teleológico, así como qué y cómo debe estudiar el campo científico sobre la comunicación.

Lo comunicativo

¿Se puede entender a la comunicación desde la concepción lineal tripartita entre emisor-mensaje-receptor? La respuesta a esta pregunta es simple y ha sido dada desde hace tiempo. Por una parte sí, aunque por la otra, no. Sí, porque el proceso de trasmisión que esta fórmula propone describe algunos de los actos comunicativos que podemos observar en la realidad. No, porque este proceso de transmisión no logra explicar la complejidad del acto comunicativo.

Desde una concepción social de la comunicación, esta se entiende como un proceso de envío y reenvío de información entre dos o más comunicantes, en el que uno de ellos (el emisor) envía información (codificada en un mensaje) a otro (receptor), y este a su vez, a la manera de una conversación, devuelve información (enviada y codificada a través de otro mensaje) al otro comunicante (antes emisor y ahora receptor). Como se puede notar, este proceso describe con alguna justicia lo que pasa en una interacción comunicativa cara a cara entre dos comunicantes, pero no agota suficientemente el fenómeno comunicativo en sí pues no da cuenta de otros actos comunicativos ni explica qué ocurre antes de que esto suceda, lo que tiene implicaciones para la comprensión del fenómeno comunicativo como tal. El modelo clásico de comunicación (emisor-mensaje-recepción) se halla atado al mensaje como figura central de la comunicación y no a los sujetos que son quienes realmente comunican por medio de él. A continuación se pretenden subsanar estas deficiencias, primero de una manera inductiva, es decir, a través de ejemplos, y luego desde una reflexión más formal que permita conceptualizar a la comunicación como fenómeno y acto expresivo.

Para ilustrar lo anterior, vale poner un ejemplo: un artículo de opinión en cualquier periódico o bien un programa cómico en la televisión, son mensajes. Ello implica que ambos son producidos por alguien con la intención de decir ciertas cosas y afectar por medio de ellas a sus receptores. En ese sentido, se asume como comunicativo lo que es producido por alguien, de manera intencional y racional, para afectar a otro en algún sentido por medio de la organización de la información codificada en un mensaje. Pero como para afectar al otro este debe entender lo que el mensaje dice, parece claro que dicho mensaje debe contener información compartida, socializada, de manera tal que tenga sentido para el receptor, y eventualmente este pueda reaccionar a ella, incluso produciendo y enviando su propio mensaje, con intenciones de afectación también.

Esta idea de afectación supone entonces como necesario, casi imprescindible, al entendimiento como aspecto constitutivo de la comunicación, mismo que se halla a su vez dependiente de la intención del comunicante puesto que la afectación solo podría tener lugar, al menos desde este esquema clásico, si se procura como tal, es decir, si se planea. En ese sentido, planear la afectación al receptor por medio del mensaje vía la intención racional del emisor, conduce a admitir que en la comunicación todo es consciente (aunque ello ciertamente no garantiza el éxito de la afectación ya que podemos ver un programa cómico y no reírnos en absoluto, o nuestro artículo de opinión puede no convencernos de lo que dice).

Ello se puede deber a que no nos reímos con el programa cómico porque sencillamente no nos da risa, o no salimos convencidos de la opinión que presenta un articulista en la prensa simplemente porque no la compartimos. Si se acepta esto como posible, se ha de admitir que la comunicación no puede conceptualizarse como el proceso donde un emisor envía información codificada en un mensaje con la intención de afectar a un receptor, pues aunque esto pueda considerarse posible (y lo sería incluso en algunas circunstancias) nada augura que suceda, es decir: lo mismo puede suceder que no.

La definición clásica de comunicación no cuestiona lo anterior. De hecho, lo que este modelo clásico de la comunicación describe es solo una parte de lo que sucede en la realidad. Por ejemplo, Carlos Loret de Mola, conocido periodista, escribe un artículo de opinión sobre las elecciones presidenciales de 2018 en México. Supongamos que este periodista critica el programa de gobierno de Andrés Manuel López Obrador, y lo hace con la intención de ofrecer a los lectores su punto de vista y si es posible, convencerlos razonablemente de él. Nosotros, lectores de dicho artículo, podemos coincidir con Loret (o no), y ello obedece a que poseamos ideas parecidas, similares, a las del periodista (o no). Si tenemos ideas similares a las de Loret sobre Andrés Manuel López Obrador, estaremos —*grosso modo*— esencialmente de acuerdo con él, pero si tenemos ideas diferentes no estaremos de acuerdo y las posibilidades de convencimiento se verán reducidas.

Ahora bien, ¿se puede asegurar que Loret de Mola escribe su artículo de opinión para convencernos de una u otra posición? ¿Cabría la posibilidad de que su artículo no llevara la impronta del convencimiento; de la afectación? Al parecer esto no es posible pues se puede asegurar nunca intención alguna en un acto comunicativo cualquiera debido a que las intenciones forman parte del mundo de la subjetividad individual y ni como analistas ni como receptores se puede tener total certeza de ello más allá de la especulación —correcta o incorrecta— al respecto. Esto abre la posibilidad de pensar la comunicación como no siempre intencional, no siempre enfocada a afectar al receptor y tampoco no siempre orientada al entendimiento.

Los argumentos que se pueden ofrecer en aras de sostener esta idea son varios: en primer lugar, hacer de la comunicación un acto intencional siempre implica augurarle una buena dosis de racionalidad que desmiente cualquier contraejemplo cotidiano. ¿Cuántas veces no hemos "metido la pata" diciendo aquello que menos nos conviene, incluso para convencer o intentar afectar al otro? Esta "metida de pata" puede obedecer a diferentes hechos: la inconsciencia del acto de comunicar, o bien, a pesar de estar conscientes no prestar suficiente atención a lo que decimos o no saberlo enmascarar. Los dos últimos casos ejemplifican errores u omisiones en la comunicación, específicamente, en el polo de producción-formulación del mensaje vía la codificación de la información para hacerla compartida; pero el primer caso es distinto porque evidencia que la comunicación puede ser inconsciente.

Al respecto, ahí está el ejemplo del sonrojo. Un chico de cuatro años se sonroja cuando un adulto le pregunta de quién está enamorado. Su sonrojo indica cierto pudor o vergüenza con respecto a la pregunta. No dice nada, solo se sonroja, y este sonrojo en realidad es una reacción involuntaria de su cuerpo que manda una mayor cantidad de sangre a las venas de los cachetes generando una concentración inusual de esta, que el niño no puede impedir ni manipular. Esta concentración sanguínea momentánea evidentemente ha sido una respuesta de su cuerpo ante la información que le ha enviado su cerebro con motivo de la pregunta formulada. En ese sentido, el sonrojo es la respuesta a la pregunta. Lo importante aquí no es que el niño (antes receptor) se convierta a su vez en emisor al responder; esto es un mecanismo de *feedback* en la comunicación que ha sido bastante estudiado. Más bien lo relevante es que el niño, por medio de su sonrojo, se ha comunicado con su interlocutor, le ha respondido, aunque sin intención de hacerlo.

Ahora bien, ¿puede o no considerarse comunicación el acto del sonrojo del niño? Si se contesta que no, la comunicación siempre sería consciente, racional y en función del entendimiento. ¿Lo es? ¿No hay malentendidos, incluso accidentales, involuntarios?

¿Y si en lugar de un adulto es otro niño quien le pregunta al niño del ejemplo anterior por el ser que acapara sus amores? El niño que otrora se sonrojara puede no sonrojarse esta vez e indicar sin problemas a su interlocutor que está enamorado; o bien puede sonrojarse de la misma manera en que lo hizo frente al adulto, solo que si bien un adulto puede "leer" dicho sonrojo como pena, vergüenza e incluso molestia, el niño que pregunta estaría imposibilitado para hacer esta interpretación porque carece de una asociación mental clara entre sonrojo y vergüenza.

Así las cosas, lo que un adulto consideraría respuesta (el sonrojo) a una pregunta, un niño puede interpretarlo como no respuesta, pero en ningún caso podría darse por cancelada la comunicación. La comunicación puede ser fallida, pero no puede no ser, pues hay expresión, aun y cuando no haya entendimiento. Este texto intenta demostrar cómo. El niño se sonroja porque considera que la pregunta —y su eventual respuesta— es algo vergonzoso, y la vergüenza sentida ha tomado forma de sonrojo, que es el mensaje que ha emitido el niño, sin hacerlo de manera intencional ya que la concentración de sangre en los cachetes del niño no opera por medio de su voluntad. Esto daría por resultado aceptar que el niño ha configurado y emitido un mensaje no intencional y también no racional porque en ello no ha intervenido la razón, al menos no como se suele entender. A tenor con lo anterior es posible aceptar que el niño sonrojado tampoco ha querido hacerse entender. Es decir, no se ha sonrojado para hacerle ver al otro que se avergüenza de lo que debe contestar, sino que simplemente lo ha hecho; y lo ha hecho porque algo en su cerebro ha asociado inconscientemente —sin descartar del todo lo consciente— la pregunta de marras con la respuesta orgánica del sonrojo. La cuestión aquí sería especular sobre aquello que está en la base de tal asociación.

Puede ser que el niño esté enamorado de otro niño y que por alguna razón a sus cortos cuatro años haya percibido que enamorarse de otro niño es algo que en su sociedad no es aceptado y es causal por ello de vergüenza; o bien es posible que el sonrojo del niño se deba a que es muy tímido y esas preguntas íntimas le parecen inadecuadas, movilizando así un mecanismo de respuesta corporal del que ni siquiera tiene consciencia, entre otras. Teniendo esto en cuenta, se puede afirmar que la comunicación siempre expresa, aunque lo haga por medio de la voluntad o no del ser que comunica. Por ello, desde una primera aproximación, los actos expresivos pueden definirse como aquellos por medio de los cuales alguien dice algo, donde la expresión es el resultado de un decir, su manifestación concreta. Y hay expresiones que son conscientes y otras que no. Los actos expresivos conscientes son aquellos que llevan una impronta intencional, volitiva. Por el contrario, los actos expresivos inconscientes no pueden ser intencionales de ninguna manera, lo cual no indica que no existan.

Lo anterior implica que la comunicación no es siempre consciente, aún en humanos adultos, en plena facultad y capacidad de su consciencia. De hecho, la cantidad de actos comunicativos inconscientes en nuestra vida supera con mucho los conscientes, y referir que la comunicación solo se da de manera consciente reduce el espectro de los actos comunicativos, cuando no distorsiona por completo su aparición. Si entendemos que los actos comunicativos no siempre son conscientes, hemos de admitir que tampoco siempre son intencionales (pues los hay no intencionales también) y mucho menos que están siempre orientados por el entendimiento hacia el otro y la afectación que a su amparo se pretende. Esto rompe de manera bastante drástica con el modelo clásico de la comunicación y en general, con los subsecuentes remedos del mismo. En ese sentido, lo que se propone es pensar la comunicación como un acto expresivo, que es el resultado del uso —para decir— de la información construida a través de la experiencia del ser comunicante a lo largo y ancho de su vida.

Esta definición preliminar de la comunicación propone a su vez varias cuestiones que habría que desentrañar. La primera de ellas es lo relativo al concepto de información, vinculado al de experiencia; y la segunda se refiere a la manera en que la información construida vía la experiencia constituye la materia prima de la comunicación. Así, el concepto de información del que partimos no concuerda con el usado por el campo académico de la comunicación ya que este concepto proviene de la física, donde la información se entiende como una magnitud ajena a la actividad cognitiva del sujeto. Sin embargo, desde la perspectiva fenomenológica, biosemiótica y cognitiva,[1] la información es un resultado perceptual de la experiencia, lo que conduce a entender la información como aquella percepción significativa que construimos a partir de la experiencia directa con el medioambiente que nos rodea.

Este medioambiente o entorno, en el caso de los seres humanos, se puede clasificar en tres tipos: el entorno físico o natural, el entorno social o de socialización, y el entorno simbólico-cultural o mundo externo (dado) del sentido. La interacción con los tres entornos es inevadible para el ser humano ya que de la interpretación correcta de ellos y sus disímiles acontecimientos, depende su adaptación y sobrevivencia para gestionar la vida individual y social. Así, la existencia humana se puede explicar desde la experiencia del sujeto en estos tres entornos, por separado o en su conjunto, que es desde donde se construyen significados sobre el mundo, mismos que pueden reafirmarse a través de sucesivas experiencias, o bien pueden variar, e incluso desecharse o cambiarse eventualmente por otros. Ello augura y garantiza nuestra propia transformación como seres individuales y sociales.

Son esos significados los que se emplean para comunicar, para expresar ante y para el otro, o no. Es evidente que el sonrojo es un acto comunicativo que hacemos ante el otro, pero no para él. Pero preguntar y responder la hora es un acto comunicativo que hacemos para el otro y también ante él, lo que indica que cuando uno comunica lo que con seguridad tiene lugar es que se expresa ante algo; puede ser algo físico (la naturaleza por ejemplo), pero también puede ser algo cultural (como cuando nos sentimos molestos cuando desde los valores de la cultura hegemónica se nos conmina a discriminar a las personas con diferentes preferencias sexuales), o bien, finalmente, uno se expresa ante el otro cuando pregunta, o ante su violencia o su amor, etc.

La comunicación es aquel acto expresivo por medio del cual reaccionamos "diciendo" ante los diferentes eventos que ocurren en los distintos entornos en los que nos insertamos y en los que desarrollamos y gestionamos nuestra vida. Y esta reacción por medio del decir —que no es otra cosa que la expresión— se configura a partir de las percepciones que hemos construido a lo largo y ancho de nuestra experiencia, y en función de las capacidades, habilidades y competencias de cada quien. No todos percibimos lo mismo, por lo que no todos construimos la misma información incluso ante el mismo evento o entorno. Esto hace que las experiencias puedan ser similares pero nunca idénticas, ni siquiera para un mismo individuo, por lo que sería falso establecer que en la comunicación hay entendimiento siempre. Al menos debería matizarse el alcance del término.

Hay entendimiento cuando se comparten referentes, es decir cuando se comparten formas y contenidos de percepción similares. Esto es plausible admitirlo si se tiene en cuenta que por lo general, tenemos un equipamiento orgánico similar (lo que garantiza una percepción, al menos desde el punto de vista orgánico, también similar), y lo mismo pasa con los condicionamientos sociales y culturales para percibir una experiencia más o menos de forma parecida. Pero similar o semejante no es equivalente a igual; siempre hay un trozo de lo que somos que no compartimos con nadie, y eso también se implica en la comunicación. Como cuando nacemos traemos algunas informaciones en nuestros genes (fruto de nuestra historia biográfica y genealógica) es posible que tengamos también algunas disposiciones perceptivas más desarrolladas que otros. Por ejemplo, hay quien tiene muy bien desarrollado el sentido del oído y por lo general, pueden ser buenos músicos. Para ellos, en la información construida por medio de la experiencia, la auditiva tendrá un peso mayor que en quienes no poseen esa capacidad. Y así, con otros sentidos y aptitudes.

Por ello, cuando entendemos lo que alguien dice, afirmamos casi al aire —como dijera Peters (2014)[2]— pues nunca hay garantías de que entendamos plenamente al otro por la simple razón de que no compartimos ni su experiencia ni el procesamiento mental que hace de la misma. De esa manera, la famosa "puesta en común" de la comunicación se vuelve en realidad un mito que apuesta más a la convergencia entre algunos referentes no necesariamente implicados en el mensaje transmitido, que a la transmisión y a la recepción de la información, debido a la carga de subjetividad con la que esta se construye.

Esto indica que cuando hablamos de interacción comunicativa no podemos referir —como lo hacen las teorías clásicas y algunos sucedáneos modernos[3]— al intercambio de información y significados que se da a través de la configuración y la transmisión-retransmisión de mensajes o información codificada a partir de la información que se construye vía la experiencia. Lo más atinado es referir a la interacción comunicativa como un proceso de convergencia expresiva, donde la expresión de un comunicante sirve de umbral para la expresión de otro. Así funcionan las conversaciones. En síntesis, la comunicación es un acto expresivo que resulta de reaccionar "diciendo" ante algo, siendo que el contenido y la forma de esta reacción-decir proviene de la información que se ha logrado construir en la experiencia.

No está de más enfatizar que este decir no tiene como soporte necesario a la palabra, sino también al color, la temperatura, el movimiento, los gestos, las distancias y espacios, los sabores, las texturas, los sonidos, la vestimenta, lo que comemos, etc. De ahí que la comunicación cubra un alto espectro de prácticas y soportes cuya única condición es la portación de un significado, que es lo que finalmente constituye la expresión, tanto desde sus aspectos formales o de apariencia como desde sus aspectos de contenido.

A propósito de ello, no hay que olvidar que la información configurada en la expresión comunicativa parte tanto de la experiencia biográfica e individual de cada quien como de la experiencia social que marca la pertenencia de un individuo a un grupo social determinado. En ese sentido, esta experiencia no está solo constreñida al contenido sociocultural desde el cual puede ser interpretada y usada, sino que también va teñida de afectos y emociones. Desde el punto de vista social, esto constituye un aspecto sumamente importante aunque por lo general bastante poco estudiado. A continuación se desarrollan algunas ideas al respecto.

Lo social

¿Qué es la sociedad si no un conjunto de seres humanos organizados alrededor de ciertas reglas a través de múltiples lazos, unos más rígidos que otros? ¿Quién pone las reglas? ¿Cómo se configuran los lazos? Se tratará de responder a estas preguntas primero de manera aislada y posteriormente vinculando las respuestas con lo que se ha definido aquí como comunicación. El objetivo de esto es doble: por un lado, mostrar de la manera más sintética y clara posible qué gesta la sociedad y cómo esto es posible; y, por otro, evidenciar el papel de la interacción comunicativa en dicha gestación.

La sociedad, al ser el conjunto organizado de los seres humanos, es asimismo, el conjunto organizado de las relaciones interhumanas, llamadas también relaciones sociales porque expresan la relación más o menos normada y regulada entre individuos y grupos sociales, cada uno en función de sus posiciones etáreas, de género, de clase, de ideología, de poder, entre otras, en tanto son posiciones que regulan sociohistóricamente, y también desde el punto de vista cultural, buena parte de las experiencias individuales y colectivas de los sujetos, y por tanto la construcción de información que de ello se deriva.

Lo social es esa peculiar configuración que se da por medio de las distintas formas y contenidos que adquieren las relaciones sociales entre individuos y grupos sociales en una unidad espacio-temporal determinada. Esta unidad espacio-temporal se halla condicionada a su vez por las relaciones sociales que al interior de ella tienen lugar, por lo que la relación entre relación social y época, sociedad o cultura siempre es recíproca. Para sostener lo anterior sirva de ejemplo los distintos modos de producción que como civilización hemos configurado a través de la historia: capitalismo y socialismo. En el primero, las relaciones sociales se organizan a través de las relaciones de poder entre los que poseen los medios de producción y aquellos que no: empresarios *vs* trabajadores. En el socialismo, esta relación no existe porque los trabajadores, al menos hipotéticamente, son dueños de los medios de producción. Otro ejemplo de corte más cultural está en las relaciones entre hombres y mujeres, o entre jefes y subordinados. Hace apenas algunas décadas se naturalizaba una relación de dependencia económica, social y hasta emocional por parte de las mujeres hacia los hombres; hoy en día eso ha empezado a cambiar, gestando relaciones más equitativas entre ambos géneros.

Así, la forma y el contenido de las relaciones sociales que configuran una sociedad, una época, una cultura, una comunidad o una organización, lleva en sus entrañas la regulación normativa de dichas relaciones. Como dijera Simmel (2014), las relaciones sociales son el eje de lo social y se dan atadas tanto a configuraciones sociales precedentes o pasadas, como a las del presente. Así, la historia se articula en el presente de las relaciones sociales como algo ineludible. Todas las relaciones sociales, sean signadas o no por el poder, se imbrican históricamente con su devenir en el presente desde el cual se configuran; de ahí que tanto la experiencia histórica de individuos y grupos sociales como la experiencia del presente sean ambas, y en su entretejido circunstancial, aspectos a tener en cuenta a la hora de entender cómo tienen lugar —de hecho, esta es la propuesta de Enrique Sánchez Ruiz al hacer referencia al enfoque histórico-estructural en el segundo capítulo de este volumen. Desde esta perspectiva, los individuos y grupos sociales no "llegan" a la relación social como si fueran una página en blanco, sino desde sus respectivas historias y experiencias, incluso las que no viven pero conocen.

Estas experiencias son la plataforma para la construcción de información eventualmente comunicable; de ahí que una primera articulación entre comunicación y sociedad pueda encontrarse precisamente en el hecho de que a pesar de que nacemos individuos y tenemos experiencias siempre individuales, subjetivas, desde muy corta edad, aprendemos a reconocernos como parte de un grupo social: ya sea el de las mujeres, el de los indígenas, el de los ricos o los pobres, el de los que tienen acceso a la educación y los que no, el de los niños y los adultos, profesionales y no profesionales, por lo que la comunicación se ve afectada también por estos referentes colectivos. Así, los individuos y grupos en una determinada relación social expresan (comunican) desde ella su historia personal y social.

Ahora bien, las relaciones sociales no se dan *ex nihilo*, es decir, no se dan fuera del marco sociohistórico en el que ocurren, por ello es sumamente importante tener en cuenta que de alguna manera, también son el resultado de ello. Este marco gesta normas y regulaciones varias que sirven de orientación y encuadre a las relaciones sociales, y esto depende básicamente de dos factores: el primero se refiere a los condicionamientos que impone, casi de forma externa, lo que Bourdieu (1990) llamó el orden social: es decir, el conjunto de estructuras e instituciones que permiten estabilizar una configuración social determinada (por ejemplo, las leyes y reglas que rigen el funcionamiento de la política, la clase a la que se pertenece, o bien la relación de autoridad que existe por parte de los padres hacia los hijos, etc.). Un segundo factor lo constituye la esfera de los valores, las costumbres, las tradiciones y en general el sentido o significado que subyace a cada norma o regulación que

Entre lo comunicativo, lo social y lo cultural

hunde raíces en lo que se conoce como cultura, específicamente, en la cultura hegemónica o dominante de un grupo, una sociedad, una época.

En ese sentido, no hay régimen social que se concrete fuera del entramado de posiciones sociales que, cual cuadrícula, organiza a los individuos y grupos según criterios que son aceptados por la sociedad, y los cuales se hallan anclados sociohistóricamente, validando y legitimando, no solo su pervivencia sino también su reproducción; aunque esto no implica ausencia de transformación de estas normas y valores, sino más bien su dificultad.[4]

En cuanto a la comunicación se refiere, parece claro que la interacción comunicativa —que es aquella interacción convergente entre diferentes actos expresivos donde unos emergen a partir de otros—, contribuye con la configuración de las interacciones sociales que tienen lugar entre individuos y grupos sociales a partir de ciertas normas que regulan su actuación en función de las condiciones estructurales que los posicionan en el orden social, y al amparo de creencias, valores, significados, costumbres y tradiciones que contribuyen bien a legitimarlos y reproducirlos, o bien a subvertirlos o hacerles resistencia.

La forma y el contenido de las interacciones sociales depende así, de la forma y el contenido de las interacciones comunicativas que a su vez dependen de las formas y contenidos de las experiencias personales y sociohistóricas pasadas y presentes de los individuos y grupos sociales implicados en la interacción comunicativa, que son los que "conversan" a su vez desde sus posiciones respectivas en el orden social. Así, la comunicación como fenómeno no solo no está implicada centralmente en los procesos de construcción de la identidad —como habitualmente se piensa— sino que más bien es al revés: desde la identidad se comunica, y se comunica socialmente, dando cuenta de la forma de las interacciones sociales.

Así, la comunicación en tanto acto expresivo —y la interacción comunicativa como fenómeno de convergencia de distintos actos expresivos— conforma el caldo de cultivo desde el que se sostienen las interacciones sociales, mismas que, en función de las estructuras e instituciones que conforman el orden social, así como de los valores y las creencias culturales en los que dicho orden se sostiene, permitirán la gestación, consolidación, reproducción y/o transformación de las relaciones sociales que tienen lugar en una unidad espacio-temporal concreta. Ello revela la correlación de fuerzas entre individuos y grupos sociales en su lucha histórica por el poder, por lo que la comunicación está imbricada insoslayablemente en estos procesos.

Sintetizando: no es posible afirmar que la comunicación es interacción, mucho menos interacción social, como mayormente se afirma; lo que sí se puede sostener es que la interacción comunicativa, en tanto interacción que tiene lugar entre dos o más comunicantes y por tanto en el marco de un proceso de socialización, configura la dimensión expresiva de las interacciones sociales favoreciendo —en tanto contribuye a— la emergencia de las relaciones sociales, aunque estamos conscientes que las relaciones sociales tienen una dimensión configurativa más allá de la dimensión expresiva que aquí hemos resaltado.

Desde esta perspectiva, en el apartado que sigue se explica en qué medida y cómo la comunicación también configura la base de lo cultural.

Lo cultural

La cultura no es un repositorio de normas, valores, costumbres y significados "fijos", sino un tejido en cuya elaboración participamos siempre los humanos de todas las épocas.[5] Por ello es dinámica, en tanto expuesta a los flujos de información espacio-temporales que emergen de la conversación social, casi siempre —aunque no en todas sus variantes ni manifestaciones— atada a su vez, a la lógica del poder entre individuos y grupos sociales. Vista así, la cultura estaría configurándose continuamente a partir de la correlación de fuerzas —en esencia, potencialmente cambiante— entre individuos y grupos sociales en un tiempo-espacio concreto; de ahí surgen los cambios culturales que son expresiones sociales de la lucha por el poder simbólico.

Cuando hay un grupo social "vencedor" en la lucha por este poder, este logra imponer una estructura de significación que organiza el acceso representacional y significativo al mundo, a la realidad toda: la física, la social y la cultural-simbólica. Claramente, la realidad física está menos sujeta a estos cambios y sufre menos transformaciones porque la mayoría de estas no se concretan en el ciclo de vida natural de los seres humanos (el fuego ha quemado la piel desde la antigüedad hasta hoy, y es probable que ninguna nueva estructura de significación pueda cambiar eso, al menos de una manera tan tajante); pero la realidad social y la cultural presentan características diferentes a las de la realidad física. La realidad social y cultural se transforma siempre; en primer lugar porque dependen de la acción de los actores sociales, y en segundo lugar porque son realidades que se construyen, en tanto articuladas por la impronta del pensamiento simbólico. Es decir, son realidades mentales, subjetivas e intersubjetivas.

Giménez (2007) ha señalado con razón que la cultura es la organización social del sentido, pero se trata de una organización potencialmente cambiante, en constante oscilación entre los procesos y mecanismos que tienden a su conservación y aquellos que lo hacen hacia su transformación. Ello depende de la concreción histórica de la correlación de fuerzas en el plano social que mantiene o transforma el sistema de creencias, valores y significados culturales en los que se fincan las costumbres y tradiciones, y en ese sentido desde donde se construye la realidad sociocultural. Ejemplo: por el *boom* de crecimiento poblacional experimentado desde hace ya algunos años, hoy en día los jóvenes ocupan una buena parte de la población mundial. Estos jóvenes han nacido con el internet como papel tapiz por lo que las fronteras de su conocimiento e interacción son prácticamente ilimitadas. Además, a los jóvenes les ha tocado vivir en un mundo globalizado y de crisis económica que provee un caldo de cultivo diferente para la experiencia social en casi todas las áreas de la vida: han crecido naturalizando de cierta forma la figura de los migrantes, la de la mujer trabajadora e independiente, la de los transgéneros, por mencionar algunos. En ese sentido, aunque la correlación social de fuerzas actualmente aun tenga sometidos a los jóvenes precisamente por su condición juvenil, esto va a cambiar en los próximos años no solo porque estos jóvenes se volverán adultos con el tiempo, sino también porque su peso político transformará la política. En ese sentido, los jóvenes de hoy resultarán vencedores en la lucha social a mediano plazo, y su sistema cultural o ideología terminará por imponerse poco a poco, articulando los mecanismos para un cambio cultural, y en consecuencia, para un nuevo sistema de representaciones sobre la realidad.

Al vincular esto con la comunicación, queda claro que en las interacciones sociales, así como en las relaciones sociales más formales y estereotipadas, se ponen en juego la identidad y los significados que hacen inteligible el mundo para individuos y grupos sociales. Por eso, la lucha por el poder no es solo una lucha para acceder a los mecanismos de mando políticos, sino que —y sobre todo— se trata de una lucha por el poder simbólico que es la que logra augurar de manera permanente la estabilidad de un orden social a través de la estabilidad de un sistema de representaciones, creencias y valores. El ejemplo de las relaciones de género, entre otros muchos que pueblan aun el ámbito de las desigualdades sociales, es bastante ilustrativo.

En consecuencia, la cultura funciona como un sistema de representaciones que depende en su estabilidad de la correlación de las fuerzas sociales en su lucha por el poder tanto institucional como simbólico a través del cual se organizan socialmente los significados del mundo. Y como los seres humanos nacemos en una cultura dada, tomando de ella aspectos significativos que modelan nuestra incipiente identidad, pareciera que dicha cultura conforma una esfera autónoma a la acción social, pero es totalmente incorrecto. La interacción comunicativa permite configurar una "conversación" entre identidades, valores y creencias que dista mucho de ser tersa; más bien supone la confrontación, el conflicto. Así, la interacción comunicativa propicia las condiciones de base para la conservación y la transformación de la cultura, de la misma manera que lo hace con lo social.

Lo social-cultural es resultado, también, de las interacciones comunicativas a nivel social, y ello no invalida el hecho de que, simultáneamente, el escenario sociocultural incida en ellas, modelándolas, condicionándolas y en ocasiones determinándolas. Se trata de un juego de influencia mutua, pero que parte de la experiencia cognitiva y expresiva de los individuos y grupos sociales con su entorno circundante, primero de forma individual, subjetiva; y posteriormente de forma colectiva, intersubjetiva. Aquí, contrario a lo que suele pensarse muchas veces, entran en juego las emociones y los afectos que acompañan siempre cada experiencia, de forma tal que el significado configurado lleva una impronta subjetiva cargada de sensibilidad, de emoción.

Damasio (2015) señala al respecto que la mente humana, adscrita en un principio a la circuitería neural de cada cerebro, opera siempre sobre la base de sensaciones y emociones, en tanto estas le otorgan a la mente un contenido indisociable a la percepción. De esta manera, el proceso de construcción de información, en tanto proceso cognitivo, constituye básicamente un proceso de construcción de la subjetividad desde la cual configuramos el mundo que nos rodea, incluyendo en él al otro y, por supuesto, a nosotros mismos. Pero como estos procesos están siempre en constante actualización, lo que hoy concebimos como realidad puede cambiar mañana al amparo de nuevas experiencias y de los nuevos significados construidos vía la percepción a través de ella. Este es el fundamento biológico, concretamente neurobiológico, para comprender la transformación natural de nuestros sistemas de significados y representaciones, tanto a nivel individual como a nivel colectivo y sociocultural.

Es por ello que también, sobre esa base de emocionalidad, la cultura se constituye en un sistema afectivo de significados y representaciones sobre la realidad, incluyendo al otro y a sí mismo. Al ser acatado o aceptado por la mayoría, dicho sistema configura el acceso interpretativo colectivo —emocional y racional— al mundo, a través de representaciones y creencias que lo soportan, explican y legitiman, legitimando también con ello a algunos grupos sociales en detrimento de otros, como sucede en los fenómenos del clasismo, el racismo, el sexismo, por ejemplo.

Como dijera Jorge González (2001), la cultura es una especie de arena de lucha; cada quien "combate" desde su propio "frente" cultural, y a menos que se concilien las posiciones, alguno de los contrincantes saldrá vencedor e impondrá su propia interpretación, pues al final de cuentas la cultura es eso: productos y procesos, asentados en valores, significados, creencias y conocimientos fruto de la interpretación de nuestras experiencias sociales, que ofrecen justo por ello un marco de sentido que se asume como verdad para gestionar la vida colectiva.

Conclusiones

Cultura, sociedad y comunicación es un trinomio estrechamente imbricado donde la comunicación, como dimensión expresiva de lo social, funge como base de lo social mismo, al tiempo que proporciona la materia prima para la configuración de la cultura entendida como sistema de representaciones sobre la realidad, organizando, integrando y jerarquizando dichas representaciones con los significados, valores y creencias sobre los que se fundamenta o soporta la realidad social. Así, lo sociocultural gesta un lazo indisoluble que se ampara en su devenir en la comunicación social.

Este mecanismo expresivo que tiene lugar a través de la interacción comunicativa emerge del proceso de convergencia expresiva entre seres humanos, quienes por medio de esta "conversación" ponen sobre la mesa los significados derivados de su experiencia individual y social, es decir, como personas y como sujetos, intentando ganar espacios —tanto en la arena pública como en la privada para— hacer valer su propia visión de la realidad, en tanto es la visión subjetiva, y en consecuencia asumida como "correcta" de la misma.

Todos los significados en juego llevan la impronta histórica de las luchas individuales y sociales en torno al poder; estas luchas tienen lugar, a nivel micro, macro o ambos, entre los diferentes individuos y entre los diferentes grupos sociales, de manera que la impronta histórica aludida constituye el reservorio memorístico de las experiencias, conteniendo en su interior y como parte de ello, la huella —también— de su emocionalidad.

Así es como, desde el punto de vista social o colectivo, la experiencia histórica del Holocausto se ha logrado configurar desde un significado de vergüenza nacional que hasta el momento impera en la cultura alemana. Sin embargo, que esto sea así hoy en día no significa que sea así por siempre. Actualmente, —y por fortuna— el Holocausto sigue siendo un hecho vergonzoso para buena parte de los alemanes contemporáneos, de manera que es posible afirmar que la correlación sociohistórica, de fuerzas entre individuos y grupos sociales en su lucha por el poder, favorece a aquéllos para quienes el Holocausto sigue siendo interpretado como vergüenza. He ahí la importancia del carácter teleológico de la cultura, y la comunicación como parte de ella, para la civilización humana.

La forma y el contenido con que determinado suceso, objeto o percepción participa en la conversación social, dependerá a su vez, de la permanencia o transformación de su significado cultural. Justo por ello podemos referir que la comunicación social, como acto de convergencia expresiva, es el mecanismo conversacional en el que se ancla de forma natural el devenir del proceso sociocultural, lo que es posible porque por medio de la interacción comunicativa se ponen en juego no solo las subjetividades individuales sino, y sobre todo, las identidades sociales que se gestan desde el sentido de pertenencia que construyen los actores sociales a partir de su experiencia de vida y en función de sus posiciones o lugares en el orden social.

Desde esta perspectiva, las identidades sociales son ya núcleos culturales más o menos acabados que consciente o inconscientemente buscan posicionar, en su inevitable interacción con otros, su particular manera de pensar, vivir y sentir la realidad que les rodea. Pero esta interacción, que de suyo es ya social, se hace desde los lugares que dichas identidades ocupan en el entramado de posiciones que conforman la sociedad. Así, algunos actores sociales cuya identidad social se halla en la base de la pirámide social, como los indígenas por ejemplo, tienen estructural e históricamente una posición desventajosa con respecto a otros cuya posición social resulta favorecida por el lugar que ocupan, por ejemplo, en la cúspide.

Desde el punto de vista comunicativo, estas posiciones definen, entre otras cosas, recursos para la interacción comunicativa que son al fin y al cabo no solo lo que legitima la forma y el contenido de cualquier fenómeno comunicativo, sino —y de manera muy importante— la posibilidad de transformarlos y subvertir con ello el orden social mismo. En ese sentido, dichos recursos —que se obtienen de la propia experiencia social y de vida en general que tienen los actores sociales en escenarios histórico-sociales concretos, entre otras fuentes— configuran el arsenal con el que se "lucha" por el poder institucional y simbólico en la arena social, donde "lucha" es una de las formas que adquiere su expresión.

He ahí donde situamos el papel de la comunicación en la configuración histórica de los procesos socioculturales y, como se puede derivar de todo lo dicho, es como entendemos la interacción comunicativa en tanto fenómeno de lo social. Desde estos posicionamientos socioculturales, la comunicación no puede definirse como el mero envío y reenvío de mensajes cuyos significados se intercambian, sino más bien como el entramado de información a través de la cual es posible acceder al poder simbólico de la cultura y eventualmente, subvertirlo.

Teniendo esto en cuenta, la comunicación como campo de estudios científico deberá estudiar las condiciones de posibilidad y de emergencia de los mensajes, lo que implica pensar en la posibilidad y la emergencia de los significados que, al amparo de las experiencias biográficas y sociohistóricas de los comunicantes, son usados por estos para comunicar o expresarse, en función de las posiciones ventajosas o desventajosas que detenten en el orden social. De esta manera, la incidencia de los fenómenos comunicativos en el devenir de los procesos socioculturales se hace visible, y con ello, también se visibiliza su praxis teleológica.

Notas

1. Desde estas posturas se hace hincapié en el carácter cognitivo de la experiencia y su papel central en la construcción mental de la realidad. Desde la fenomenología de la percepción de Merleau-Ponty, la experiencia se vive con el cuerpo, de manera que la cognición inscrita en estos procesos detenta un sustrato corporal que afecta la construcción de sentido. Por su parte, desde la biosemiótica, se hace de la interpretación el mecanismo fundamental de la adaptación y la sobrevivencia. Esto se vincula estrechamente con los desarrollos de la Nueva Ciencia Cognitiva, un paradigma que hace de los procesos de cognición en todos los seres vivos —con sus diferencias y alcances diversos— un mecanismo de construcción de realidad que opera en los distintos organismos como elemento vital y existencial de lo que estos investigadores llaman la búsqueda del sentido. Esto a su vez, para el caso de los seres humanos, coincide con los desarrollos teóricos y empíricos más recientes en el campo de la neurociencias.
2. Peters señala que la comunicación se ha articulado alrededor del mito de la puesta en común. En su lugar propone definir la comunicación desde la metáfora de la dispersión, entendiendo a la comunicación como el acto de lanzar una semilla (información/mensaje) al aire. Según el especialista, esta semilla puede encontrar terreno fértil o no para crecer; de ahí que refiera a la comunicación como un "hablar al aire", un hablar de cuya intención no se puede dar cuenta, en primer lugar porque puede no concretarse, y en segundo término porque solo es posible especular sobre la intención del otro, nunca garantizarla. Para mayor información se recomienda la consulta de la obra de este autor, referida en la bibliografía de este trabajo.
3. Desde la psicología social, la interacción se equipara a la comunicación. Autores como Cooley y Mead han matizado esta tesis en función de sus moderadas incursiones en el mundo de la consciencia y la subjetividad. Sin embargo, ante la imposibilidad de salir del marco individualista que ello conlleva, optan por cifrar la ocurrencia de la comunicación solo en el plano social y colectivo, volviendo a enfrascarse en una dinámica reflexiva que se revela incapaz de pensar la comunicación como un acto expresivo para decantarse de lleno hacia el obsoleto mecanismo de la transmisión/retransmisión como eje articulador del fenómeno comunicativo.
4. Hay una fuerte ligadura histórica que obstaculiza esas transformaciones, siendo que sus raíces no están solo en los mecanismos explícitos de poder, sino que —a la manera gramsciana— hay que buscarlos en las formas en que dichos mecanismos se soportan en otros más invisibles, y por tanto menos cuestionables, en la historia y la esfera de los valores, las tradiciones y las costumbres, por ejemplo.
5. La cultura no puede ser nunca algo estático, ni siquiera autónomo con respecto a la acción social de sus hacedores, lo que no implica ausencia de períodos de estabilidad que le dan la apariencia de independencia y de algo por encima o fuera de nosotros, de manera que no requiere de nuestra intervención para existir.

Referencias y lecturas adicionales

Bourdieu, P. 1990. *Sociología y cultura*. México: Fondo de Cultura Económica.
Cooley, Ch. H. 1902. *Human Nature and the Social Order*. NYC; NY: Charles Scribner's Soon.
Damasio, A. 2015. *Y el cerebro creó al hombre. ¿Cómo pudo el cerebro generar emociones, sentimientos, ideas y el yo?* CDMX: Paidós
Di Paolo, E. 2015. "El enactivismo y la naturalización de la mente" en Chico, D.P. y Bedia, M.G. (coords.), *Nueva ciencia cognitiva. Hacia una teoría integral de la mente*. Madrid, España: Plaza y Valdés.
Giménez, G. 2007. *Estudios sobre las culturas y las identidades sociales*. México: CONACULTA-ITESO.
González, J. 2001. "Frentes culturales: para una interacción dialógica de las culturas contemporáneas". Estudios sobre las culturas contemporáneas, *Época II*, 8(14): 9–45.
Mead, G.H. 1968. *Espíritu, persona y sociedad. Desde el punto de vista del conductismo social*. Barcelona: Paidós.
Peters, J. D. 2014. *Hablar al aire. Una historia sobre la idea de la comunicación*. México: Fondo de Cultura Económica.
Romeu, V. 2018. *El fenómeno comunicativo*. México: Editora Nómada.
Simmel, G. 2014. *Sociología: Estudios sobre las formas de socialización*. México: Fondo de Cultura Económica.

Imaginarios de lo digital: ambigüedad, poder y la cuestión de la agencia

Robin Mansell[*]

"*What kind of world will be born through the midwifery of our new and more powerful communications tools?*" (Smythe 1950: 2). ¿Qué tipo de mundo nacerá de nuestras nuevas y más potentes herramientas de la comunicación? Es la pregunta que el economista político de la comunicación Dallas Smythe planteara a la sociedad de la postguerra y trasladándola a la era digital apuntaría a: ¿cómo afecta a las y los ciudadanos el entorno digital? ¿Les da más poder, limita su poder, o ambos? La desigualdad y la injusticia social acompañan la creciente penetración de lo digital en nuestras vidas. Si para algunos, el mundo digital no es benigno o inocente y mucho menos un espacio de "empoderamiento", para otros, las tecnologías digitales están creando a una mejor sociedad con cualidades casi místicas asociadas a la seductora y atractiva sirena de la sofisticación computacional (Mansell 2012). Para resolver el dilema que nos presentan estos puntos de vista contradictorios, es necesario situarlo frente al capacidad individual y colectiva —el alcance de la agencia individual y colectiva— para modificar el entorno mediado; es decir, evaluar la capacidad que tienen las y los ciudadanos de tomar decisiones ¿Debemos aceptar que las violaciones a los derechos y a las libertades fundamentales en la era digital son inevitables y avasalladoras bajo un sistema capitalista? En este capítulo propongo explorar los modos en los que el entorno digital

---

[*] Con enorme calidad humana, Prof. Robin Mansell ha contribuido a la formación de investigadores de la comunicación y los medios en varias latitudes del mundo. Agradecemos su apoyo y disposición para la traducción al español de su artículo: 2017. "Imaginaries of the digital: ambiguity, power and the question of agency", publicado originalmente en *Comuniquer. Revue de Communication Sociale et Publique*, (20): 40–8; una publicación de acceso libre (*open edition*) de la Universidad de Quebec. Traducción: Maira Vaca.

limita el poder de las y los ciudadanos. Sostengo que, efectivamente, la mayor parte del tiempo la vida mediada digitalmente sí limita nuestro poder. Sin embargo, no debemos pasar por alto ciertas posibilidades de empoderamiento ciudadano (Mansell 2016). De hecho, sugiero que enfocarnos únicamente en la explotación que impone el entorno digital a nuestras vidas puede ser contraproducente, pues conduce a la estasis y, potencialmente, representa un obstáculo para reconocer las oportunidades —materiales y simbólicas— que el entorno digital abre para mejorar la vida de las personas, aunque sea de manera marginal.

Así, en las siguientes páginas presento un bosquejo del panorama digital contemporáneo. Partiendo del enfoque de la economía política de las comunicaciones, presento algunas observaciones sobre la noción de "agencia" —entendida como la capacidad de hacer y actuar. En la cuarta parte del capítulo, me enfoco en las diferentes perspectivas que resumen los imaginarios contemporáneos sobre las relaciones entre la gobernanza y la autoridad que confluyen en el mercado digital. Me centro, particularmente, en las contradicciones que surgen entre estos enfoques prácticos y las abstracciones teóricas. Esta discusión me permite explorar diferentes vías de investigación que contribuyen a vislumbrar un futuro en el entorno digital menos vulnerable de lo que es hoy día a la dominación del poder estatal o corporativo. Así, en las conclusiones enfatizo la importancia de abordar el estudio empírico del poder y la agencia con entusiasmo y mente abierta.

El paisaje digital contemporáneo

El paisaje mediático de los años 1950 que describió Smythe presenta un panorama digital muy diferente al que hoy día conocemos la mayoría de las personas que vivimos en los países más ricos del Norte global. Simplemente, del lado de la oferta, tenemos proveedores de conexión fija o inalámbrica, motores de búsqueda, transmisión de video, alojamiento web, blogs y redes sociales, que se suman a los medios tradicionales. Este panorama digital contemporáneo representa un mercado cada vez más concentrado, con Google tomando el liderazgo por lo menos en los países europeos. YouTube, Facebook, eBay, Yahoo!, Twitter y Amazon generalmente se cuentan entre las diez principales compañías operadoras de plataformas digitales.

Frente a este escenario, el orden económico preponderante es la concentración del mercado. El papel de los análisis de *"big data"* crece a medida que se multiplican los esfuerzos por extraer valor económico de grandes volúmenes de datos. De hecho, las grandes empresas utilizan los datos y los contenidos generados por los usuarios para crear nuevos mercados y operar como orquestadores de mercado (Mansell 2015). En este sentido, funcionan como *gatekeepers*, bloqueando o filtrando información acorde a sus condiciones de uso y servicio, así como a la legislación vigente en materia de protección de datos, derechos de autor y vigilancia de la red. Estos son mercados potencialmente lucrativos y estas compañías "no solo 'enrutan' el tráfico en internet, sino que también 'enrutan' el dinero" (Clark *et al* 2011: 2).

A medida que los operadores de las plataformas digitales "se cuelan" entre los medios tradicionales, el público y la publicidad (Latzer *et al.* 2014), los riesgos para las empresas, pero también para las y los ciudadanos, van en aumento. La personalización de servicios en línea, así como la amplia diversidad de productos disponibles se presentan como los grandes atractivos para las y los ciudadanos (o consumidores), al tiempo que abre la posibilidad a una comercialización de bienes y servicios de consumo más eficiente y mejor focalizada. Sin embargo, son estos mismos desarrollos los que también sirven de apoyo para el activismo social en línea y mejoran el acceso a la educación.

Los analistas generalmente concentran su atención a los beneficios económicos asociados con estos desarrollos. Tal como propuso Harold Innis: "la obsesión con las consideraciones económicas ilustra los peligros de los monopolios del conocimiento y sugiere la necesidad de evaluar sus limitaciones" (Innis 2007: 22). Esta observación propone una crítica a la economía dominante y, específicamente, a la obsesión del modelo económico neoclásico por el precio de los productos y por el crecimiento económico. En este modelo, se asume que la proliferación de herramientas digitales y las plataformas en línea "empodera" a los consumidores al optimizar su proceso de elección. Las asimetrías de poder no son parte del vocabulario analítico en este modelo, excepto cuando las fallas del mercado lo ameritan. En contraposición, es mucho más probable que los estudios críticos de la comunicación centren su atención en las relaciones de poder asimétricas y sus consecuencias para la desigualdad social y económica partiendo de la idea de que las tecnologías "nunca son inocentes" (Escobar 1995).

Asimetrías de poder y agencia

Al reconocer la inevitabilidad de las asimetrías de poder en una era digital enmarcada en el capitalismo global, ¿debemos también concluir que la agencia individual y la agencia colectiva van en detrimento mientras el capitalismo moderno prevalece? La perspectiva de la economía política de la comunicación esclarece el carácter explotador del capitalismo, pero no todas las posiciones analíticas concluyen que la explotación es siempre un resultado totalizador. Harold Innis señaló que "la historia no es una red sin interrupciones, sino más bien una red en la que la distorsión y la trama se entretejen en el espacio y el tiempo de manera muy desigual produciendo patrones distorsionados" (Innis 1951: xvi), lo que, al mismo tiempo, también sugiere que probablemente los resultados sean desiguales. La pregunta hoy día es si estos "patrones", estas configuraciones tienen como resultado la opresión sistemática de las y los ciudadanos y termina por "desempoderarlos". De hecho, al reconocer que la relación entre el capitalismo como sistema social y las diversas acepciones del mundo no es completamente estática, algunas ramas de la economía política sí toman en cuenta que estos patrones de hecho, nunca se resuelven (Garnham 1986; Golding, 2000; Murdock 2011; Williams 1978).

Por ejemplo, Nicolas Garnham, propone evitar la "doble trampa del reduccionismo económico y de la autonomía idealista del nivel ideológico" (Garnham 1990: 23). Al conjuntarla con la observación de Innis, esta advertencia sugiere que el análisis de las asimetrías de poder en la era digital contemporánea debe partir de relaciones ancladas a un tiempo y a un lugar específico, así como a la posibilidad de que los procesos de producción y de consumo puedan, bajo ciertas condiciones, subvertir el sistema capitalista. Los resultados quedan sujetos al análisis empírico pues, en palabras de Garnham: "no necesariamente hay coincidencia entre los efectos del proceso capitalista y las necesidades ideológicas de la clase dominante" (Garnham 1990: 23). Por supuesto, existe "un conjunto de límites" y estas "determinantes" o límites harán que algunos resultados sean más probables que otros. Raymond Williams lo expresa de la siguiente manera: "tenemos que reevaluar la 'determinación' en el sentido de fijar límites y ejercer presión, pero alejada de una concepción fija de contenidos pre-configurados, reproducidos o controlados" (Williams 1973: 6).

Acorde a esta tradición de economía política, es posible concebir que, bajo ciertas circunstancias, los sujetos relativamente autónomos pueden aprovechar el entorno tecnológico y explotar su potencial emancipatorio. En ese mismo orden de ideas, Smythe señaló que los arreglos estructurales de producción de medios que a primera vista parecen limitar la agencia individual o colectiva no necesariamente son "eternos o inmunes al cambio" (Smythe 1963: 470). Desafortunadamente, el estudio de la comunicación desde un enfoque de la economía política a menudo tiende a desdibujar esta visión matizada sobre el potencial de cambio y de resistencia ante las estructuras preponderantes de poder.

Sin embargo, la aproximación que proponen Williams y Garnham sugiere que los resultados no son necesariamente previsibles, aun cuando reconocemos que toda tecnología es política, que todas las etapas de su producción y consumo están marcadas por la desigualdad, que las tecnologías configuran a sus usuarios y que las relaciones de poder desiguales "determinan" la conducta de los individuos y los someten a una u otra forma de dominación. Esta imposibilidad de predecir con precisión conduce a una relación de ambigüedad entre la tecnología y la sociedad. Conforme se desarrolla la dialéctica de lo material y lo simbólico, o la "doble articulación" de la tecnología digital (Silverstone 1999), la incertidumbre ofrece un espacio para la agencia individual o colectiva; es decir para la elección.

Esta noción de "elección" está enmarcada en el paradigma neoliberal básico. Sin embargo, al evaluar la interacción en línea y el potencial que puede llegar a tener para empoderar a las y los ciudadanos, la capacidad de "elección" cambia acorde a las circunstancias que emergen y que hacen posible que la elección no sea "indiferente a la vida que las personas pueden llegar a vivir" (Sen 2009: 18).

Si suponemos, como lo hizo Amartya Sen, que el capitalismo permite cierto margen de maniobra para la agencia individual o colectiva, así como para la imprevisibilidad que reconocen algunas ramas de la economía política de la comunicación, entonces podemos identificar qué derechos tienen o deberían tener las y los ciudadanos en la era digital. Por ejemplo, ¿qué condiciones y qué modelos toman en cuenta las desiguales de desarrollo digital y concuerdan con la libertad de acceso a los servicios en línea, la libertad de expresión o de interpretar los contenidos digitales de tal manera que permita a las y los ciudadanos construir vidas significativas?

En la medida en que el capitalismo tiene como fundamento preponderante la explotación dentro de un marco neoliberal que pone en desventaja a la mayoría, pero beneficia a la minoría, ¿en dónde debemos buscar los momentos que otorgan poder —que empoderan— a las y los ciudadanos en el mundo digital contemporáneo? Si el acceso a contenidos digitales y la posibilidad de buscar, enviar y recibir información aumenta la diversidad de elección, es esencial identificar y desarrollar las condiciones necesarias para el ejercicio de esta agencia. Para lograrlo, es esencial evaluar e investigar empíricamente al nivel macro, las condiciones estructurales del capitalismo y, a nivel micro, las experiencias concretas de una vida mediatizada. A esta perspectiva, se suma la compresión de las reglas formales (tales como las leyes o regulaciones) e informales que configuran los arreglos de gobernanza con el objetivo de evaluar si contribuyen (o no) al empoderamiento de los individuos y de sus grupos sociales en el entorno digital.

Conjunto de ideas sobre gobernanza digital

Hacer un análisis de entorno digital desde el enfoque de economía política que aquí presento implica investigar las instituciones involucradas en el proceso de gobernanza tal y como son imaginadas y puestas en práctica, es decir, tanto en su dimensión simbólica como en su dimensión material. Con respecto a la dimensión simbólica —al imaginario—, Charles Taylor (2002) propone el concepto de "imaginario social" que resulta útil para identificar las condiciones subyacentes, a las "nociones e imágenes normativas más profundas" que se invocan cuando las personas intentan explicar "cómo van las cosas" entre ellas (Taylor 2002: 106). En este sentido, desarrollar una comprensión de cómo se dice que las cosas suceden implica considerar los diferentes imaginarios sociales presentes en los diferentes en modelos de gobernanza y la manera en la que configuran un orden moral que apunta a los "derechos y las obligaciones que como individuos tenemos los unos con los otros" (Taylor 2002: 93). Tales imaginarios sociales generalmente nos indican en dónde está ubicada la autoridad en un mundo donde las y los ciudadanos toman decisiones sobre cómo vivir sus vidas. Esta es una forma de acercarse a lo que Garnham (1990) evoca cuando nos invita a repensar el contraste de "conjuntos de ideas" dentro del sistema capitalista. Cada conjunto de ideas sugiere una manera de entender la agencia en un mundo mediatizado por las tecnologías digitales.

Desde esta perspectiva, podemos identificar al menos tres diferentes conjuntos de ideas y de imaginarios sociales que están inmersos en la práctica de la gobernanza en la red para así, valorar sus contradicciones internas. El primero y más común de estos conjuntos de ideas o imaginarios es el modelo de la difusión de tecnología liderado por el mercado. Aquí, el cambio tecnológico en el mundo digital es emergente e impredecible. Nadie debería intervenir en el mercado comercial porque eso aumentaría el riesgo de resultados impredecibles. Un mercado no regulado crea incentivos óptimos para producir y consumir información digital. Ante la complejidad de un futuro incierto, cualquier intervención en el mercado resulta irresponsable. Las distribuciones desiguales de recursos —información, dinero, habilidades— se dan por sentado y cualquier esfuerzo por redistribuirlos en pro de justicia o de equidad social sería también un acto de irresponsabilidad por lo que no figura en este modelo. En el marco de este conjunto de ideas, todo crecimiento del mercado de la información o los medios de comunicación representa la oportunidad de emancipación y autonomía; de empoderamiento. Los economistas regularmente sugieren que los propietarios de plataformas digitales tienden a vender sus servicios a un precio "más alto de lo socialmente deseable" (Evans y Schmalansee 2013: 12) y de vez en cuando reconocen que esta acción redistribuye el excedente entre la demanda (consumidores) y la oferta (propietarios de plataformas). Sin embargo, desde esta perspectiva, los "derechos y las obligaciones que como individuos tenemos los unos con los otros" (Taylor *op. cit.*) no figuran por lo este conjunto de ideas carece de respuestas ante cambios y evoluciones tecnológicas que restan poder a las y los ciudadanos. La autoridad y la agencia descansan en la mano invisible del mercado, mientras que la gran cantidad y variedad de contenidos en términos de la diversidad de plataformas y servicios disponibles en la red representa evidencia clara sobre la capacidad de emancipación del consumidor, aunque nunca podrá tener el pleno control del poder en los términos que Amartya Sen propone.

El segundo conjunto de ideas es una variación de la primera: un modelo de difusión dirigido por el Estado y por el mercado. En este modelo, el imaginario social apunta a que la intervención estatal en el mercado es esencial si los objetivos son maximizar el bienestar social y hacer valer los "derechos y las obligaciones que como individuos tenemos los unos con los otros" (Taylor *op. cit.*). Desde este punto de vista, los mercados no son libres y el mundo digital no es un entorno seguro. El Estado actúa entonces, como garante de las libertades individuales —libertad de expresión o protección a la privacidad—, derechos que el Estado también tiene la capacidad abrogar ante peligros como, por ejemplo, el terrorismo o la piratería digital. En este conjunto de ideas tampoco hay espacio para la agencia ciudadana colectiva. El Estado tiene la capacidad de exigir a las plataformas digitales que entreguen toda la información referente a la actividad en línea, de manera que las tecnologías digitales representan simbólica, y a menudo también materialmente, armas útiles al alcance de las instituciones para producir una sensación de seguridad (Mueller 2014). Desde esta perspectiva, la gobernanza implica una política estatal que es básicamente curativa (Mansell 2012). Por ejemplo, las medidas encaminadas a proteger a los niños ante su vulnerabilidad en el entorno digital, los procedimientos específicos para proteger a los usuarios contra el robo de identidad o las medidas para eliminar contenidos inapropiados. Este tipo de fallas del mercado ante las que el Estado interviene con una "cura" se asumen como problemas que requieren mediadas técnicas oportunas. Así, adaptarse al cambio es la única opción y se entiende que la autoridad recae en las empresas o en el Estado, dejando, de nuevo, a las y los ciudadanos sin capacidad de poder.

El tercer modelo se ubica en el conjunto de ideas de la mediación digital para colaborativamente encausar el bien común. En este modelo, el imaginario social apunta a que los "derechos y las obligaciones que como individuos tenemos los unos con los otros" (Taylor *op. cit.*) recae tanto en la sociedad civil como en los muy diversos miembros de la comunidad tecnológica gracias a una gobernanza generada mediante la colaboración efectiva, generalmente horizontal, entre pares y en beneficio del bien común (Benkler y Nissenbaum 2006). Las plataformas mediáticas de libre acceso —como *OpenStreetMap*— son considerados como agentes que promueven la emancipación para los diversos grupos y las comunidades en línea. En estas plataformas digitales, las personas "se reúnen" y "se rencuentran" bajo un esquema de participación no comercial que busca el bien común. Así, la agencia individual o colectiva puede incluso llegar a cobrar forma como protestas o movilizaciones ciudadanas.

Este último conjunto de ideas a menudo abre la posibilidad a investigar cómo y porqué los usuarios participan en distintos foros digitales, qué publican, a qué blogs se suscriben y qué páginas consultan. Con frecuencia, este tipo acercamiento sugiere que la participación en línea "empodera" a las y los ciudadanos. El hecho de que la mayoría de las plataformas digitales son herramientas que persiguen los intereses comerciales de grandes compañías comerciales parece no figurar en este análisis. Para algunas variaciones de este conjunto de ideas, la estructura de propiedad sí es importante al asumir que las y los ciudadanos se "mueven" a los rincones más obscuros de la red para escapar de la mercantilización y la vigilancia. En este caso, la autoridad recae en cada uno de los ciudadanos, de los profesionales de la tecnología y de los grupos de defensa colectiva. Así, este conjunto de ideas asume que el cambio tecnológico es emergente y que sí es posible crear condiciones favorables que contribuyan a la equidad entre las y los ciudadanos a través del uso emancipador de los recursos digitales.

Un punto central a considerar en este tipo de análisis sobre la capacidad emancipadora del internet es que ninguno de los tres conjuntos de ideas expuestos en las páginas anteriores toma en cuenta las contradicciones que en la práctica implica la capacidad de elegir (retomando el significado que Amartya Sen da al término "elección"). El enfoque de la economía política en el estudio de la comunicación las vislumbra cuando apunta que "no necesariamente hay coincidencia entre los efectos del proceso capitalista y las necesidades ideológicas de la clase dominante" (Garnham 1990: 23).

De hecho, ninguno de los conjuntos de ideas que revisamos precisa con claridad el tipo de estructura o los mecanismos de operación que impone la autoridad: en quién o dónde recae esta autoridad o si permite o no que las y los ciudadanos ganen (o pierdan) capacidad de poder. Por ejemplo, las prácticas de gobernanza institucionalizadas no siempre concuerdan con los imaginarios sociales idealizados. En el primer conjunto de ideas se espera que la agencia de los consumidores se concrete por medio de la elección en justicia y equidad. Sin embargo, en la práctica, siempre existe la intervención de coaliciones corporativas, gubernamentales y/o ciudadanas a través de sus respectivas instituciones. En el segundo conjunto de ideas, las instituciones del Estado pueden tratar de garantizar la equidad, la justicia y la seguridad, pero, en la práctica, las intervenciones estatales a menudo también atentan contra los derechos de las y los ciudadanos.

Aunque el tercer conjunto de ideas a menudo está vinculado al empoderamiento ciudadano en la era digital, el tipo de contradicciones expuesta en los otros dos conjuntos de ideas también está presente. Una de ellas es que el libre acceso y la libertad de elección en el entorno digital en realidad es resultado del trabajo de una élite; de un conjunto reducido de personas con alto conocimiento o información como lo son los programadores de software, los desarrolladores de hardware y, con frecuencia, los activistas de movimientos sociales. Son los miembros de esta élite, a menudo altamente calificada, quienes dominan el "sentido y el significado lingüístico y las redes de comunicación" (Hardt y Negri 2001: 404). Los estudios empíricos muestran, sin embargo, que las asimetrías de poder son comunes entre pares (Asmolov 2015; Berdou 2011) y, de acuerdo con la historia de la comunicación mediatizada, el problema reside en definir con precisión quién es o dónde reside la responsabilidad del manejo del internet ante los ciudadanos (Melody 1994).

Asimismo, en este tercer conjunto de ideas, la posibilidad que ofrece el entorno digital para la acción colectiva y autoorganizada a menudo minimiza las implicaciones de las relaciones de poder asimétricas que persisten en cualquier entorno común. Las iniciativas de información digital abierta son, supuestamente, un conjunto de herramientas de libre acceso que permite a las y los ciudadanos hacer mejores evaluaciones y, así, tomar mejores decisiones. Por ejemplo, este tipo de plataformas abiertas utilizan herramientas de libre acceso para obtener datos en pro del bien común. Pensemos en los programas de apoyo en caso de desastres o crisis que pueden tratar de capacitar a las personas para que utilicen cámaras digitales con el objetivo de identificar riesgos para la salud o para el medio ambiente. Sin embargo, algunos estudios empíricos muestran cómo este tipo de datos supuestamente abiertos y disponibles, también pueden limitar la capacidad de las y los ciudadanos cuando, por ejemplo, la información no está en formatos que permita su uso de manera práctica y a nivel local (Mansell 2013; Mansell y Tremblay 2013). Así, en la práctica, este tercer conjunto de ideas también impone retos para el empoderamiento ciudadano. Estos retos quizá no provengan del Estado o del mercado, pero están presentes cuando las características aparentemente emancipadoras del entorno digital son controladas por las fuentes de financiamiento, por miembros bien intencionados de la sociedad civil o incluso por medio de estrategias de comercialización que buscan hacer a este tipo de iniciativas económicamente sustentables.

En la práctica, entonces, los tres conjuntos de ideas se entrelazan. La distorsión que emerge entre los imaginarios sociales idealizados y la práctica de la gobernanza institucionalizada implica que, dentro de los límites del capitalismo global, la capacidad que la autoridad —estatal, comercial o ciudadana— tiene para gobernar es contradictoria. Desde esta perspectiva, la capacidad emancipadora del entorno digital también resulta contradictoria.

Implicaciones para la investigación

Estas observaciones sobre los tres conjuntos de ideas abren la posibilidad a comprender mejor las contradicciones inmersas entre los imaginarios sociales y la práctica. Apuntan, por ejemplo, a la necesidad de poner mayor atención a cómo los "derechos y obligaciones que como individuos tenemos los unos con los otros" (Taylor *op. cit.*) cobran vida en el imaginario y en la práctica de la gobernanza en la era digital. Una posible aproximación es trabajar dentro de un marco que asume formas contradictorias de autoridad (Mansell 2013). En un continuo, las instituciones de élite —corporativas o gubernamentales— están en el extremo que favorece la autoridad constituida; es decir un tipo de autoridad formal que se ejerce jerárquicamente de arriba abajo y que generalmente debilita la capacidad de poder de las y los ciudadanos. Esta tendencia está presente, por ejemplo, entre quienes privilegian los dos primeros conjuntos de ideas (el liderado por el mercado y el regulado por el Estado). Sorprendentemente, sin embargo, la autoridad constituida también está presente en el tercer conjunto de ideas —el que aspira a la emancipación ciudadana— cuando ciertas instituciones de élite se involucran en el ejercicio de la autoridad sobre las actividades de información digital para el bien común. En esos casos, por ejemplo, los ciudadanos pueden ser relegados a un segundo plano restándoles todo tipo de autoridad o poder de decisión.

En el otro lado del extremo está un tipo de autoridad adaptativa o generativa. Esto es, una autoridad que se genera de abajo hacia arriba y en el seno de comunidades en línea abiertas que se constituyen y promueven la cooperación sin la intervención del mercado o sin una dirección administrativa centralizada. En la práctica, sin embargo, cuando dejamos atrás los imaginarios sociales y nos enfocamos en la práctica institucional, podemos constatar que a menudo, sí hay ciertos vínculos con la gobernanza formal o con el mercado. Estos vínculos modifican las opciones disponibles para las y los ciudadanos como usuarios o productores de contenidos en línea.

Así, el entorno digital favorece combinaciones inéditas de los tres conjuntos de ideas consideradas en este capítulo de tal manera que cualquier contexto en particular puede llegar a combinar relaciones de autoridad contradictorias. Charlotte Hess y Elinor Ostrom (2007) insisten en que en los espacios en el entorno digital que promueven el poder y la agencia de las y los ciudadanos también pueden producir efectos contradictorios para el bien común. La participación dentro y fuera de la red puede generar resultados "positivos o negativos, o en algún punto intermedio" (Hess y Ostrom 2007:13) dependiendo de los patrones específicos y las relaciones de poder operan en un determinado régimen de gobernanza.

Conclusión

Sería erróneo insinuar que la comunicación mediatizada en la era digital explota o, por el contrario, libera a las y los ciudadanos. En la práctica, las diversas formas en que la autoridad se articula a través de un complejo enramado de normas y reglas institucionales condicionan el funcionamiento de estos espacios comunicativos. Esto indica que no hay espacio para idealizar formas de gobernanza perfectas. De ahí la necesidad de reconocer que si bien las configuraciones cambiantes de las relaciones de poder de vez en cuando sí abren oportunidades para la emancipación de —que sí empoderan a— las y los ciudadanos incluso dentro del capitalismo, los académicos de los medios y la comunicación habrán de concentrarse en las diversas configuraciones que adquiere la autoridad y que permiten fomentar este tipo de oportunidades. El estudio tanto de las instituciones de autoridad establecida (hegemónica; de arriba hacia abajo), como de las instituciones de autoridad adaptativa (generativa; de abajo hacia arriba) permitirá identificar momentos contradictorios y los diferentes arreglos de autoridad que hacen (o no) posible que la elección ciudadana cobre mayor relevancia, en el sentido que propone Sen.

Desde esta perspectiva, es necesario redoblar esfuerzos en la investigación sobre cómo se estructuran los espacios digitales en un entorno capitalista que tiene a explotar al máximo los recursos y cómo es que las y los ciudadanos responden ante servicios digitales dominados, por ejemplo, por algoritmos y por análisis de datos sofisticados (Napoli 2014). Pero también es necesario analizar de cerca el entramado de regímenes institucionales que gobiernan el entorno digital, así como ponderar las contradicciones que producen. En este tipo de acercamiento a las instituciones formales e informales puede desarrollarse a través del enfoque de la economía política. El objetivo es explicar cómo surgen las relaciones de poder, cómo contribuyen (o no) a replicar asimetrías de poder y cómo cambian, especialmente en esos momentos en que lo hacen de manera impredecible y con buenos resultados en términos de la emancipación —empoderamiento— de las y los ciudadanos.

La complejidad lleva a la confusión, insistió Harold Innis. En este sentido, no cabe duda de que la era digital es cada vez más compleja: abre lugar a la incertidumbre y a la imprevisibilidad, particularmente porque los conjuntos subyacentes de ideas e imaginarios sociales se entrelazan y producen nuevas contradicciones. Cualquier respuesta a la pregunta de Smythe (1950) con la que abrimos este capítulo —¿qué tipo de mundo nacerá de nuestras nuevas y más potentes herramientas de la comunicación?— requiere poner mayor atención a los diferentes tipos de gobernanza en la red. A momentos, este entramado de instituciones formales e informales es confuso, resulta contradictorio y es capaz lo mismo, de empoderar a las y los ciudadanos y de limitar su poder o capacidad de acción.

Como comunicólogas y comunicólogos críticos de este mundo mediatizado, tenemos la obligación de, mediante la investigación clara y precisa, poner en evidencia las características de la autoridad, así como de reconocer las contradicciones que genera a través de los muy diversos regímenes de gobernanza en el entorno digital. De hecho, gran parte de la discusión sobre el empoderamiento en línea podría considerarse, como propone Smythe (1985: 436) al hablar de la industrialización y el capitalismo, como "una pantalla del industrialismo moderno en movimiento". La participación en línea a menudo conlleva al deterioro de las opciones disponibles que pueden llegar a tener las y los ciudadanos en su participación mediada. Sin embargo, este fenómeno no es universal. Si bien la capacidad de agencia es reducida, otras oportunidades emergen de dinámicas institucionales contradictorias permitiendo que las y los ciudadanos reconozcan la diversidad de elección existente y retomen el control. Son precisamente estos momentos los que debemos analizar con detenimiento y mente abierta.

Nuestras investigaciones pueden conducirnos a evidencia empírica sólida de dinámicas institucionales contradictorias que conllevan a más diversidad de opciones y mayor capacidad de elección que no resulta "indiferente a la vida que las personas pueden llegar a vivir" (Sen 2009: 4). Estos resultados pueden comenzar a filtrarse en los imaginarios sociales del futuro. La intervención académica en el mundo de la gobernanza digital quizá pueda llegar a fomentar nuevos arreglos que resulten más justos y equitativos que los de hoy día.

Referencias y lecturas adicionales

Asmolov, G. 2015. "Vertical crowdsourcing in Russia: Balancing governance of crowds and State–Citizen partnership in emergency situations". *Policy & Internet*, 7(3): 292–318.

Benkler, Y. y Nissenbaum, H. 2006. "Commons-based eer production and virtue". *Journal of Political Philosophy*, 14(4): 394–419.

Berdou, E. 2011. *Organization in Open Source Communities: At the Crossroads of the Gift and Market Economies*. NYC, NY: Routledge.

Clark, D., Lehr, W. y Bauer, S. 2011. "Interconnection in the Internet: The policy challenge". Artículo preparado para la sesión no. 39 de la conferencia *Research Conference on Communication, Information and Internet Policy*, Arlington. Disponible en: http:// www.researchgate.net/publication/228166629_Interconnection_in_the_Internet_The_Policy_Challenge [última consulta: 30 junio 2020].

Escobar, A. 1995. *Encountering Development: The Making and Unmaking of the Third World*. Princeton, NJ: Princeton University Press.

Evans, D. S. y Schmalansee, R. 2013. The Antitrust Analysis of Multi-Sided Platform Businesses. NBER Working Paper 18783. Disponible en: http://www.nber.org/papers/w18783 [última consulta: 30 junio 2020].

Garnham, N. 1986. "Contribution to a Political Economy of Mass-Communication" en R. Collins, R., Curran J., Scannell, P., Schlesinger P. y Sparks C. (eds.), *Media, Culture and Society: A Critical Reader*. Londres: Routledge. 9–32.

Garnham, N. 1990. "Contribution to a Political Economy of Mass Communication". en F. Inglis (ed.), *Communication: Global Culture and the Economics of Information*. Londres: Sage, 20–55.

Golding, P. 2000. "Forthcoming features: Information and communications technologies and the sociology of the future". *Sociology*, 34(1): 165–184.

Hardt, M. y Negri, A. 2001. *Empire*. Cambridge, MA: Harvard University Press.

Hess, C. & Ostrom, E. (eds.). 2007. *Understanding Knowledge as a Commons: From Theory to Practice*. Cambridge, MA: MIT Press.

Innis, H. A. 1950/ 2007. *Empire and Communications*. Lanham, MD: Rowman & Littleield.

Innis, H. A. 1951. *The Bias of Communication*. Toronto, Ontario: University of Toronto Press.

Latzer, M., Hollnbuchner, K., Just, N. y Saurwein, F. 2014. The Economics of Algorithmic Selection on the Internet (Working Paper). Disponible en: http://www.mediachange.ch/media/pdf/publications/Economics_of_algorithmic_selection_WP.pdf [última consulta: 30 junio 2020].

Mansell, R. 2012. *Imagining the Internet: Communication, Innovation and Governance*. Oxford: Oxford University Press.

Mansell, R. 2013. "Employing crowdsourced information resources: Managing the information commons". *International Journal of the Commons*, 7(2): 255–277.

Mansell, R. 2015. "The public's interest in intermediaries". *Info*, 17(6): 8–18.

Mansell, R. 2016. "Power, hierarchy and the Internet: why the Internet empowers and disempowers". *The Global Studies Journal*, 9(2): 19–25.

Mansell, R. y Tremblay, G. 2013. *Renewing the Knowledge Societies Vision for Peace and Sustainable Development*. Paris, Francia: UNESCO.

Melody, W. H. 1994. "Electronic Networks, Social Relations and the Changing Structure of Knowledge" Crowley, D.N. y D. Mitchell, M. (eds.), *Communication Theory Today* Stanford, CA: Stanford University Press: 254–273.

Mueller, M. L. (2014, 19 February). "Do the NSA Revelations Have Anything to Do with Internet Governance?" Internet Governance Project. Disponible en: http://www.internetgovernance.org/2014/02/19/do-the-nsa-revelations- have-anything-to-do-with-internet-governance/ [última consulta: octubre 2019].

Murdock, G. 2011. "Political Economies as Moral Economies: Commodities, Gifts, and Public Goods" en Wasko, J., Murdock, M. y Sousa, H. (eds.), *The Handbook of Political Economy of Communications*, New York, NY: Blackwell-Wiley, 13–40.

Napoli, P. M. 2014. "Automated media: An institutional theory perspective on algorithmic media production and consumption". *Communication Theory*, 24(3): 340–360.

Sen, A. 2009. *The Idea of Justice*. Londres: Allen Lane.

Silverstone, R. 1999. *Why Study the Media?* Londres: Sage.

Smythe, D. W. 1950. "Television and Its Educational Implications". *Elementary English*, 27(Enero): 41–52.

Smythe, D. W. 1963. "Mass Media and the Cold War". *Liberation*, 8(10): 18–23.

Smythe, D. W. 1985. "Review Article: One Canadian Perspective. Clear Across Australia". *Prometheus*, 3(2): 431–453.

Taylor, C. 2002. "Modern Social Imaginaries". *Public Culture*, 14(1): 91–124.

Williams, R. 1978. *Television: Technology and Cultural Form*. Londres: Fontana.

Williams, R. 1973. "Base and superstructure in Marxist Cultural Theory", *New Left Review*, 83(Nov/Dec).

Ciudadanos reemplazados por algoritmos: emanciparse bajo la hipervigilancia

Néstor García Canclini[*]

Habría muchas maneras de llegar a estas páginas finales. Una sería rediscutir las doctrinas fundadoras de las democracias modernas, por ejemplo la de Kant, como hacen Étienne Balibar en su análisis de la ciudadanía social (Balibar 2013), o Eric Sadin al revisar el papel del ciudadano en tiempos digitales (Sadin 2017 y 2018). Prefiero retomar las preguntas kantianas y asociarlas con acontecimientos y procesos que nos sorprenden a los ciudadanos del presente en tanto votantes de partidos políticos, participantes en movimiento sociales y usuarios de redes. Vincular los cuatro interrogantes de Kant —qué puedo conocer, qué debo hacer, qué me está permitido esperar y qué es el ser humano— con las incertidumbres actuales, teniendo en cuenta los saberes producidos por las ciencias sociales, me lleva, ante todo, a ponerlos en plural.

¿Qué podemos conocer?

Internet, las redes sociodigitales y los análisis de datos algorítmicos acrecientan la posibilidad de construir nuevos saberes al combinar los de distintas disciplinas. También hacen interactuar teorías y métodos formados en culturas

---

[*] Este capítulo es el epílogo de: *Ciudadanos reemplazados por algoritmos*, Alemania: Universidad de Guadalajara y Centro Maria Sibylla Merian de Estudios Latinoamericanos Avanzados en Humanidades y Ciencias Sociales: 148–64, publicado por el autor en 2019 bajo la licencia *Creative Commons*: CC BY-ND. Disponible en: http://www.calas.lat/sites/default/files/garcia_canclini.ciudadanos_reemplazados_por_algoritmos.pdf

distantes, con visiones diversas del cuerpo, la sociedad o la naturaleza (por ejemplo, la medicina alopática, la china y otras formas de atención de la salud, o las artes occidentales, las asiáticas y las de los pueblos originarios de América Latina). A la vez, estos saberes se entrelazan o chocan en procesos heterogéneos de enseñanza y de organización social, algunos comunitarios y otros regidos por formas jurídicas modernas.

Esta ampliación cognitiva potencia los recursos para desempeñarnos como ciudadanos. En principio, la interdependencia globalizada nos coloca en condiciones de actuar con una comprensión multicultural. Sin embargo, este horizonte se expande en tensión con lo que no podemos saber. En los países latinoamericanos (y en otras regiones) crecen revelaciones sobre lo que viene descomponiendo a las sociedades. Al mismo tiempo, se evidencia lo que no se investiga: los negocios ocultos de las corporaciones trasnacionales, sus alianzas con quienes capturan nuestros datos o los asesinatos de mujeres y hombres cuyas identidades permanecen desconocidas (solo en México más de 40 000). Palabras que surgen para designar estos crímenes, como *juvenicidio*, pasaron de las disciplinas especializadas al vocabulario periodístico y a la conversación cotidiana, sin que acabe de aclararse qué confluencia de asociaciones delictivas, precariedades personales e indiferencias ante la vida de los otros engendran los dramas.

En Argentina, los crímenes de la última dictadura siguen siendo juzgados principalmente por la persistente acción de organismos de derechos humanos, y hay centenares de presos. Estos organismos y una parte de la justicia logran que los ciudadanos sepan más y empoderen sus demandas. Pero también el saber sobre la vida social y el debate político se oscurecen por la inescrutable corrupción de funcionarios públicos —incluidos asesinatos—, las conductas tendenciosas de muchos jueces, medios y redes, menos interesados en informar y esclarecer que en el *rating* de espectadores y *followers*.

En México, 16 gobernadores y altos funcionarios que se desempeñaron entre 2006 y 2018 —de distintos partidos políticos, en su mayoría del PRI— fueron acusados de narcotráfico, lavado de dinero y enriquecimiento ilícito. Solo 8 de ellos estuvieron encarcelados y 2 fueron absueltos, algunos siguen prófugos. La percepción extendida entre los ciudadanos es que se conocen fragmentos de lo que sucedió y a menudo el saldo queda como si nunca se hubiera sabido: jueces los absuelven o amparan (a algunos hasta les devolvieron bienes conseguidos ilegalmente), reaparecen como legisladores, gobernadores, alcaldes o líderes de los sindicatos a los que estafaron.

En Guatemala, reconociendo la incapacidad de los organismos nacionales, el gobierno pidió a la ONU que creara una Comisión Internacional Contra la Impunidad. Ratificada por el Congreso de la República, inició su operación el

4 de septiembre de 2007. En los once años de su actuación, identificó estructuras criminales integradas por funcionarios del Estado, diputados, militares, policías, políticos, empresarios, jueces y dignatarios. En los 73 casos judiciales establecidos se hallan implicadas más de 800 personas y se llegaron a emitir más de 300 condenas. Desde 2017, las evidencias que involucraban a familiares del presidente Jimmy Morales, altos empresarios y militares impulsaron a estos sectores a exigir el fin de la Comisión. Morales expulsó al comisionado Iván Velázquez Gómez en septiembre de 2018 y la Comisión siguió actuando desde el exterior. Ha habido protestas callejeras desde 2015 para que no se obstruyan las investigaciones y se sancione a culpables de todos los niveles, pero este proceso, el más severo de América Latina, quedó atorado (Blitzer 2019; Malkin 2019).

Los conocimientos necesarios para desempeñarnos como ciudadanos se estrechan debido a la sustracción y el ocultamiento de datos por parte de las corporaciones y los gobiernos. Es mucho lo que no podemos conocer o, aun conociéndolo, parece inmodificable. Entender hoy la emancipación posible requiere admitir que internet ofrece, como se creyó por su estructura en red, recursos antiautoritarios y desjerarquizadores —esa es, de hecho, la propuesta de Robin Mansell en el capítulo anterior de este volumen. Pero su dependencia de instancias hipercentralizadas de gestión de datos y de gobiernos antidemocráticos pone en contradicción la potencia liberadora del conocimiento con la restauración y el reforzamiento de prácticas de dominación, prejuicios y control de los conflictos.

Evgeny Morozov (2012) documentó en su libro *El desengaño de Internet* que la "libertad" era en la red un subproducto de un negocio pequeño que no justificaba grandes inversiones de capital. Cuando se convirtió en el área de la economía que genera más ganancias y control social, las redes sociales se volvieron instrumentos de gobiernos autoritarios y de los sectores más duros de gobiernos que se pretenden democráticos. En palabras de Ronald J. Deibert, "las redes sociales no son solo compatibles con el autoritarismo; pueden ser una de las principales razones por las cuales las prácticas autoritarias en la actualidad se esparcen rápidamente por el mundo" (Deibert 2019). El primer procedimiento antidemocrático es la ausencia de consentimiento informado de los usuarios. El segundo recurso es facilitar que circulen contenidos de odio o abiertamente fascistas con tácticas que obstaculizan la búsqueda de la verdad. El tercero es la incapacidad de las empresas para eliminar de inmediato informaciones falsas y suspender las cuentas que las distribuyen: pese a la enorme presión pública y gubernamental para hacerlo después de las elecciones estadounidenses de 2016, un estudio de 2018 concluyó que "más de 80% de las cuentas que diseminaron informaciones falsas durante la campaña electoral aún estaban activas" (*ibid*). Operaciones como las de *phishing* y *skywaves* están disponibles en un mercado desregulado y "la sociedad civil no disponible de conocimiento o de la capacidad necesaria para protegerse de estos ataques" (*ibid*).

Acabo de hablar del trato de la resistencia con lo siniestro del autoritarismo. Pero también podríamos reparar en los deseos, las creencias y la utilidad del modelo indiciario para detectar fisuras en las disciplinas que aspiran a comprender la totalidad (ver García Canclini 2019: 104–45). Es otro modo de retomar lo dicho acerca del marxismo y los otros saberes acerca de los sistemas sociales, económicos y algorítmicos que intentan abarcar la totalidad, como lugares a donde ir a pensar.

Es momento de mencionar a las artes como contribuyentes en tantos sitios donde se enuncian juntos el goce, los deseos y los conocimientos oblicuos, narraciones que desacomodan los sentidos comunes para insinuar otros, de Marcel Duchamp a León Ferrari o a Jean-Luc Godard. Doy un salto a artistas, cineastas y escritores actuales, y, ante la imposibilidad de trazar una lista, menciono las maneras en que alumbran este desacomodo dos excepcionales narradoras jóvenes: Samanta Schweblin y su Kentuki (2018), el panda robótico que puede chantajearnos con revelar nuestros secretos, y Valeria Luiselli con *Los niños perdidos* (2016), ensayo-crónica a partir de su experiencia como traductora de niños migrantes, quienes con sus palabras llenas de desconfianza cuentan sus historias desde que huyen del destino de las fosas y se aventuran a ser rechazados en el país que provee las armas a los latinoamericanos.

¿Qué debemos hacer?

El conocimiento expandido por la captura y ordenamiento electrónico de datos, y en otra dirección por las denuncias sociales, es coartado por lo que no se quiere saber o se oculta. Esta dificultad se agrava al pretender ensamblar culturas y modos de organización social dispares. A los ciudadanos nos quedan el ensayo y el montaje como estrategias de contraataque y exposición de los problemas. Se requiere desarrollar una ciudadanía de tanteo, de prueba y cooperación flexible.

La complejidad de las transformaciones y la extensión de las interacciones globalizadas volvió insuficiente las concepciones eurocéntricas o euroestadounidenses que organizaron la convivencia en la primera modernidad, dentro de las naciones. No disponemos de organismos globales con políticas a la medida de los conflictos ni de consensos interculturales sobre lo común, lo público y lo privado, los derechos ciudadanos, la justicia y los modos de ejercerla. Dentro de cada nación el descrédito de los partidos, sindicatos y otras instituciones de intermediación deterioran los espacios de vida compartida regulada y disgregan las iniciativas autónomas.

Esas zonas desamparadas entre los ciudadanos y los poderes públicos son reactivadas por líderes mesiánicos mediante sus dádivas clientelares, convocatorias cívicas y morales, que quedan en el *nivel prepolítico*, pues traban la organización independiente de los ciudadanos. Los movimientos religiosos, como los neoevangélicos que ofrecen protección, solidaridad y una sociabilidad compensatoria, suelen favorecer a políticos improvisados y neoliberales (Bolsonaro es el caso más flagrante, no el único), que obturan la participación y la crítica propiamente políticas. No hay que desestimar el papel de los afectos y los imaginarios colectivos que movilizan esos límites, pero al fin refuerzan la dependencia y la desposesión, subordinan el sentido público de los conflictos a formas dirigidas de adhesión, sofocan los proyectos emancipatorios individuales y desvirtúan los colectivos autogestionados.

La expropiación de los afectos es practicada también por las corporaciones y las instituciones. Dos movimientos de indignados lo sufrieron. Las manifestaciones del "15M" en Madrid, que llevaban en sus pancartas la consigna "Otro mundo es posible", vieron que luego Coca-Cola la adoptó en sus anuncios. Su equivalente parcial en México, "YoSoy132", nacido en la Universidad Iberoamericana al enfrentar al candidato presidencial del PRI y ser calumniados sus integrantes como infiltrados en la institución, contrarrestó esa maniobra con un video en el que 131 estudiantes se filmaron con la credencial que los acreditaba como alumnos; esta legitimidad y su impacto afectivo fueron abducidos poco después por la Universidad Iberoamericana, que ocupó carteleras urbanas de propaganda de la institución donde se leía el hashtag adaptado — "Yo soy Ibero"— junto a un rostro juvenil y frases que hablaban de la innovación social a través de la capacidad de "mi universidad".

La intermediación televisiva y de las redes socio-digitales ensanchó la comunicación y creó vías nuevas para participar. Aun cuando a veces permiten que los espectadores sean activos, dejan poco lugar para que se desempeñen como ciudadanos. La etapa reciente de esta mediación televisiva y de las redes va asociado a la judicialización de la política. En Argentina, Brasil, Colombia, Perú y otras naciones, frente a la persistente corrupción, los juzgados se hacen cargo de lo que hay de disputa política en las acusaciones a líderes partidarios. Antes de que se dicten sentencias, antes de que se evalúen las pruebas, los medios y las redes despliegan un "procesamiento" mediático que dispara las sospechas en la opinión pública. Además del desplazamiento de polémicas políticas a decisiones judiciales, subrayo la dificultad de los ciudadanos para informarse verazmente: más aún, su papel es neutralizado al quedar el juego democrático absorbido por cúpulas jurídico-empresariales-partidarias. Las ocasionales manifestaciones callejeras son los únicos recursos para reclamar.

El saber gigantesco de los algoritmos, su capacidad de empalmar miles de millones de comportamientos individuales, aparece como el nuevo poder estructurador. Pero la lógica totalitaria de su apropiación de datos personales y la ineptitud de los sistemas algorítmicos para crear gubernamentabilidad *social* dejan fuera, sin intervenciones eficaces, a los ciudadanos-consumidores-usuarios.

La pregunta *qué debemos hacer* es subsumida a la pregunta *qué podemos hacer* si los gobiernos latinoamericanos carecen de políticas y organismos a través de los cuales canalizar el malestar posdigital. Así como fueron indiferentes (salvo excepciones) a los diagnósticos académicos que pedían políticas públicas de medios e integración regional, durante el despegue masivo de las industrias comunicacionales y luego cuando se incentivaron los acuerdos de libre comercio, actúan ahora como si no hubieran llegado a nuestros países los celulares ni los gigantes tecnológicos. Solo asociaciones de consumidores o por los derechos a la información intervienen en un debate que, en Europa, llevó a aprobar el Reglamento General de Protección de Datos en abril de 2018, aplicable a todas las empresas, controles financieros y a la venta de información personal. En Estados Unidos, la Cámara de Representantes abrió investigaciones sobre los atentados a la competencia y la seguridad informática; coloca en el centro de la agenda preelectoral, a mediados de 2019, propuestas para suspender fusiones autorizadas de compañías y nuevas regulaciones urgen a limitar su poder. En América Latina existe información académica y periodística con amplia evidencia de que Google favorece a sus productos en las búsquedas, que Facebook, Instagram y WhatsApp monopolizan las redes socio-digitales y que Amazon controla con privilegios el comercio en línea, pero las leyes no cambian. Seguir inmutables es dejar que estos abusos se diriman entre Washington, Pekín, Bruselas y Moscú, donde los ciudadanos latinoamericanos son extranjeros insignificantes.

Reconocimos el potencial democratizador de los recursos digitales y los diversos usos que los jóvenes les dan para construir otros modos de hacer sociedad. Dimos lugar a algunas experiencias creativas y de sociabilidad innovadora, acciones por proyectos que se desmarcan de la programación laboral y comunicacional del capitalismo electrónico. Sin embargo, su valor emancipador queda en duda cuando lo situamos dentro de la lógica precarizadora del sistema socioeconómico. Junto a movimientos de jóvenes que se empoderan, sobre todo los de alto nivel educativo, la ausencia reguladora del Estado y su descomposición arroja a muchos a redes ilegales y autodestructivas. Queda la pregunta: ¿qué hacer para los proyectos frágiles, de corta duración, desemboquen en una sociedad que finalmente no relegue a las nuevas generaciones (también a los jubilados y extranjeros) como seres prescindibles? Ante la dificultad de responder, suele recurrirse a los hackeos, desacomodar un mundo algoritmizado para ubicarnos en sus intersticios.

Inserto otra línea de acción: interpelar a los Estados y organismos latinoamericanos desde asociaciones independientes. Anoté varias experiencias y destaqué los Equipos de Antropología Forense. Podríamos añadir muchos emprendimientos renovadores de las nuevas generaciones o en los que los jóvenes participan —festivales musicales, de cine independiente y documental con amplia recepción (Ambulante en México, Bafici en Buenos Aires, etc.)— y articulan iniciativas innovadoras con instituciones públicas y privadas. Estas actividades culturales y comunicaciones contrastan con la llamada desafección de los jóvenes hacia las instituciones. Los organismos de cooperación pueden hallar un nuevo sentido si se entrelazan con estos emprendimientos y logran que los jóvenes perciban que sus estructuras se interesen en sus modos de hacer cultura y compartirla. Al volverse capaces de representar hacia dónde se mueve la sociedad, los organismos de integración serán algo más que lejanos logos dispersos.

¿Qué nos está permitido esperar?

Hay una doble tendencia, en apariencia paradójica, entre el deseo de que no nos cuenten cómo termina una película o una serie, y la ansiedad que suscitan los anticipos del final deslizados dos días antes, por ejemplo, en la serie *Juego de tronos*. Esa oscilación entre el deseo de que haya narración, un desenlace donde culmine el sentido, y que nos sorprenda, que no nos lo cuenten, está en tensión con la avidez de experimentar un lugar donde el sentido se reconstruya. Salir por fin, aunque sea en escenas imaginarias, de las incoherencias de lo real.

Perseguimos en los relatos de ficción el sentido extraviado en la historia social. Sin embargo, la historia vivida nos coloca en el cruce de desear que lo insoportable tenga un desenlace y aprender a desconfiar de quienes lo prometen, no solo en las campañas preelectorales. Los políticos siguen hablando, ya como gobernadores, de que nos encaminamos a transformaciones semejantes a lo que fueron la independencia o alguna revolución lejana en el propio país, o dicen que estamos recuperando un orden seguro y luego llegará la prosperidad.

Como ciudadanos, entre tanto, percibimos gobiernos que no logran gestionar la incertidumbre creada por la globalización, la precariedad económica, las violencias urbanas y los conflictos interculturales en las migraciones, entre las generaciones y en el trato de los consumidores y usuarios con las empresas. Los líderes que transmiten más convicción son quienes impulsan movimientos desglobalizadores, retraerse en "lo propio", aunque su potencia suele residir más en el afecto a ellos y a la nación que en visiones informadas y razonadas. En las fuerzas opositoras también hallamos más apelaciones afectivas que comprensión racional de las contradicciones: las de derecha llaman a restablecer la autoridad o directamente el autoritarismo; en la izquierda prevalecen los que aún prometen tomar el cielo por asalto sobre quienes intentan renovar los diagnósticos y construir programas alternativos practicables en el marco mundial y regional.

Estos horizontes del desasosiego se nublan más cuando las fuerzas ingobernables de los algoritmos crean la sensación de habitar un mundo sin totalización, sin narrativa que lo unifique. Es un problema para un epílogo aceptar que no hay *spoiler* posible: es difícil seguir así indefinidamente, quedarse sin saber qué hacer, con el deseo de ser ciudadano.

No dejo de valorar avances en sectores que se distancian de la ingenua épica globalizadora de fines del siglo XX y de las recetas izquierdistas reacias a renovar los diagnósticos e interrogarse sobre sus fracasos. ¿Cuáles son estos avances? Los veo especialmente cuando las generaciones jóvenes archivan los análisis y las promesas del liberalismo y de las izquierdas oxidadas para asumir la actual ecología política, económica y comunicacional. No se trata de deshistorizar la crisis del capitalismo en su fase electrónica, más bien situarla en su trayectoria y retomar las críticas clásicas como un archivo que hay que seguir consultando y estudiando —como decía Maurice Merleau-Ponty (1947) cuando supo de los campos de concentración soviéticos hace setenta años: el marxismo sigue siendo un lugar a donde ir a pensar.

La misma libertad en la reinterpretación es necesaria respecto de las nuevas derechas xenófobas, racistas, restauradoras de orgullos pre-globales, que utilizan los recursos tecnológicos más avanzados. Son los pasos iniciales para discernir qué nos está permitido esperar. En ambos casos —para renovar los diagnósticos y para limitar la amenaza ultra— la desafección de los políticos que predomina hoy y las dudas irresueltas de las posiciones críticas no son malas noticias. La incomoda vida sin spoilers lleva a que muchos confundan el aceptar la incertidumbre con ser negativos, o que nos conminen a optar al terminar una conferencia o un libro: ¿eres pesimista u optimista? Prefiero decir que soy antiescéptico.

Tres tareas básicas para poder ser ciudadanos ahora son reconstruir un sentido no dogmático sino comprensivo de la heterogeneidad social y mundial, de sus contradicciones actuales, para ser solidarios de otras maneras; reconocer que necesitamos tener algo para esperar; y saber que los contenidos de esa esperanza, así como las vías para cumplirla, son múltiples, están construyéndose y exigen pruebas racionales y demostrables.

Pienso en la documentación comprobable de Verificado 19S en México, y en sociedades secretas de contra-información internacional como *Telegram*, los *criptopunk*s o el software *The Onion Router* (TOR). En enérgicas protestas públicas como las de *"MeToo"* y "Ni una menos", que exigen verdad, justicia y libertad para el placer. También en ocupaciones más discretas de espacios públicos: los programas de grupos artísticos y gestores culturales dedicados a recuperar zonas urbanas, construir asociaciones y redes para actuar regenerativamente en micro-escalas. Son muchos modos de hacer ciudad y enunciar las propias "verdades", sus interpretaciones de los vínculos con los otros modos de globalizarse desde abajo. Más allá de la oposición entre domesticar o resistir, más acá del anhelo de construir diferentes políticas culturales, crean nuevas ciudadanías creadoras. Otros modos de conocer, de conocerse y de decirlo.

Sumo en estas páginas el conocimiento verificable, las revelaciones feministas de los acosos y las acciones en microescala y festivales internacionales masivos porque estas prácticas dan alternativas que se complementan. Traen a la arena política credibilidad, saberes constatados y un sentido poético de la subjetividad individual y colectiva, una convivencia restaurada que no tenemos que dejar solo a los movimientos religiosos. Ciencia y arte convergen —lo muestran innumerables practicantes de ambos— en un tiempo en que las estructuras naturales y sociales pueden ser modificadas más que nunca y cuando los objetos, también lo más "sagrados" del arte, son alterados, son rehechos los videos y los mensajes ordenados por algoritmos. Las tradiciones, mezclándose todo el tiempo, vuelven el fundamentalismo una nostalgia triste o un síntoma del susto ante el conocimiento científico de los hechos y ante otros modos de narrar la historia e imaginar

Se cita a menudo la frase de Walter Benjamin: solo por amor a los desesperados conservamos todavía la esperanza. Si queremos dar sentido político a esos actos de amor con cierto aire de mandato religioso, como solía ocurrir en ese autor, es preciso acompañarlos con investigaciones que les impriman consistencia racional y empírica. Deben desembocar en una reconstrucción del sentido para nutrir las experiencias colaborativas entre ciudadanos comunes, investigadores y universitarios. Lo que nos está permitido esperar depende de que cambiemos conjuntamente los modos de hacer y de conocer. Una de las falencias clave en la actual vinculación de la política y la ciencia en América Latina es el desaliento de los poderes públicos a la investigación científica. Llama la atención que sea una conducta compartida por gobiernos como los de Mauricio Macri, Jair Bolsonaro y Andrés Manuel López Obrador, tan disímiles en sus programas sociales, el papel que atribuye cada uno al Estado y a los derechos humanos. ¿Cómo salir de la ruta de desaciertos y frustraciones sin promover conocimientos rigurosos y renovados?

Aquí hay que decir que la falta de teorías sociales con consenso universal no justifica recurrir como sustituto al "pueblo sabio", "la gente", ni a la perspicacia de los *millennial*, idealizada por la ideología de las industrias creativas, entidades fantasmales que amontonan a conjuntos demasiado heterogéneos en sus comportamientos, saberes o intuiciones. El abuso de estos términos, con fines contradictorios, los volvió indefinidos y a veces de alto riesgo. Prefiero la noción de ciudadanos porque, además de su significado electoral y jurídico, podemos dinamizar su potencial político y moral, acotar su uso y su crítica con análisis científicos.

Las ciencias también se equivocan, a veces por desconectarse de las condiciones de vida y los "otros" saberes no científicos, pero disponen de más herramientas para afinar los conceptos, hacer preguntas desafiantes al sentido común y a los algoritmos, entender sus consecuencias. Sin estas tareas, que exigen robustecer los fondos para las ciencias, las tecnologías y las humanidades, no modificaremos el sentido en que se organizan-desorganizan o se globalizan-desglobalizan nuestras sociedades. Así lo comprobamos al ver la correlación entre inversiones altas en investigación científica (2% a 4%), desarrollo socioeconómico y calidad de vida en los países de la OCDE y notoriamente, los asiáticos admirados por su veloz crecimiento, liderazgo internación y superación de la pobreza. ¿Qué podemos esperar de los países latinoamericanos con mayor nivel científico (Argentina, Brasil, Colombia y México), donde hace décadas los gobernantes prometen —sin cumplir— llegar apenas al 1% del PIB? Rectificar esta desatención al desarrollo científico no es una agenda solo para los especialistas que en estos años salen a las calles de Buenos Aires, Rosario, Córdoba, Río de Janeiro, São Paulo o la Ciudad de México para protestar por severos recortes. Como en las decisiones sobre internet, reivindicar el papel de lo público en la educación, la ciencia, la salud, se vuelve tarea decisiva de ciudadanos, importa tanto para profesores, investigadores y estudiantes como para familias damnificadas, migrantes y trabajadores nacionales.

¿Qué son los humanos?

Corrientes actuales recolocan esta pregunta con distintas perspectivas. Vimos elaboraciones intelectuales, como las de Foucault, Lévi-Strauss y Harari, las de movimientos socioculturales enfrentados al deterioro social y la desciudadanización, como en las dictaduras latinoamericanas, las confrontaciones extremas con los límites de lo humano a causa de los feminicidios, el trozamiento de cuerpos o su desaparición. Al sentir insoportables estas experiencias, algunos niegan humanidad a sus ejecutores y piden la pena de muerte. En otra dirección, a veces vinculada, la sustracción de datos y de poder de decisión de las personas, o que tantos delegan voluntariamente en sistemas algorítmicos, también desdibuja la identidad y las fronteras de lo humano trazadas por la modernidad.

La historia de las conquistas coloniales es la historia de las dudas sobre la identidad: de los otros y de quienes conquistan. ¿Los indios tienen alma? También vemos, años o siglos después, que se discute: ¿con qué derecho los occidentales, siendo tan distintos entre nosotros, sometemos a los diferentes? ¿Las máscaras africanas y las vasijas americanas son arte? No obstante, un tiempo más tarde se dice: los museos de bellas artes, de arte moderno o contemporáneo están incompletos si las obras no occidentales que faltan en ellos. Sabemos cuántas veces las respuestas que prevalecen en estas oscilaciones son las de los imperios que ahogan las resistencias, las de quienes institucionalizan las revoluciones, incluso las tecnológicas capturadas por monopolios. Nuestro tiempo no es la excepción. Quizá su novedad es que múltiples ciudadanías desprograman lo que la soberbia imperial y ahora los algoritmos parecían ordenar. Las preguntas desestabilizadoras provienen de muchos lugares. Millones de indígenas americanos, asiáticos, afros o afroamericanos, los movimientos feministas y LGTB, contribuyen a reescribir la pregunta sobre lo humano. ¿Qué son los ciudadan@s, *les ciudadanes*?

La desconstrucción radical de las nociones liberales de lo humano está conmoviendo los principios de las democracias y de las izquierdas históricas: qué significa defender derechos, qué pueden ser y hacer los organismos de derechos humanos y los ciudadanos que batallan por ellos. Quienes no dudan del "orden natural", ni que existen solo dos géneros, ni de su nación, religión o etnia que consideran elegida, no se sienten conceptualmente inseguros. Tambalean, sin embargo, por los reclamos de ciudadanía de los extranjeros a esas clasificaciones.

En la temporada eufórica de la globalización, aceptar políticas de pluralidad fue el recurso de los demócratas dispuestos a valorar la diversidad sin imponer síntesis de mestizaje nacional, opciones tajantes de género o simple denominación de los más fuertes. Todavía la ONU, la UNESCO u organismos nacionales u ONG emprenden políticas sociales y culturales apoyados en esa visión plural del mundo. Sus efectos limitadísimos contrastan con el tamaño del desquicio.

Tampoco las selecciones arbitrarias de rasgos de lo humano hechas por las empresas que lideran la concentración transnacional de los mercados —las cincuenta corporaciones con más ganancias, Facebook y demás capturadores de datos y programadores de algoritmos— acuerdan patrones duraderos de convivencia intercultural.

Así como la pregunta qué es el ser humano no puede recibir ya una respuesta universal u homogénea, también quedan cortos los reconocimientos voluntaristas de la pluralidad. Es comprensible la intención de las políticas multi- o interculturales de querer una gubernamentalidad pacífica, no autodestructiva, del mundo. Pero la falta de organismos globales y acuerdos firmes que provean reglas y sanciones para garantizar esas políticas, la ruda competencia de economías financiarizadas y despreocupadas del sentido social, hacen difícil encontrar sitio al pluralismo.

Aquí nos confrontamos con la pérdida de los sujetos y del sentido. Desde Marx y los movimientos sociales del siglo XIX y principios del XX, las ciencias sociales hicieron tenaces esfuerzos para pasar de lo abstracto a lo concreto, de la filosofía especulativa al conocimiento empírico de las clases sociales y naciones, aun con lo que puedan tener de imaginadas. Se trató, asimismo, de conocer las estructuras de dominación de las empresas y las formas de resistencia con valor estratégico. Sus aportes para comprender el papel de los ciudadanos en las naciones y en el capitalismo industrial, descifrar los logros y fracasos de los procesos emancipadores, pierden vigencia en tiempos de abstracción financiera y abstracciones algorítmicas. ¿Cuál es el lugar de los sujetos desposeídos por fuerzas que desbaratan el sentido?

Las identidades, abstracciones que ganan "realidad" cuando están en peligro, resurgen como posibles diques ante la globalización digital. Sus escasos logros, aun en potencias económicas y tecnológicas, vuelven patente lo que la antropología afirma desde hace décadas: más que identidades esenciales y autoconsistentes, exigen modos de identificarnos, de imaginar a qué pertenecemos, con quiénes vale la pena asociarnos y de quienes diferenciarnos. Por eso, son volubles y sus resultados de corto alcance.

Al expandir las redes a las que cada uno puede pertenecer experimentamos el vértigo de las muchas maneras de ser humano, la variedad de desempeños identitarios posibles: usar varios pasaportes, vivir en lenguas distintas, tener una parte de la familia en un país y al resto en varios distintos, elegir entre opciones sexuales, combinar en mi ropa, mi comida y la decoración de mi casa referentes heterogéneos. Mi búsqueda de reconocimiento se reparte entre otros diversos.

No se arregla esta dispersión de convivencias ampliando la pregunta de qué es el ser humano a qué es ser hombre, mujer u homosexual, al habitar en varias culturas. La dificultad de llegar a definiciones universales induce a críticos de la contemporaneidad a concluir que vivimos en sociedades de desidentificación. Mirado desde un ventanal pluricultural, estamos en un tiempo de multiidentificaciones. Para nuestro tema, equivale a reconocer que fluctuamos entre desciudadanización y nuevos formatos de ciudadanía.

Políticos y economistas avisan de los riesgos de esta disgregación. No se sabe quién toma las decisiones ni cuánto tiempo se sostendrán, quién nos asigna un lugar y un salario en el mercado de trabajo, quién nos perjudica y contra quién rebelarnos, quién nos habla en los medios y las redes. La incertidumbre se refuerza, ya vimos, cuando los circuitos algorítmicos nos despersonalizan. El uso mercadotécnico y lejano de sus saberes genera ilusiones de agruparnos como usuarios y nos decepciona cuando intentamos hacer valer derechos.

¿Es pertinente aún emplear otras categorías, como la de clase, para ubicarnos en este periodo de desigualdades agravadas? A los partidos tradicionales, incluso a los demócratas estadounidenses, vuelve a importarles la redistribución. A veces las políticas de derecha, como las de Trump, del Reagrupamiento Nacional de Le Pen y del bolsonarismo en Brasil, aprovechan para beneficiarse con el malestar que engendran las desigualdades y los despojos, pero culpan a enemigos difusos con identidades mezcladas: extranjeros, homosexuales, ateos, intelectuales, académicos, izquierdas y los que cada paisaje nacional haga más visibles.

La lucha política propicia simplificaciones semejantes entre quienes enarbolan posiciones críticas; el partido Podemos habló en un tiempo de "la casta", López Obrador de los "fifís". Como consecuencia, las antiguas motivaciones de las luchas sociales —obreros contra patrones, empleados contra gobiernos, ciudadanos contra militares— se diluyen en enemigos variadísimos que sentimos que nos desprecian. Permanece en algunas batallas el odio contra los ricos y los políticos enriquecidos, con motivaciones y tácticas que vuelven difícil aglutinar las resistencias: así como los chalecos amarillos se sienten menospreciados por los que viven en grandes ciudades, porque la gasolina se encarece o el hospital está lejos, las desigualdades latinoamericanas llevan a culpabilizar a los que están en la capital, a los bancos, los especuladores de fondos de inversiones o antiguos adversarios locales. Sin una visión integrada, donde se aprecie la combinación de responsables específicos, los vínculos entre cárteles, corporaciones y políticos, el Poder es una mayúscula anónima. La experiencia de los últimos años deja al ciudadano la sensación de que pueden meter en la cárcel a algún presidente (en Perú a tres y uno se suicidó), a un enlace local de Odebrecht o a capos mafiosos, pero las redes y los aparatos corruptos continúan ocultos y activos. ¿A dónde reclamar, a qué número 1-800 llamamos para defender nuestros derechos *humanos*?

Al desmenuzarse el sentido social en tantos frentes enigmáticos, donde parece interesar poco el sentido, al menos como lo entendieron las burguesías, los movimientos emancipatorios, la filosofía y las ciencias sociales modernas, debemos rehacer las preguntas de Kant y los fundadores del pensamiento liberal, incluso la cuestión de Ricoeur: ¿cuál es el sentido del sentido? No digo abandonar estas preguntas, sino repensarlas en este tiempo evasivo en el que las inversiones son fugaces, como los tuits o los chats en que participamos y la semana siguiente borramos. O quizá son menos pasajeros de lo que parecen, se acumulan en una memoria personal —no solo en la del disco duro o la nube. Por eso estamos tan pendientes, no solamente en las series, de si hay final, desenlace, a dónde conduce todo esto.

Gayatri Spivak sostenía que debemos instruirnos, en vista de la heterogeneidad de conflictos, en el "doble vínculo del emigrante". Agregaría los más numerosos vínculos de las generaciones jóvenes, habitantes de varias culturas, medios y redes. Ella proponía, entonces, "aprender a vivir con instrucciones contradictorias" (Spivak 2017: 17). Extendería de esta manera su sugerencia. Las indecisiones de lo real y lo virtual nos desorientan a los ciudadanos y estimulan el cinismo oportunista de los políticos, las empresas y algunos movimientos sociales, que tan bien ironizó Groucho Marx ("Estos son mis principios: si no les gustan, tengo otros"). Asumir la heterogeneidad de las resistencias me hace pensar en otro modo de entender la conflictividad sin totalizaciones, y las formas de actuar como latinoamericanos, incluso como disidentes dentro de cada nación, género o etnia. La vía inicial para hacerlo, más modesta que suponer que contamos con una antropología o epistemología del sur, de la descolonización o de las tecnologías y sus alternativas, sería explorar de modo flexible cuándo sirven como lugares para ir a pensar y ensayar modos distintos de acción.

No descarto insistir en que las instituciones se renueven, usar cuando valga la pena vías clásicas de participación ciudadana (el voto, los presupuestos participativos, las protestas en calles y pantallas), las rebeliones de los espiados, los circuitos de resistencia, las pequeñas redistribuciones de poder que ocasionalmente suceden en una ciudad o un organismo dedicado a la integración regional. Pero para explorar formas ciudadanas que no queden atrapadas en las instituciones ni en las aplicaciones y sus lucros, me atraen los movimientos que renuevan sus estrategias y sus liderazgos, las experiencias colectivas e individuales, que se insertan a la vez en lo micro- y macrosocial, hacen con ellas montajes, y, ante la prepotencia de quienes creen controlar la sociedad, los lenguajes y algoritmos, miran como si dijeran: fíjense que nuestras preguntas son otras y no nos asusta que sean contradictorias. ¿Ciudadanos reemplazados por algoritmos? No es una noticia falsa, solo una dimensión de lo que está sucediendo.

Referencias y lecturas adicionales

Abéles, M. 2008. *Política de la supervivencia*. Buenos Aires: Eudeba.
Álvarez, L. 2019. *(Re) pensar la ciudadanía en el siglo XXI*. Ciudad de México: UNAM.
Arteaga, N. y Arzuaga, J. 2014. "Derivas de un performance político: emergencia y fuerza de los movimientos 131 y YoSoy132". *Revista Mexicana de Sociología* 76, núm. 1. http://mexicanadesociologia.unam. mx/index.php/v76n1/53-v76n1-a5 [última consulta 25 junio 2020].
Balibar, É. 2013. *Ciudadanía*. Buenos Aires: Adriana Hidalgo.
Benjamin, W. 2017. *Mediaciones*. Madrid: Biblioteca Nueva.
Blitzer, J. 2019. "The Trump administration's self defeating policy toward the Guatemalan elections". *The New Yorker*, 30 de mayo. https://www.newyorker.com/news/daily-comment/the-trump-administra-tions-self-defeating-policy-toward-the-guatemalan-elections [última consulta: 25 junio 2020].
Bueno, C. 2018. "Innovación abierta. De consumidores a productores de valor". *Desacatos*, 56: 50–69.
Butler, J. 2016. "Prefacio" en *Estado de inseguridad. Gobernar la precariedad*, Isabel Lorey. Madrid: Traficantes de sueños.
Crovi, D. y Trejo, R. (coords). 2018. *Tejiendo nuestra historia. Investigación de la comunicación en América Latina*. México: UNAM.
Deibert, R. 2019. "Três duras verdades sobre as redes sociais". *Fundação FHC*, 22 de mayo. https://medium.com/funda%C3%A7%C3%A3o-fhc/ tr%C3%AAs-duras-verdades-sobre-as-redes-sociais-45cb2cafcc43 [última consulta 25 junio 2020].
De Hoyos, R., Rogers, H. y Székely, M. 2016. *Ninis en América Latina*. Banco Mundial. https://openknowledge.worldbank.org/bits- [última consulta: 25 junio 2020].
Dussel, I. 2012. "Más allá del mito de los 'nativos digitales'. Jóvenes, escuelas y saberes en la cultura digital" en Southwell, M. (comp), *Entre generaciones. Exploraciones sobre educación, cultura e instituciones*. Rosario: Flacso-Homo Sapiens.
Feixa, C. 2014. *De la generación@ a la #generación. La juventud en la era digital*. Barcelona: Ned Ediciones.
Foucault, M. 1962/2015. *Historia de la locura en la época clásica*. México: FCE.
García Canclini, N. 2019. *Ciudadanos reemplazados por algoritmos*, Alemania: Universidad de Guadalajara y Centro Maria Sibylla Merian de Estudios Latinoamericanos Avanzados en Humanidades y Ciencias Sociales.
--------. 2010. *La sociedad sin relato*. Argentina: Katz.
García Canclini, N. *et al.* 2015. *Hacia una antropología de los lectores*. México: Fundación Telefónica-UAM-Ariel.

García Canclini, N., Cruces, F. y Urteaga, M. 2012. *Jóvenes, Culturas Urbanas y Redes Digitales*. Madrid: Ariel-UAM-Fundación Telefónica.

García Canclini, N. y Moneta, J.C., (coords.) 1999. *Las industrias culturales en la integración latinoamericana*. México: Grijalbo.

García Canclini, N. y Piedras, E. 2013. *Jóvenes creativos. Estrategias y redes culturales*. México: Juan Pablos Editor-UAM.

Gigena, D. 2018. "Siri Hustvedt: 'Los científicos deberían leer más humanidades'". *La Nación*, 4 de junio.

Godelier, M. 1989. *Lo ideal y lo material*. Madrid: Taurus.

Harari, Y. N. 2016. *Homo Deus. Breve historia del mañana*. Barcelona: Debate.

Keane, J. 2018. *Vida y muerte de la democracia*. México: FCE-INE.

Lévi-Strauss, C. 1973. *Tristes trópicos*. Buenos Aires: Editorial Universitaria de Buenos Aires.

Luiselli, V. 2016. *Los niños perdidos*, CDMX: Sexto Piso.

Malkin, E. 2019. *Reportaje de New York Times sobre el trabajo de cicig en Guatemala*. https://www.cicig.org/noticias-2019/reportaje-de-new-york-times-sobre-el-trabajo-de-cicig/ [última consulta: 25 junio 2020].

Márquez, I. y Ardévol, E. 2018. "Hegemonía y contrahegemonía en el fenómeno *youtuber*". *Desacatos*, 56: 34-49.

Martín Barbero, Jesús. 1987. *De los medios a las mediaciones. Comunicación, cultura y hegemonía*. México: Editorial Gustavo Gili.

Merleau-Ponty, M. 1947/ 1969. *Humanism and Terror*. Boston, MA: Beacon Press.

Morozov, E. 2012. *El desengaño de Internet*. España: Ediciones Destino

Reguillo, R. 2017. *Paisajes insurrectos: Jóvenes, redes y revueltas en el otoño civilizatorio*. España: Ned Ediciones.

Ricoeur, P. 1967. "Estructura y hermenéutica" en Lévi-Strauss, C., Verstraeten, P. y Ricoeur, P., *Problemas del estructuralismo*, Córdoba: Editorial Universitaria de Córdoba.

Sadin, Eric. 2017. *La humanidad aumentada*. Argentina: Caja Negra.

--------. 2018. *La silicolonización del mundo*. Argentina: Caja Negra.

Scasserra, S. 2019. "El despotismo de los algoritmos. Cómo regular el empleo en las plataformas". *Nueva Sociedad* 279, enero-febrero. http://nuso.org/articulo/el-despotismo-de-los-algoritmos/ [última consulta: 25 junio 2020].

Schweblin, S. 2018. *Kentukis*. Barcelona: Random House.

Spivak, G. 2017. *Una educación estética en la era de la globalización*. México: Siglo XXI.

Winocur, R. 2002. *Ciudadanos mediáticos. La construcción de lo público en la radio*. Barcelona: Gedisa.

Sobre los autores

Rodney Benson

Director y profesor del Departamento de Medios, Cultura y Comunicación y profesor adjunto al Departamento de Sociología, ambos en la Universidad de Nueva York (NYU). Tiene múltiples publicaciones entre las cuales destacan varios libros galardonados por instituciones como el *Journal of Press/Politics*, la *Association for Education in Journalism & Mass Communication* y NYU Steinardt. Su investigación más reciente en colaboración con Mattias Hesserus y Julie Sedel será publicada próximamente por Oxford University Press en su libro *How Media Ownership Matters*.

Néstor García Canclini

Profesor Distinguido en la Universidad Autónoma Metropolitana de México (UAM) e investigador Emérito del Sistema Nacional de Investigadores de México. Ha sido profesor en diversas universidades de Estados Unidos, Europa y América Latina. Sus libros más recientes *Ciudadanos remplazados por algoritmos* (2019) y *Hacia una antropología de los lectores* (2015) han recibido reconocimientos nacionales e internacionales. Actualmente investiga las relaciones entre la antropología y la estética; la lectura, las estrategias creativas y las redes culturales de los jóvenes.

Victoria Isabela Corduneanu

Doctora en Historia y Civilización por el Instituto Universitario Europeo en la ciudad de Florencia, Italia. Actualmente es profesora-investigadora del

Colegio de Humanidades y Ciencias Sociales de la Universidad Autónoma de la Ciudad de México (UACM). Cuenta con amplia experiencia en estudios de campo cualitativos y cuantitativos en ciencias sociales. Como miembro del Sistema Nacional de Investigadores de México sus líneas de investigación son la comunicación política —marketing político y electoral, participación y movilizaciones—; la juventud, comunicación y movimientos sociales.

Manuel Alejandro Guerrero

Director del Departamento de Comunicación de la Universidad Iberoamericana, CDMX. Miembro del Sistema Nacional de Investigadores de México, asesor académico del Servicio Profesional Electoral del Instituto Nacional Electoral (INE) y Vicepresidente del Comité Ejecutivo de las Cátedras de la UNESCO en Comunicación. Sus áreas de investigación abarcan la comunicación política, las redes digitales y la participación cívica. Cuenta con numerosas publicaciones y su investigación más reciente explora el papel de las emociones y los sentimientos en la participación política en las plataformas digitales.

Robin Mansell

Profesora de nuevos medios e internet en el Departamento de Medios y Comunicación de la *London School of Economics* (LSE), Reino Unido. Ha sido directora de ese Departamento, directora adjunta y rectora de LSE, así como directora de varias asociaciones internacionales. Recientemente (2020), recibió el reconocimiento de la *International Communications Association* (ICA) por su trayectoria y aportaciones al estudio de los medios, los mercados y la democracia. Su investigación más reciente explora nuevos conceptos como la "plataformización" y "datificación" de la sociedad.

David Morley

Profesor Emérito del Departamento de Medios, Comunicación y Estudios Culturales en *Goldsmiths College*, Londres, Inglaterra. Su trabajó sentó las bases para el análisis de los estudios culturales. Como miembro del *Centre for Contemporary Cultural Studies* de Birmingham trabajó extensamente con Stuart Hall para desarrollar metodologías etnográficas y antropológicas en el estudio de las audiencias y los medios. Cuenta con numerosas publicaciones traducidas a más de 20 idiomas entre las que recientemente destaca *Media, Modernity and Technology: the Geography of Newness* (2007), Routledge.

Sobre los autores

Eduardo Portas Ruiz

Profesor de la Universidad Iberoamericana, CDMX en áreas como la investigación, teoría de la comunicación y el periodismo. Licenciado en Comunicación por la Universidad Iberoamericana y maestro en Historia Moderna de México por Casa Lamm. Máster de Periodismo por la *Universitat de Barcelona-IL3*. Ha trabajado como reportero, editor y coordinador en varios medios nacionales e internacionales, así como en diversos portales de noticias independientes. Es fundador del portal *CapitalSocialMexico.org* dedicado a la investigación de temas de actualidad en redes sociales.

Francisco Prieto

Egresado de las primeras generaciones de la Licenciatura en Comunicación de la Universidad Iberoamericana, CDMX. Profesor de la misma entre 1968 y 1994, así como Director del Departamento de Comunicación entre 1982 y 1990. Profesor invitado y conferencista en múltiples universidades de México y el mundo. Su obra comprende catorce novelas, cinco obras dramáticas y seis ensayos, uno de ellos considerado dentro de los "Los 100 mejores libros del siglo XX" (Mortiz-Planeta, 1999), a la fecha con cinco ediciones.

Vivian Romeu

Doctora en Comunicación por la Universidad de La Habana, Cuba. Docente e investigadora en varias universidades públicas y privadas de México. Como miembro del Sistema Nacional de Investigadores de México sus áreas de investigación son: epistemología de la comunicación, comunicación y biología, comunicación artística y estética, comunicación intercultural, representaciones sociales, semiótica y análisis del discurso. Ha publicado varios libros y artículos académicos. Es miembro de diversos consejos editoriales, así como de diferentes asociaciones académicas y de investigación nacionales e internacionales.

Enrique E. Sánchez Ruiz

Profesor Emérito y fundador del Departamento de Estudios de la Comunicación Social de la Universidad de Guadalajara, México. Miembro distinguido del Sistema Nacional de Investigadores de México. Sus áreas de investigación abarcan las industrias culturales, las políticas públicas desde un enfoque de economía política, las articulaciones de los medios de comunicación con los procesos políticos y la democracia. Ha sido presidente de varias asociaciones académicas nacionales e internacionales, consejero editorial, fundador de *Comicación y Sociedad* y autor de cientos de publicaciones.

Maira Vaca

Académica investigadora en la Universidad Iberoamericana, CDMX, donde actualmente coordina la Licenciatura de Comunicación. Es miembro del Sistema Nacional de Investigadores de México. Sus líneas de investigación cubren las teorías de la comunicación, la relación entre el poder político y los medios, la comunicación gubernamental y política, así como la alfabetización mediática en América Latina. Su libro más reciente *Four Theories of the Press: 60 years and counting* (2018), Routledge recibió un reconocimiento de la *International Communications Association* (ICA).

Índice

actitudes 159, 141, 160, 163–165, 167, 169, 171
actos comunicativos 160, 164
  ver también comunicante
actos expresivos 164, 169
Adorno, Theodor 58, 76, 130, 133
  ver también industrias culturales
afecto 138–140, 145–153, 166, 172, 195, 198
  Transfer Afectivo 147, 148
  Teoría del Afecto Endógeno 147, 148, 149
Afganistán 88
agencia 14, 36, 177–184, 186, 188
algoritmos 11, 20, 187, 191, 196, 198–202, 204
antropología 18, 40, 71, 109, 113, 132, 136–137, 197, 202, 204
Argentina 84, 88, 192, 195, 205, 206
Aristóteles 17, 33, 138
audiencias 14–15, 17, 49, 61, 64, 70, 71, 108, 114, 121–123, 135, 142, 143, 148, 149, 153
autonomía 63, 64, 74, 83, 180, 182
autoridad 19, 92, 168, 178, 182–188, 198
  adaptativa 186, 187
  constituida 186
  racional-legal 63

autoritarismo 17, 83, 85, 87–88, 90, 92, 94–95
axiología 11–13

big data 178
biología 18, 159
Bogle, John C. 55–56, 79
Brasil 88, 101, 195, 200, 203

campos 15, 37, 61, 67, 69, 70, 72–74, 108, 126, 146
  de concentración 198
  de experiencia 119, 122, 131
  de poder 61, 62, 66, 67
  de referencia semántica 17, 122
  teoría de 15, 58
  probabilísticos 34, 36
capitalismo 38, 167, 179–181, 185, 187, 198, 202
censura 15, 57, 82, 87, 88, 94, 101
China 82, 84, 88, 102, 104, 105, 133
Chomsky, Noam 31, 51
cognición 12, 138, 144
  cognición cálida, teoría de la 145, 147, 148
Collins, Randall 136, 189
Colombia 195, 200
comunicación
  definición 4–6
  enfoques

cultural 107–116
economía política 177–188
emociones o sentimientos 135–154
histórico-estructural 25–50
normativo 80–103
sociológico 55–75
digital 191–205
lo comunicativo 160–167
niveles y procesos
 de masas 6, 16, 84, 90, 142
 institucional u organizacional 4, 42, 67–70
 intrapersonal 4, 142–147
 intergrupal 4, 41, 43, 46, 123, 160, 167, 168, 169, 173, 181, 184
 interpersonal 4, 17, 135, 140, 153, 160, 167, 168, 169
tipos de
 mediada 4, 17
 modelo lineal 16, 18, 107, 122, 126, 148, 160, 161, 166
 socio-cultural 14, 167–170, 170–173, 174
comunicante 160, 161, 164, 166, 170, 174
comunidades afectivas 142, 153
comunismo 84, 90, 92, 93, 96
 soviético 85, 87, 92, 93, 94, 98–99, 102, 103
conglomerados mediáticos 82, 89, 91, 98, 101
consumidores 20, 179, 182, 184, 196, 198
Corea del Norte 82, 88
crítica, teoría 71, 72, 130, 137, 142, 152
 ver también Escuela de Frankfurt
Cuatro Teorías de la Prensa 15, 17, 81–103, 121, 129, 131
Cuba 88
convergencia expresiva 173–174
cultura 16–19, 37, 43, 44, 49, 56, 59, 72–73, 96, 99, 120, 151, 160, 169, 173–175, 191, 194, 197
 capital cultural 72
 dimensión 42–43
 estudios culturales 108–116, 148
 emocional 140, 149

interculturalidad 202–205
jerarquías culturales 66
lo cultural 159, 170–173
mediaciones culturales 47
sociología cultural 59, 109
 ver también giro cultural

Darwin, Charles 17, 138, 151
de Saussure, Ferdinand 31, 53
Deleuze, Gilles 137, 139
democracia 15, 60, 63, 81–87, 89, 90–97, 98, 103, 191, 201
 en transición 100–102
desarrollo 33, 39, 90, 121, 131–132, 200
 comunicación para 124–129, 130–131
 digital 181
 países en 17, 98, 124–129
desigualdad 57, 171, 177, 179–181, 203
digital 9, 10, 15, 17, 88, 109, 120, 177–188, 195, 196, 202
 ver también era digital
dimensión 11, 19, 44, 38, 42–43, 44, 47, 49, 65, 159, 205
 afectiva 146
 colectiva 140, 141
 cultural 47
  ver también cultura, giro cultural
 económica 47
  ver también economía política
 emocional 140
 expresiva 46, 160, 170, 173
 material 182
  ver también expresión comunicativa
 simbólica 182
 social 63, 139, 141
 política 47
disposición afectiva, teoría de 143, 148

economía política 177–188
Ecuador 88, 100
Egipto 88
empoderar 181, 188
Ekman, Paul 140, 150, 152, 155, 157
elección 181, 184, 185, 187, 188
 racional, teoría de 162, 166, 179
emancipación 19, 72, 182, 183, 186, 187, 192, 193

Índice

emociones 6, 17, 18, 20, 135, 137, 142, 151, 153–154, 166, 172
  enfoques 138–139, 143–149
    clínico 138
    cognitivo 138, 139, 144
    funcional 143
    fisiológico 138, 150
    neurológico 145
    multinivel 144
    sociológico 135, 142, 148, 153
    ver también sociología de
    subjetivo 151
  tipologías 143, 152
    colectivas 153
    morales 141, 149
    reflejas 140
    individuales 137, 151, 152, 153, 154
    negativas 144
    políticas 144, 145, 146
    positivas 144
    sociales 139, 140
    subjetivas 145
empoderar 180, 181, 188
encuadre 17, 122, 131, 148, 149, 168
epistemología 8, 11, 13
era digital 19–20, 152, 177–188, 192–205
Escuela de Frankfurt 58, 72, 130
estímulos 139, 150, 151
estructura social 35, 36, 56, 57–60, 61–67, 70–75, 160, 169, 180
estructuración, teoría de 36, 59
estudios culturales 108–116, 148
  Estudios Culturales Contemporáneos de Birmingham (CCCS) 107, 111
  ver también cultura
EurAmcentrism 16, 113–114
esfera pública 60, 94, 110
  ver también Habermas, J.
estados de ánimo 18, 140–141, 143
equidad 66, 182, 184
evaluación cognitiva 142, 145, 166

fenomenología 18, 159
framing 17, 122, 149, 148
  ver también encuadre
fundamentada, teoría *ver grounded theory*

gatekeepers 179
Giddens, Anthony 14, 36, 51, 52
  ver también estructuración, teoría de
giro
  afectivo 17, 137, 135, 136–138, 141–149, 153–154
  cultural 57, 71, 108–116, 136–137, 142, 152
  lingüístico 134, 142
global, teoría 113–114
globalización 62, 97, 110, 112, 197, 201, 202
gobernanza 178, 181, 188
  digital 19, 182–186, 187, 188
grounded theory (teoría fundamentada) 111–112
Garnham, Nicolas 180, 189

Habermas, Jürgen 58, 60, 71, 78
  ver también esfera pública
Hall, Stuart 16, 108, 111, 116
Hallin, Daniel 63, 78, 99, 104, 105
hermenéutica 71
Hess, Charlotte 188, 189
historicismo 37, 39
Hume, David 138
humor
  manejo del, teoría 142, 143, 148
Hungría 88
holocausto 173

imaginario 60, 178, 182, 186, 195
  digital 177–188
  social 182, 184, 185, 186, 188
incertidumbre 146, 181, 187, 191, 197, 198
industria cultural 58, 130
injusticia 57, 177
Innis, Harold 179, 180, 187, 189
inteligencia afectiva, teoría de 146, 147, 148
interacción comunicativa 18, 159–160, 166, 167, 169, 172, 174
internet 10, 15, 19, 20, 61, 70, 115, 120, 121, 171, 179, 184, 185, 190, 193, 201

Jasper, James 140, 149, 152, 155
justicia 39, 56, 152, 160, 182, 184, 192, 195
juvenicido 192

Kant, Immanuel 191, 204
Kenia 88

Mancini, Paolo 63, 78, 81, 93, 99, 104, 105
Martín Barbero, Jesús 52, 206
Marx, Karl 14, 31, 34, 52, 59, 79, 111, 116, 202
  ver también marxismo
marxismo 33, 38, 92, 94, 98, 194, 198
Mattelart, Armand y Michèle Matterlart 4, 5, 8, 22
McLuhan, Marshall H. 71, 74, 130, 133
McQuail, Dennis 8, 10, 11, 22, 93, 99, 103, 104
media centrism 82, 112, 113
mediaciones 34, 35, 40, 41, 44–46, 47–50, 148
  ver también Martín Barbero, Jesús
metateoría 9, 11–13, 25–32
  ver también axiología, epistemología, ontología
México 1, 17, 34, 35, 88, 120, 121, 131, 132, 149, 150, 162, 192, 195, 197, 199, 200
modernización 121, 124–129

Nicaragua 88
Nerone, John 81, 96, 99, 105
neurociencia 150, 151
neurobiología 139, 172
neurolingüística 138, 139

ontología 11, 13
orden 123, 197
  cognoscitivo 28
  económico 178
  moral 182
  natural 201
  social 74, 168–175

organizaciones 41–46, 49, 61–66, 67–70, 72, 81, 195
  de noticias sin fines de lucro 56, 68, 69
  ONG 69
  Religiosas 68
Ostrom, Elinor 186, 186

percepción 74, 108, 123, 139–141, 143, 144, 148, 165, 172, 192
periódicos 43, 46, 61, 64, 67–70, 85, 86–87, 88, 89, 100, 126
Peterson, Thomas 15, 16, 17, 81, 84, 89, 91, 105, 129, 134
Piaget, Jean 28, 29, 52
plataformas de libre acceso 183, 185
psicología 7, 17, 18, 40, 41, 132, 135, 142
psicoanálsis 136, 137
poder 44, 47, 55, 60, 70, 74, 75, 82, 99, 109, 121, 127, 129, 131, 142, 148, 160, 167, 168, 169, 170, 173, 178, 183, 184, 186, 195, 196, 203
  asimétrico 177, 179, 180, 185, 204
  campos de 61, 62–66, 67, 69, 70
  estructuras de 43, 47, 70, 75, 108
  lucha por 174
  relaciones de 16, 18, 19, 187
  simbólico 170, 171
  político 84, 87, 88, 89, 90, 92, 94, 95, 96, 97, 100, 101, 102
Polonia 88
Popper, Karl 6, 37, 52
  ver también historicismo
Powers, Mathew 68, 69, 77, 79

q-metodología 153–154

radio 1, 61, 85, 89, 90, 115, 120, 121, 126, 130, 142
redes afectivas 140
redes sociales 11, 115, 135, 137, 140, 151, 153, 178, 191, 191, 195, 196, 199, 203

representaciones 6, 142, 108, 171, 172, 173
responsabilidad social 83, 84, 90–92, 93, 94–95, 96, 97, 98–99, 101, 102
   Comisión Hutchins 91, 94, 96
Rusia 88

Sadin, Eric 191, 206
Schramm, Wilburn 15, 16, 17, 23, 81, 84, 87, 88, 105, 119–132, 133–134
sentido común 16, 107, 108, 114, 116, 194
Serres, Michel 111, 112, 117
Sen, Amartya 19, 181, 123, 187, 190
sentimientos 5, 6, 17, 18, 20, 136, 139–141, 146, 149, 151, 152, 152
   ver también emociones
Siebert, Fred 15, 17, 81, 82, 83, 84, 85, 86, 88, 89, 90, 91, 92, 93–94, 96, 97, 100, 101, 102, 103, 105, 129, 134
sistemas mediáticos 82, 99, 102
Smith, Adam 17, 136
Smythe, Dallas 177–180, 188, 190
socialismo 17, 94, 100, 167
   ver también comunismo
sociología 18, 40, 108, 109, 110, 132
   emociones 17, 135, 140, 142, 148, 153

estructural crítica 56, 57, 71
   medios 14, 41–46, 55–75
subjetividad 17, 59, 137, 138, 152, 153, 162, 166, 172, 174, 199

Taylor, Charles 182, 190
tecnología 2, 4, 5, 11, 16, 46, 49, 71, 73, 87, 90, 92, 113, 114, 115, 129, 130, 132, 135, 143, 179, 180, 181, 182m 183, 184, 200, 204
televisión 35, 44, 61, 63, 66, 74, 86, 88, 90, 92, 108, 109, 119, 120, 121, 131, 132, 161
   para el desarrollo 124–129
   por cable 45
   pública 63, 64, 91
teoría 8–11, 55, 56, 72, 74, 135, 137, 191, 200
   definición 6–8, 25–32
totalitarismo 87, 92–93, 94, 95, 97, 98

Vietnam 88
Voltmer, Katrin 97, 118, 123

Williams, Raymond 53, 74, 80, 112, 141, 158, 180, 190

Zillmann, Dolf 142–143, 158

www.ingramcontent.com/pod-product-compliance
Lightning Source LLC
Chambersburg PA
CBHW050122020526
44112CB00035B/2294